개정판

역사와 인물로

동유럽 들여다보기

김철민

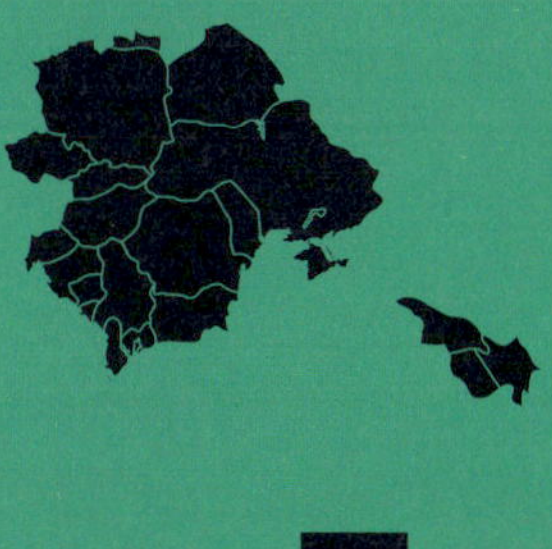

Eastern Europe

HUEBOOKs

동유럽 들여다보기

머리말

제2차 세계대전 이후 대두된 미국과 소련 블록 간의 체제 경쟁 속에서, 이데올로기적 구분에 따른 '냉전(Cold War)' 개념이 탄생하였다. 냉전 동안 유럽은, 자유 민주주의를 상징하던 미국 블록 하의 '서구', '서유럽'과 억압적 사회주의를 대표하던 소련 블록 하의 '동구', '동유럽'으로 나뉘게 된다. 즉 동유럽이란 용어는, 과거 유럽 내 미국 블록을 상징하던 서유럽이란 개념과 대비된, 소련 블록 내 유럽 국가들을 지칭하는 말이라 할 수 있다. 하지만, 사회주의 체제 몰락의 상징인 1989년 베를린 장벽 붕괴와 동유럽의 민주화 및 자유 민주주의로의 체제 전환은 기존의 이데올로기적 구분에 따라 형성된 동유럽이란 용어의 수정을 필요로 했다. 그 결과 오늘날 동유럽이란 용어는 지리적 개념으로 바뀌어, 폴란드, 체코, 슬로바키아, 헝가리 등은 '중부 유럽' 그리고 과거 사회주의 유고슬라비아 연방 지역과 불가리아, 루마니아, 알바니아 등은 발칸반도에 위치한다 하여 '발칸 유럽'으로 지칭하고 있다.

오늘날 중부 유럽과 발칸 유럽의 대부분 국가들은 과거 사회주의 체제의 틀을 벗어나 서유럽과 같은 자유 민주주의 국가로 발전하고 있으며, 더불어 EU와 유로존 가입 등을 통해 유럽의 주요 일원이 되기 위해 노력 중이다. 하지만 이처럼 시대적 변화에 따라, 동유럽 용어 상실과 그 개념 또한 변화하였음에도 불구하고, 현재까지도 우리는 동유럽이란 용어를 심심치 않게 듣고 있으며, 또 자주 사용하고 있다. 그 이유는 무엇일까? 그리고 서유럽과 다른 차이점은 무엇일까?

그러한 이유는,

첫째, 동유럽은 지정학적 요인으로 인해 유럽과 아시아를 잇는 관문에 자리해 자신들만의 독특한 문화권을 형성해 왔다는 점이다.

둘째, 동유럽은 고대부터 현대까지 주변 강대국들의 틈바구니 속에서 이들 세력권을 분할하는 주요한 분기점에 자리하여 왔다는 점이다.

셋째, 동유럽은 역사적 요인으로 인해 종교와 문화적으로 서유럽보다 훨씬 더 복잡하고 다양한 요소들을 내포하고 있다는 점이다.

넷째, 역사 속에 비친 동유럽은, 특히 중세 이후로 서유럽에 비해 상대적으로 피지배적 삶을 오랫동안 경험하여왔고, 따라서 서유럽과는 상이한 민족 및 문화 정체성을 내포하고 있다는 점이다.

실제, 이러한 역사적, 지정학적 요인으로 인해, 동유럽은 고대엔 훈족과 아바르족 등 아시아 유목 민족의 유럽 침공과 동·서로마 제국 사이의 틈바구니 속에서, 중세엔 신성 로마 제국과 비잔틴 제국 사이에서 힘겹지만 독자적으로 자신들의 문화 발전을 이루어왔다. 하지만, 중세 말 이후부터 근대 말까지 동유럽은 합스부르크 제국(이후, 오스트리아-헝가리 이중 제국)과 오스만 터키 제국, 러시아 제국과 독일 제국 사이에서 왕국 상실 및 분할의 아픔을 겪어야 했으며, 이후 현대에 들어와서는 프랑스와 독일, 미국과 소련 등 세계적 강대국들의 틈바구니 속에서 민족의 삶을 이어오게 된다. 동유럽 민족들은 양차 세계대전을 거치며 잠시 독립된 민족 국가 수립 기회를 얻기도 했지만, 제2차 세계대전 이후 소련에 의해 강요된 사회주의 체제 도입으로 인해 다시 한번 강대국 하로 예속되는 삶을 이어가야만 했다. 하지만 마침내 동유럽 각국들은 1989년 민주화, 자유화로의 체제 전환에 성공하였고, 오늘날에 들어와서는 유럽의 일원으로서 새로운 미래를 설계해 나가고 있는 중이다.

과거, 우리는 주로 서유럽 혹은 서유럽 역사를 전공한 연구자들의 눈을 통해서 동유럽의 역사와 그 특징들을 들여다 보아왔다. 하지만, 동유럽은 서유럽과 달리 가톨릭, 정교, 이슬람, 프로테스탄트가 서로 복잡하게 혼재된 문화권, 유럽의 역사와 문화에 가장 중요한 영향을 미쳤던 동·서 로마의 분기점에 위치했다는 역사적 배경 그리고 아시아와 유럽을 잇는 관문이라는 지정학적 이유 등으로 종교, 문화적으로 매우 독특한 특징들을 보여 왔으며, 이러한 차별성이 바로 동유럽을 흥미롭게 바라보게 하는 매력이라고 할 수 있다. 따라서 본 책에서는 동유럽 역사 전문가의 눈을 통해 동유럽 역사의 함축적 의미와 세계적 인물들을 들여다보려 한다. 이를 통해 우리는 유럽에 대한 역사를 보다 균형 잡힌 시각에서 들여다볼 수 있을 것이다.

본 책은 동유럽의 역사와 인물별 테마 기행을 들여다봄으로써, 그동안 우리에게 단순하게만 알려져 왔던 동유럽의 여러 역사적 사건들의 세계사적 의미를 살펴보고, 더불어, 세계적으로 유명한 동유럽 인물들의 삶과 숨겨진 이야기를 흥미롭고도 재미있게 풀어내는 데 목적을 두고 있다. 무엇보다도 역사와 인물별 테마 기행 형식을 통해 다소 생소하게만 느껴졌던 동유럽의 역사와 인물들을 일반인들에게 보다 쉽게 소개하고자 한 본 책은, 전문서적과 교양서적 양식을 모두 갖추어 학문적 기대 효과와 함께 일반인들도 쉽게 이해하고 접근할 수 있도록 구성하고 있다. 이를 통해 독자들은 그동안 동유럽에 대해 단순히 여행자 혹은 경제적 협력 파트너로서만 바라봤던 시각을 뛰어넘어, 보다 깊은 시각과 양질의 역사, 문화적 이해 서비스를 제공받게 될 것을 기대한다.

역사와 인물을 통해 동유럽으로의 테마 기행을 떠나보고자 기획된 본 책의 내용과 구성은 크게 두 부분으로 나뉜다. 전반부에는 주로 동유럽의 전반적 개념 이해를 위한 이론적 설명이 그리고 후반부에는 역사가적 시각에서 중요하다 생각되는 동유럽 각 국가별 역사와 인물의 주요 테마들을 선별해 독자들의 이해와 관심도를 높이도록 구성되어 있다.

본 책 제1장부터 제4장까지는 동유럽에 대한 전반적 이해와 개념 그리고 대략적인 역사에 대한 이해를 높이고자 기획되었다.

이 부분의 제1장에서는 동유럽 용어의 학문적 유래와 지정학적 특징 그리고 각 국가별 간단한 소개와 함께 이들 국가들이 어떠한 특징들을 지니고 있는지에 대해 들여다보고자 한다. 제2장에서는 종교와 문화의 모자이크로써 복잡하게만 느껴졌던 동유럽의 문화적 특징을 소개하기 위해 종교를 기준으로 한 동유럽의 문화권별 특징을 일목요연하게 정리하고자 했으며, 이 외에도 크리스트교(가톨릭, 정교, 프로테스탄트)와 이슬람이 동유럽에 어떻게 전파되어 발전하였는지에 대한 역사가적 분석을 시도하고 있다. 더불어, 서유럽과는 다른 민족 및 문화 정체성을 지니고 있는 동유럽 민족들의 민족주의 특성인 '문화적 민족주의' 내용에 대해 살펴보고, 이것이 서유럽의 민족주의 특징이라 할 수 있는 '정치적 민족주의'와 어떠한 차이점을 지니고 있으며, 그 형성 배경은 어떠한지에 대해 설명하고 있다. 제3장과 제4장에서는 동유럽 국가들 각자의 다양하고 복잡한 역사적 전개 과정과 그 내용들을 살펴보고 있으며, 특히, 이 부분에서는 동유럽 각 국가들의 시기별 역사적 특징을 일목요연하게 정리하고, 그 시기 동안 어떠한 역사적 특징들이 전개되고 있는지에 대해 설명하고자 한다.

본 책 제5장부터 마지막 장인 제11장까지는 동유럽 각 국가별(총 9개국)로 들어가 해당 국가들의 역사와 유명 인물들의 테마별 설명 등을 통해, 해당 민족의 숨겨진 역사 속 이면과 진실을 소개하고자 한다.

고대부터 현대까지 이어지는 파란만장한 역사인 만큼, 동유럽에는 세계사적으로 유명한 수많은 역사적 사건들과 인물들이 등장하고 있다.

동유럽의 각 민족들 모두에겐 찬란했던 고대, 중세의 역사와 문화가 자리하고 있으며, 근대 시대에 들어와 오랫동안의 외세 지배 속에서도 지배 민족의 압력에 꺾이지 않으며 발전시킨 고유한 민족 정체성을 오늘날까지도 자랑스럽게 간직하고 있다. 더불어, 우리에게 익숙할 만한 현대사적 사건들 또한 동유럽 지역에서 많이 발생하였는데, 우선 제1차 세계대전의 진원지인 보스니아 사라예보에서의 총격 사건, 제2차 세계대전의 서막을 알렸던 독일군의 폴란드 진군과 아우슈비츠 수용소 그리고 폴란드인 및 유태인 학살에 대한 서독의 진심 어린 사과 등을 들 수 있다. 이와 함께 사회주의 체제의 억압에서 벗어나고자 했던 1956년 헝가리 혁명, 1968년 체코 프라하의 봄 그리고 1980년대 폴란드 자유 연대 노조 운동들도 20세기 주요한 세계사적 사건들이라 할 수 있을 것이다. 체제 전환 전후로는, 끝까지 사회주의 독재를 고수하고자 했던 루마니아 차우체스쿠의 비참한 최후와 사회주의 유고슬라비아 연방의 분열 과정 속에 발생한 유고 및 보스니아 내전 그리고 1993년 체코와 슬로바키아의 분열로 상징되는 '벨벳 결별' 및 20세기 마지막 전쟁으로 일컫는 1999년 코소보 전쟁도 동유럽이란 용어를 우리에게 각인시킨 주요한 사건들일 것이다. 이 외에도 수많은 세계사적 사건들이 동유럽과 함께하고 있으며, 본 책에선 이러한 역사들을 다양한 테마 형식으로 풀어보고자 한다.

이와 함께, 동유럽은 다양한 분야에서 세계적으로 유명한 여러 인물들이 많이 배출된 곳이기도 하다. 우선 폴란드는 지동설을 주장한 코페르니쿠스와 자신들이 자랑하는 음악가인 쇼팽, 19세기 세계적인 과학자인 퀴리 부인 및 교황 요한 바오로 2세를 배출한 곳이다. 헝가리는 고대 로마 시절 유럽인들을 공포로 떨게 했던 훈족의 아틸라를 비롯해 민속 음악에 바탕을 둔 세계적인 음악가인 리스트, 바르토크와 토다이를 배출하였다. 그리고 체코와 슬로바키아에선 귀한 보물 같은 프라하를 안겨준 카를 4세와 종교 개혁의 아버지라 불리는 얀 후스, 체코 음악의 살아있는 신화인 스메타나와 드보르작 및 체코 문학 거장으로 불리는 카프카, 로봇 용어를 탄생시킨 차페크, 자신의 소설을 통해 체코 민주화를 앞당긴 소설가 밀란 쿤데라 등을 살펴보고자 한다. 천혜의 관광 자원과 역사적 유물이 공존하는 크로아티아의 경우, 이곳은 아시아를 처음으로 유럽에 소개한 마르코 폴로의 고향이기도 하며, 에디슨의 동료이자 경쟁자인 천재 발명가 니콜라 테슬라의 고향이기도 하다. 동유럽의 종교와 문화 모자이크의 대표 지역인 보스니아와 세르비아 또한 페르디난드 오스트리아 황태자 부처를 암살하여 제1차 세계대전의 단초를 제공한 프린찌프를 비롯해, 소설 <드리나 강의 다리>를 통해 유고슬라비아 지역 내 민족 간 조화와 갈등을 승화시킨 것으로 유명한 이보 안드리치가 태어난 곳이기도 하다. 동유럽 내 라틴 민족의 후예로써 전설과 신화의 나라로 일컬어지는 루마니아의 경우, 우리에게는 흡혈

귀의 대명사로 알려져 있지만 실제로는 민족의 수호 영웅인 드라큘라를 비롯해, 루마니아의 세계적인 예술가들인 콘스탄틴 브랑쿠시, 콘스탄트 게오르규, 게오르게 에네스쿠의 고향이기도 하다. 마지막으로 불가리아는 종교와 문화의 발상지답게 키릴과 메토디우스의 제자들인 클리멘트와 나움의 숨결이 살아 숨쉬는 곳이자 유산균을 통한 대표적인 장수 국가로 이름난 곳이라 할 수 있다.

세계적 역사와 인물별 테마 기행을 통해 동유럽의 사회와 문화 속을 하나하나 들여다보고자 한 본 책에서는, 동유럽 각 국가의 테마별 전개에 있어선 고대부터 현대까지 역사적 시기에 따라 차례대로 구성하고 있다. 인명 등 고유 명사의 원어(동유럽 인명의 경우 현지 이름에 기초) 및 년도 표기(생애 및 재임 기간) 등은 가장 먼저 나오는 경우에 한해 한 번 쓰는 것을 원칙으로 하고 있으며, 다만, 동유럽에 해당하는 고유 명사의 경우엔 본 책의 제5장부터 시작되는 동유럽 각 국가별 들여다보기에서 먼저 적용하고 있다. 더불어, 각 장의 여러 곳에 배치되어 있는 <동유럽 역사와 인물 속 한 마디>란 항목에선, 우리에게 친숙하거나 혹은 이해하기 어려운 주제들을 선별해 보다 쉽게 설명하거나 정리해줌으로써, 동유럽을 친밀하게 들여다보고자 하는 일반인들에게 보다 많은 흥미를 유도하고자 노력했다. 이와 함께, 역사와 인물들을 테마별로 살펴보는 각 국가별에선, <쉬어가기>란 항목을 통해 동유럽 각 민족들이 즐기는 주요 음식과 특징적인 음식 문화들을 소개함으로써 동유럽에 대한 일반적인 흥미를 보다 높이고자 했다. 그리고 부록 <동유럽 국가들의 테마별 역사 연대표>에선 동유럽 각국들의 주요한 역사적 사건과 인물들의 삶을 한눈에 비교해 볼 수 있도록 꾸며보았다.

끝으로, 동유럽 역사를 오랫동안 연구하고 있는 역사학자의 입장에서, 동유럽의 전반적인 역사와 문화, 종교, 지정학적 특징 그리고 동유럽 주요 국가들의 세계사적 사건들과 인물들을 전문가적 시각에서 다루고, 이를 일반인들이 보다 사실에 근거하여 동유럽을 들여다볼 수 있게 했다는 점에 본 작업의 의미를 부여하고 싶다. 무엇보다도 인문학 서적 출판의 어려움 속에서도, 본 책이 동유럽을 궁금해하는 일반 독자들에게 소개될 수 있도록 출판을 허락해 준 한국외국어대학교 출판부에게 감사의 글을 먼저 올린다. 더불어, 이러한 글이 나오기까지 많은 도움과 조언을 아끼지 않았던 학과 교수님들과 학문적 배를 같이 탄 한국외국어대학교 동유럽학대학 교수님들께도 감사의 인사를 드린다. 마지막으로 급한 원고 일정 때문에 주말마다 도서관에 간다는 핑계로 제대로 된 가장 역할을 못한 나를 이해해준 가족에게 사랑스러운 고마움과 미안함을 함께 전한다.

2011년 4월 17일

하얀 목련과 벚꽃이 봄 냄새를 한껏 풍기는 토평 도서관에서

저자

차 례

IV 제4장_ 동유럽의 역사 (II)

V 제5장_ 문학과 예술 그리고 가톨릭의 나라, 폴란드

쉬어가기

VI 제6장_ 유럽 안의 또 다른 유럽, 헝가리

VII 제7장_ 보헤미아, 모라비아의 전통과 음악의 나라, 체코와 슬로바키아

역사와 인물로 동유럽 들여다보기

I

동유럽 들여다보기

제1장_ 동유럽 들여다보기

가. 동유럽 용어의 유래

동유럽이란 용어는 단순히 유럽을 동쪽과 서쪽을 나누는 지리적 개념을 떠나, 제2차 세계대전 이후 형성된 미국과 소련의 양대 블록 간의 '냉전(Cold War)'하에서 이데올로기적 개념에 의해 구분되어진 다분히 정치적 개념이 그 바탕이 되고 있다. 즉 미국 블록이 '서유럽' 혹은 '서구'로 묘사되며 자유 민주주의 진영을 상징했던 데 반해, 소련 블록은 '동유럽' 혹은 '동구'로 대비되며 공산주의 세력을 대변하는 용어로 사용되어져 왔었다.

이데올로기적 용어에서 출발한 동유럽이란 용어의 개념과 그 의미가 변화하게 된 시기는 바로, 1989년 베를린 장벽 붕괴로 상징되는 사회주의 체제의 몰락과 그 맥을 함께하고 있다. 소련은 제2차 세계대전 이후 사회주의 체제의 우월성을 입증하기 위해 우주 및 군사 등 다양한 분야에서 미국과 체제 경쟁을 지속해 왔었다. 하지만, 레이건 행정부 이후 미국은 경제력의 우위에 바탕을 둔 국가적 파워(Power)와 군사력의 우월적 지위를 보다 가속화시켜 갔고, 그 결과 소련은 1980년대 말에 들어와 미국과의 체제 경쟁에서 패배하였음을 시인해야만 했었다.[1)]

미국과의 체제 경쟁에서 소련의 몰락은 곧바로 소련 블록 내의 거대한 변화를 불러왔다. 특히 유럽 내에서 소련 블록 하에 속해왔던 과거 동유럽 국가들은 사회주의 체제 및 소련의 영향력에서 벗어나, 자유 민주주의, 자본주의 체제에 바탕을 둔 서유럽식 체제로의 전환을 서두르게 되었다. 1990년대를 거치며, 사회주의 체제의 동유럽 국가들에선 급격한 체제 전환이 이루어지게 된다. 그 결과 과거 이데올로기적 구분에서 비롯된 동유럽이란 용어는 이제 더 이상 이들 국가들을 대변할 대표적 용어로 자리 잡게 어렵게 되었고, 이에 따라 유럽을 보다 지리적 개념으로 구분하는 새로운 용어들이 자리하게 된다.

결과적으로 '중동부유럽'이란 개념 변화 속에 과거 동유럽 국가들 중 중부 유럽 권에 해당하는 국가들, 즉 폴란드, 헝가리, 체코와 슬로바키아 등은 '중부 유럽'으로 그리고 발칸반도에 위치한 동유럽 국가들, 즉 과거 사회주의 유고슬라비아 지역의 국가들(슬로베니아, 크로아티아, 보스니아-헤르체고비나, 세르비아, 몬테네그로, 마케도니아)을 비롯해 루마니아, 불가리아, 알바니아 등은 '발칸 유럽'으로 분류할 수 있을 것이다.

나. 동유럽의 지정학적 특징, 유럽의 관문

동유럽은 '유럽의 관문'으로 유럽과 아시아 대륙을 연결하는 주요 통로라는 지정학적 특징을 지니고 있다. 따라서 이 지역은 고대 이래로 여러 민족들의 전략적 요충지로서 유럽, 러시아, 소아시아 등 열강들의 각축장이 되어왔다. 역사적으로도 중부 유럽은 게르만족의 일파인 아시아 유목 민족과 고대 원주민간, 프랑크 왕국과 슬라브족들 간, 신성 로마 제국, 합스부르크 제국 및 러시아간 그리고 프러시아 등 독일 제국 간, 현대사에 들어와서는 서유럽 국가들과 소련 간 갈등 선상에 위치하면서 주변의 여러 제국들과의 힘겨루기 속에서 자신의 역사와 문화, 전통을 유지해 왔었다. 반면, 동·서로마 제국의 분기점에 자리한 발칸 유럽 지역은 고대 그리스와 페르시아 간 각축전을 시작으로, 로마시대 이후로 동로마(비잔틴 제국)와 이슬람 제국 간, 합스부르크 제국과 터키 간, 러시아와 터키 간, 오스트리아-헝가리 제국과 러시아 간, 이 외에도 발칸 토착세력들 간의 영토 경쟁이 치열하게 이어져 왔었다.

유럽과 아시아의 여러 열강들 사이에 자리한 동유럽 국가들의 지정학적 위치는 결과적으로 아시아 유목 민족의 후예인 마자르족에 의해 세워진 중세 헝가리

가 유럽을 침공한 몽고에 의해 왕국 존립이 어려워지는 상황에 처하게 하였고, 이후 오스만 터키의 공격에 의한 왕국 소멸을 가져오게 하였다. 이와 더불어, 세르비아와 불가리아를 비롯한 발칸 유럽의 중세 왕국들이 약 400년 이상 오스만 터키의 지배를 받아들이는 결과를 초래하기도 했다. 더불어 한때 우크라이나 지역을 비롯한 상당 지역을 차지하며 유럽의 강국을 유지하였던 폴란드는 러시아, 프러시아, 오스트리아 등 주변 열강들에 의한 수차례에 걸친 영토 분할 등으로 인해 약 120년 넘게 세계사에서 사라지는 아픔을 겪기도 하였다. 이후 20세기 초에 들어와서는 발칸 유럽의 영향력 확보를 둘러싼 발칸 유럽 내 국가들 간의 전쟁(1912년과 1913년 제1, 2차 발칸전쟁)과 서구 열강들(오스트리아와 러시아) 간의 치열한 각축전이 계속해서 전개되면서, 결국 발칸 유럽은 제1차 세계대전의 진원지가 되었다.

20세기 냉전 기간 동안, 동유럽 지역은 서유럽을 향한 소련의 중요한 완충지대(buffer-zone) 및 이해 영역(Interest sphere) 확대의 역할을 도맡았다면, 1989년 민주화로의 체제 전환이 이루어진 이후, 오늘날에는 그 역학 구도가 반대로 전개되고 있는 상황이다. 즉 현재 NATO 및 EU 가입의 가속화에 따라, 오늘날 동유럽의 국가들은 미국과 서유럽 진영의 러시아를 향한 완충지대 및 이해 영역 확대의 역할을 수행하고 있는 상황이라 할 수 있을 것이다.[2)]

또 하나의 유럽, 동유럽 나라들은 어떤 특징들을 지니고 있을까?

문학과 예술 그리고 가톨릭의 나라, 폴란드

약 3,838만 명의 인구(2019년 기준)를 지닌 폴란드의 수도는 바르샤바(Warsaw)이며, 면적이 312,683㎢로 한반도의 약 1.4배에 해당한다. 민족 구성상 폴란드인이 약 97%를 차지할 정도로 단일 민족성이 강하며, 주요 소수 민족으로는 독일인, 우크라이나인, 벨라루스인 등이 있다. 종교적으로는 로마 가톨릭이 전체 인구의 93%를 차지할 정도로 동유럽 내에선 대표적인 가톨릭 국가이다.

민족 분포상 한 가지 특징을 든다면, 미국에 거주하고 있는 1천만 명을 포함해 해외 동포가 약 1천 3백만 명에 달하고 있는데, 이것은 근대 이후 120년 넘게 국가가 소멸되었던 그리고 주변 강대국들의 잦은 침략에 따른 역사적 배경에서 기인한다 하겠다. 하지만 1990년대 이후, 폴란드는 이러한 역사적 아픔을 극복하기 위해 다양한 노력을 기울여 왔고, 특히 2004년 5월, EU에 가입한 이후 정치, 경제적으로 비약적인 발전을 이루고 있는 동유럽의 상징적인 국가이기도 하다. 더불어, 현재 우리나라와도 정치, 경제, 사회, 문화적으로 활발한 교류가 진행되고 있으며, 향후 국내 기업들의 유럽 내 중요 전초 기지로 인정받고 있는 지역이다.

폴란드는 지형적으로 광활한 넓은 평야지대라는 특징을 지니고 있고, 이와 함께 지정학적으로 유럽과 아시아를 잇는 관문이자 독일과 러시아 등 주변 강대국들의 틈바구니 속에 끼여 있는 전략적 요충지에 자리하고 있다. 이에 따라, 과거 역사 속에서 폴란드는 국가의 힘이 강하였을 때에는 주변으로 뻗어나가 드넓은 영토를 차지하기도 했지만, 반면 국력이 약했을 때에는 주변 국가들에 의해 영토가 갈라지고 심지어 오랜 시기 동안 국가가 사라지는 비극을 감수해야만 했던 역사적 아픔을 지닌 국가이기도 하다. 실제, 역사를 통해 살펴볼 때, 폴란드는 비록 독일 기사단과 몽고-타타르족과의 갈등 속에서도 10세기 중세 왕국을 수립한 이후로 한동안 우크라이나와 리투아니아 지역 등을 포괄하는 거대한 제국을 형성하기도 하였다.

하지만, 16세기에 들어와 귀족들에 의한 왕위 선출이 본격화되면서 왕권의 급격한 약화가 진행되었고, 이것은 곧바로 왕국의 약화로 이어져 18세기에 들어와서는 주변의 러시아, 프러시아, 오스트리아 삼국에 의해 분할되어 사라지는 수모를 겪기도 하였다. 제1차 세계대전 이후 폴란드는 연합국의 지원에 따라 독립 국가를 구성할 수 있었지만, 제2차 세계대전 당시에는 독일의 침공에 따른 세계대전의 시발점이 되기도 했으며, 대전 이후에는 소련의 강압에 의한 사회주의 체제 속에서 고통을 겪어야만 했었다. 이러한 고통은 1980년 자유 연대 노조의 결성을 낳았으며, 이것은 동유럽 민주화 운동이 촉발되는 계기를 마련하기도 하였다.

가톨릭의 나라로 알려져 있는 폴란드는 세계사적로도 다양한 국제적 사건들의 주요 무대이자, 문학과 예술 그리고 과학 분야에서 주요 유명한 인물들을 배출한 곳이기도 하다. 우선 여러 차례의 한국 방문을 통해 우리에게 친숙한 이름으로 알려져 있는 교황 요한 바오로 2세 교황의 고향이기도 하며, 제2차 세계대전이 발발한 지역이자 이 당시 유태인의 참혹한 비극의 대표적 대명사로 알려져 있는 아우슈비츠 수용소가 자리한 곳이기도 하다.

이런 역사적 아픔과 달리, 폴란드는 세계사적으로 여러 유명한 인물들을 많이 배출하였다. 대표적인 인물들로는, 우선 과거 천동설이라는 종교적 우주관을 타파시켜 지동설에 따른 새로운 우주관과 함께 유럽인들의 신대륙 발견에 크게 기여한 인물인 코페르니쿠스를, 천재적인 음악가이자 전 세계의 가슴을 울렸던 쇼팽을 들 수 있을 것이다. 이와 함께 폴란드는 영화와 소설로 우리에게 친숙한 <쿼바디스>로 노벨상 작품을 수상한 시엔키에비츠의 고향이자, 근대 말과 현대 초 세계 화학계와 물리학계의 천재적인 과학자로 알려지며, 두 차례의 노벨상을 수상한 퀴리 부인의 소중한 고향이기도 하다.

유럽 안의 또 다른 유럽, 헝가리

유럽의 정중앙에 자리하고 있는 헝가리는 부다페스트(Budapest)를 수도로 하고 있으며, 인구 약 977만 명(2019년 기준)의 인구를 지닌 유럽 내에서 중규모 국가이다. 또한 93,031㎢의 면적으로 우리나라(100,032㎢, 2010년 기준)보다는 약간 작은 면적 규모를 지니고 있다. 헝가리는 민족 구성에 있어 아시아 유목 민족이라 할 수 있는 헝가리인(마자르족)이 98.3%로 높은 단일 민족성을 지니고 있으며, 여타 소수 민족으로는 독일인과 슬로바키아인 등이 있다.

주요 종교로는 로마 가톨릭이 약 37%, 프로테스탄트가 13%, 무교 17%, 무대답 27%, 그 외 정교 등이 자리하고 있다. 제2차 세계대전 이후로 사회주의 체제하에 있었던 헝가리는 1989년 민주화 이후 유럽 국가의 일원이 되기 위해 노력해 왔으며, 그 결과 동유럽의 폴란드, 체코, 슬로바키아와 함께 2004년 5월 EU 가입에 성공하게 된다. 이후 헝가리는 체제 전환 및 경제적 도약을 위한 일련의 고통과 위기 속에서도 적극적인 외자 유치를 통한 경제 활성화를 모색하는 등 경제 발전을 이루어나가고 있는 상황이다.

과거 오랜 역사 속에서 헝가리는 중부 유럽의 패권 국가로써 주도적 역할을 해 왔던 게 사실이다. 오늘날 헝가리의 본 조상은 9세기 아시아 유목 민족의 일파인 마자르족이 이 지역에 정착해 세운 뒤로 이어진 것이 정설이다. 하지만, 훈(Hun)+가리(Gary, 나라, 영토란 뜻을 지님)라는 국가 명을 통해서 보더라도, 유럽인들은 과거 이들 마자르족을 로마 제국 말기에 쳐들어와 맹위를 떨쳤던 아시아 유목 민족인 훈족의 후예들로 생각했으며, 이러한 유래가 오늘날까지 이어지고 있는 상황이다. 11세기 가톨릭을 받아들인 후 제국의 기틀을 마련하며 발전을 거듭하였던 헝가리의 아르파드 왕조는 13세기 몽고의 공격과 왕국의 내분으로 어려움을 겪어야만 했었다. 그리고 마침내 16세기에는 오스만 터키의 공격으로 국력이 급격히 쇠약해진 가운데, 합스부르크 제국 지배하로 넘어가게 되었고, 19세기 중엽에 들어와서야 비로소 일련의 갈등을 겪은 끝에 오스트리아-헝가리 이중 제국 하에서 왕권과 군사, 외교권을 제외하고 오스트리아와의 동등한 지배권을 행사할 수 있게 되었다. 하지만, 제1차 세계대전에서 패전국으로 전락한 이후 국토가 급격히 축소되었고, 제2차 세계대전 이후에는 소련의 강압에 따른 사회주의 체제하로 들어가면서 고통이 보다 확대되게 된다. 이후 사회주의 체제 내에서 이를 벗어나기 위한 혁명(1956년)을 일으키기도 했으나, 소련군의 강압적 진압으로 인해 수많은 희생과 함께 실패해야만 했던 아픔을 지닌 국가이기도 하다. 이후 헝가리는 1989년 민주화와 자유화 단행과 함께 체제 전환에 성공하였고, 현재에는 자유 민주주의 국가로써 발전을 거듭해나가고 있다.

중세 유럽의 강력한 제국들 중 하나였던 만큼, 헝가리는 여러 중요한 역사적 사건들과 함께 다양한 유명 인물들을 또한 배출한 곳이기도 하다. 우선 중요한 역사적 사건들로는 9세기 아시아 유목 민족인 마자르족의 헝가리 정착을 들 수 있을 것이며, 이후 이슈트반 왕에 의한 가톨릭 도입 그리고 헝가리 중세 왕국의 몰락을 가져왔던 몽고군의 공격과 오스만 터키군의 지배를 들 수 있을 것이다. 이 외에도 근대 시절엔 1867년 오스트리아-헝가리 이중 제국의 수립이 헝가리 역사의 운명에 중요한 순간을 제공하였고, 더불어 현대에는 사회주의 체제하에서 민주화를 부르짖었던 1956년 헝가리 혁명 또한 중요한 역사적 사건이라 할 수 있다. 이러한 역사적 사건 외에도 헝가리는 세계적으로 여러 유명한 인물들을 또한 배출한 나라이기도 하다. 음악적으로 <헝가리 광시곡>을 작곡한 리스트와 헝가리의 대표적 민족 음악가인 바르토크 그리고 새로운 음악 기법을 소개한 코다이 등을 들 수 있다.

보헤미아, 모라비아의 전통과 음악의 나라, 체코와 슬로바키아

세계적인 관광지이자 문화 도시인 프라하(Praha/Prague)를 수도로 둔 체코는 약 1,065만 명(2019년 기준)의 인구를 지니고 있으며, 78,867㎢로 면적 규모상 우리나라보다 다소 작은 면적을 지니고 있다. 체코는 민족 구성상 체코인이 약 64%를 차지할 정도 단일 민족성이 매우 높으며(26%는 민족성 밝히길 거부), 소수 민족으로는 슬로바키아인이 약 1.4%를 차지하고 있다. 종교적으로는 가톨릭이 약 10%, 프로테스탄트가 약 1% 그리고 무교가 34%를 차지하고 있다(무대답 45%). 1993년 체코와 연방을 이루고 있다가 서로 떨어져 독립 국가를 이룬 슬로바키아는 약 545만 명(2019년 기준)의 인구를 지니고 있으며, 면적은 49,035㎢이며 한반도의 1/4 크기로 유럽 내에서 다소 작은 면적을 지니고 있다. 수도는 브라티슬라바(Bratislava)이며, 민족 구성상 슬로바키아인이 약 81%를 차지하고 있으며, 그 외 소수 민족으로는 헝가리인이 약 8.5%를 차지하고 있다. 주요 종교로는 로마 가톨릭이 약 62%를 차지하면서 대중 종교로써 자리하고 있으며, 프로테스탄트가 약 9%, 정교가 약 4%를 차지하고 있다. 이들 국가들은 2004년 5월 EU에 가입한 이후 비약적인 발전을 거듭해 가고 있으며, 특히 슬로바키아는 경제적 안정을 토대로 2009년 1월 유로존에 들어가는 결실을 맺기도 하였다.

체코와 슬로바키아는 역사적인 배경에 따라 크게 두 개의 지방으로 나뉜다. 그중 하나는 체코 수도인 프라하를 중심으로 한 '보헤미아 지방'이고, 또 다른 하나는 체코 제2의 도시인 브르노를 중심으로 한 체코 동부 지방과 슬로바키아 대부분 지역이 포함된 '모라비아 지방'으로 나눌 수 있다. 체코인과 슬로바키아인이 처음 인연을 맺게 된 계기는 9세기에 수립된 모라비아 왕국의 수립부터라 할 수 있다. 하지만 비잔틴 제국과의 친선을 통해 정교를 받아들이며 독자적인 발전을 꾀하려 했던 모라비아 왕국은 강력한 가톨릭 국가였던 동프랑크 왕국의 견제를 받아야 했으며, 10세기 초 마침내 헝가리 왕국의 공격에 따라 멸망하게 된다. 이후 체코인과 슬로바키아인은 서로 다른 길을 가야만 했었다. 모라비아 왕국 멸망 이후 체코인들은 곧바로 보헤미아 왕국을 수립했으나, 14세기 이후로 왕국은 신성 로마 제국과 합스부르크 제국 영향력 하로 넘어갔으며, 반면 슬로바키아인들 또한 헝가리의 영향력 하에 편입되게 되었다. 이 두 민족이 다시 합쳐진 계기는 제1차 세계대전 이후 독립 국가가 수립되면서 부터이며, 이후 사회주의 시기를 거치며 연방 국가로 함께 하게 되지만, 1968년 '프라하의 봄'으로 열매를 맺게 된 동유럽 민주화 이후 1993년 서로 갈라선 채 오늘날에 이르고 있다.

체코와 슬로바키아는 오늘날까지 보헤미아와 모라비아의 전통과 예술적 혼이 살아있는 곳으로 유명하다. 특히 카를 4세 시기 신성 로마 제국의 수도가 된 프라하는 이후로 중부 유럽의 문화와 예술의 중심 도시로 성장하였으며, 중세 시기에는 얀 후스 등 종교 개혁 운동의 진원지가 된 곳이기도 하다. 문화와 예술의 도시였던 만큼 프라하에선 세계적인 여러 유명 음악가들이 자신의 기량을 한껏 발휘한 곳으로도 유명하다. 대표적인 인물로는 <돈 지오반니>를 프라하에서 초연한 모차르트를 들 수 있으며, 체코 음악의 살아있는 신화인 스메타나와 드보르작 등 세계적인 음악가들이 배출되기도 하였다. 체코는 또한 세계적인 문학가들을 배출하였는데, 우선 천재 문학가인 카프카를 비롯해 <착한 병사 슈베이크>에서 해학적 웃음의 미학을 보여준 하세크, 희곡 작품을 통해 로봇이라는 용어를 최초로 등장시킨 차페크 그리고 <참을 수 없는 존재의 가벼움>이란 작품을 통해 프라하 봄의 정신을 세계에 전파한 밀란 쿤테라 등을 들 수 있다.

천혜의 관광 자원과 역사적 유물이 공존하는 곳, 크로아티아

천혜의 아름다운 관광자원과 고대 로마와 중세 유적 물들이 잘 어우러져 있는 것으로 유명한 크로아티아는, 오늘날 고대, 중세 유물과 자연을 함께 보존하며 환경친화적인 대표적인 관광 국가로 발전해 나가고 있다. 자그레브(Zagreb)가 수도인 크로아티아는 2019년 현재 인구가 407만 명으로 유럽 내에서 중소규모 인구를 지닌 국가에 해당하고 있다. 면적으로는 한반도의 1/4에 해당하는 56,594㎢의 면적을 지니고 있으며, 한 가지 특징으로는 남부이 길게 뻗은 아름다운 아드리아 해안선을 따라 1,246개의 섬이 마치 한 폭의 그림처럼 펼쳐져 있는 곳이다. 민족적으로는 크로아티아인이 약 90.5%를 차지하고 있으며, 그 외 소수 민족으로는 세르비아인이 약 4.4%를 차지하고 있다. 종교적으로는 크로아티아인을 중심으로 가톨릭이 86% 가까이 이르고 있으며, 정교가 4.5% 그 외에는 이슬람교가 뒤를 잇고 있다. 여러 노력 끝에, 2013년 7월 크로아티아의 EU 가입과 2023년 1월 유로존 가입이 확정되었으며, 크로아티아는 이를 통해 유럽 국가의 일원이자 대표적인 관광 국가로서 그리고 제조업 분야를 비롯한 다양한 분야에서 국가적 발전을 추구해 나가려 하고 있다.

역사적으로 크로아티아인들은 7세기 무렵 남슬라브족의 발칸 이주를 따라 이곳에 정착하였고, 10세기 초 아드리아 해변의 닌(Nin)의 족장이었던 토미슬라브에 의해 중세 왕국을 수립할 수 있게 된다. 12세기 초 이후 증대된 헝가리의 영향력 속에서도 중세 왕국의 발전을 도모해가던 크로아티아는 15세기부터 16세기까지 이어지던 오스만 터키의 공격에 시달려야 했으며, 결과적으로 이를 막아낸 합스부르크 제국의 지배하로 넘어가게 되었다. 이후 크로아티아는 제1

차 세계대전 이전까지 오스트리아와 헝가리 등 외세 지배하에서 어려움을 겪어야만 했었다. 19세기부터 확대된 남슬라브족 통합을 위한 운동인 '일리리즘 운동'에 따라, 제1차 세계대전 이후 이웃한 세르비아, 슬로베니아와 함께 최초의 남슬라브족 통합 국가인 '세르비아-크로아티아-슬로베니아 왕국(1929년 이후 '유고슬라비아 왕국'으로 개칭)'을 건설하게 된다. 하지만, 양차 대전 사이 세르비아와 왕국 내 주도권 다툼이 확대되자 크로아티아는 제2차 세계대전 당시 히틀러의 편에 서서 독립 국가를 잠시 세울 수 있었다. 제2차 세계대전 이후에는 티토의 강력한 카리스마에 따라 사회주의 유고슬라비아 연방의 구성 공화국으로 남았지만, 1992년 세르비아와 내전을 거치며 현재는 독립 국가로의 발전을 이루어 나가고 있다.

크로아티아는 고대 로마 제국의 여러 흔적들이 여전히 잘 보존되어 있는 곳으로도 유명하다. 대표적인 건축물로는 풀라의 로마 원형 경기장을 들 수 있으며, 더불어 스플리트에 자리한 1,600년 된 디오클레티아누스 황제의 궁전 또한 로마의 아름다운 건축술을 그대로 보여주고 있는 곳이기도 하다. 이와 함께, 아일랜드 극작가인 버나드 쇼가 지상 최대의 낙원으로 묘사한 두브로브니크 또한 크로아티아에서 빼놓을 수 없는 세계적인 관광지이기도 하다. 이 외에도 이 지역 출신으로 우리에게 잘 알려진 인물로는 <동방견문록>을 써서 유럽의 신대륙 발견에 동기를 부여한 마르코 폴로와 에디슨의 동료이자 경쟁자로 전기 분야 발명에 탁월한 천재성을 발휘하였던 테슬라 그리고 사회주의 유고슬라비아 연방을 수립하였던 티토 등을 들 수 있다.

문화적 충돌과 조화로움의 상징, 보스니아-헤르체고비나와 세르비아

보스니아-헤르체고비나(통상 보스니아로 불리고 있음)는 동유럽 내에서도 대표적인 종교와 문화의 모자이크 지역으로 알려져 있는 곳이다. 보스니아의 수도는 제1차 세계대전이 발발하였던 사라예보(Sarajevo)로, 이곳은 오스만 터키 지배 당시의 문화와 19세기 중엽 이후 지배한 오스트리아의 문화가 복잡하게 혼재된 지역이기도 하다. 보스니아의 인구는 2019년 현재 약 350만 명이며(1991년 약 437만 명, 1996년 약 376만 명), 면적으로는 한반도의 1/4에 해당하는 51,199

㎢에 달하고 있다. 민족 구성상으로는 보스니아 무슬림계가 약 51%, 정교를 주로 믿고 있는 세르비아계가 약 31% 그리고 가톨릭을 주로 믿는 크로아티아계가 약 15% 정도를 차지하고 있다. 특이한 사항으로는 오랫동안의 민족 간 내전을 겪은 보스니아는 이를 미연에 방지하기 위해 1국가(보스니아-헤르체고비나 공화국) 안에 2개의 체제라는 특이한 정치 제제를 구성하고 있다는 점이다. 즉 보스니아 무슬림계와 크로아티아계가 연합한 '보스니아-헤르체고비나 연방'이 전체 영토의 51%를 차지하고 있으며, 세르비아계가 장악한 '스르프스카 공화국'이 영토의 49%를 차지하고 있다.

보스니아와 이웃하고 있는 세르비아는 수도가 베오그라드(Beograd/Belgrade)이며, 세르비아 본토 외에도 2008년 2월 독립을 선언한 남부의 코소보(수도명은 프리쉬티나, Priština)와 북부의 보이보디나 자치주(수도명은 노비사드, Novi Sad)로 구성되어 있다. 세르비아의 면적은, 현재 독립 국가 절차를 밟고 있는 코소보를 제외하고, 총 77,474㎢에 해당하고 있다. 코소보를 제외한 인구는 2019년 현재 약 696만 명이며, 이에 따른 민족 구성은 세르비아인이 약 83% 그리고 주로 보이보디나 지역에 거주하고 있는 헝가리인이 약 3.5%를 차지하고 있다. 종교적으로 세르비아는 세르비아 정교를 중심으로 한 정교신자가 84.5%를 차지하고 있는 정교 국가이며, 그 외에 가톨릭교도가 약 5%를 차지하고 있다(코소보 인구는 2019년 약 181만 명, 약 95%가 알바니아 무슬림).

세르비아는 역사 속에서 오랫동안 세르비아 중세 왕국 시절 두샨 왕의 업적과 민족 분포도에 따른 영토적 민족주의에 기초한 세르비아니즘의 확대를 위해 보스니아와 주변 발칸 지역들로의 영토 팽창을 추진해 왔었다. 더불어, 이러한 내적 갈등 확대는 이들 지역으로의 영향력 확대를 노려왔던 주변 강대국들의 간섭을 낳았으며, 이것은 결과적으로 1912년과 1913년 두 차례에 걸친 발칸 전쟁과 함께 제1차 세계대전의 진원지가 된 배경을 형성케 하였다. 특히, 사회주의 유고슬라비아 연방 내에서 맹주 역할을 하여왔던 세르비아는 1990년대에 들어와 연방이 붕괴되어 가는 과정 속에서 발생한 일련의 민족 분쟁에서 주요 역할을 수행했다는 이유로 한동안 국제정치와 세계무대에서 고립당해야만 했었다. 더불어, 보스니아는 3년 8개월간 이어진 내전의 주요 무대가 됨으로써 수많은 이재민 문제와 인종 학살 그리고 경제적인 여러 고통과 어려움을 감내해야만 했었다. 하지만, 21세기에 들어와 이들 국가들은 EU 가입을 목표로 새로운 발전을 향해 나아가고 있으며, 이를 통해 유럽의 한 일원으로 발돋움을 준비 중이다.

보스니아 내전 이후 우리에게 동유럽 민족 분쟁의 진원지쯤으로만 인식되고 있는 보스니아와 세르비아는 세계사적으로 중요한 여러 역사적 사건들과 중요 인물들이 배출된 곳이기도 하다. 우선 보스니아는 유럽 내에서 가톨릭과 정교 문화 외에도 이슬람 문화를 골고루 만끽하고 이를 체험할 수 있는 곳으로 유명한 곳이다. 이러한 배경은 과거 이 지역이 동·서 로마의 분기점에 자리하게 되면서, 로마 교회(훗날 '가톨릭'으로 발전)와 콘스탄티노플 교회(훗날 '정교'로 발전)의 대립과 공존이 이루어졌던 데서 기인한다 하겠다. 이와 함께 14세기 이후로 확대된 오스만 터키의 유럽 원정에 따라 보스니아 지역이 다시 한번 가톨릭권의 합스부르크 제국과 이슬람의 오스만 터키 제국 간의 오랜 경계선에 자리함으로써 가톨릭, 정교, 이슬람이 서로 복잡하게 혼재될 수 있었던 역사적 배경을 제공하였다고 할 수 있다.

이 외에도 보스니아와 세르비아를 둘러싼 주요한 사건들로는 무엇보다도 제1차 세계대전의 발화를 제공하였던 1914년 사라예보의 총성을 잊을 수 없을 것이다. 그 밖에 20세기 말 세계적인 관심을 이끌었던 보스니아 내전과 1999년 코소보 전쟁 또한 중요한 역사적 사건이라 할 수 있다.

이러한 주요한 사건들 외에도 이 지역에선 여러 유명한 인물들을 배출하였는데, 우선 보스니아 출신으로 <드리나강의 다리>란 작품을 통해 노벨 문학상을 수상한 이보 안드리치를 들 수 있으며, 세르비아 중세 왕국을 제국의 반열에 오르게 한 스테판 두샨 왕과 세르비아어의 아버지라 불리는 부크 카라쥐치는 오늘날까지 이들 지역에서 깊은 민족적 자부심을 안겨주고 있는 인물들이라 할 수 있다. 반면, 세르비아 민족주의의 대변인으로 유고 내전 및 보스니아 내전 그리고 코소보 전쟁의 전범으로 몰렸던 슬로보단 밀로쉐비치 또한 주요 역사적 인물 중 하나로 소개할 수 있을 것이다.

드라큘라의 꿈과 신화의 나라, 루마니아

우리에게 통상 드라큘라의 나라로만 알려져 있는 루마니아는 수도가 부쿠레쉬티(București/Bucharest)로, 21세기에 들어와 동유럽에서도 발전 잠재력이 매우 높은 지역으로 알려져 있는 곳이다. 2019년 현재, 면적상 238,391㎢로 이루어져 있으며(한빈도의 약 1.7배), 약 1,940만 명의 인구를 지니고 있다. 민족 구성상 루마니아는 루마니아인이 약 88.9% 가까이 차지하고 있는 민족 단일성이 높은 국가이며, 그 외 소수 민족으로는 과거 헝가리 영토였던 트란실바니아 지역에 주로 거주하고 있는 헝가리인이 약 6.1%를 차지하고 있다. 한 가지 특이 사항으로는 통상 루마니아라고 하면 집시가 많은 국가로 알려져 있지만, 통계상으로는 약 3.3%만을 차지하고 있는 것으로 나타나고 있다. 이러한 이유는 집시 특성상 인구가 제대로 통계에 잡히지 않는다는 이유와 함께, 2007년 1월 EU 가입을 전후로 집시들이 유럽 내 다른 국가들로의 이동이 빈번해지고 있는 이유에서 비롯된다 하겠다. 종교 분포도를 살펴보자면, 루마니아는 루마니아 정교를 중심으로 한 정교가 약 81%를 차지할 정도로 동유럽에서도 대표적인 정교 국가이며, 그 뒤를 이어 주로 헝가리인들을 중심으로 한 가톨릭이 약 5.1%를 차지하고 있다.

역사 속에서 루마니아는 고대 로마인들의 지배를 받기 이전까지 다치아 부족이 자신들의 독자적 문화와 광대한 세력권을 형성하며 발전해 왔던 지역이었다. 하지만, 2세기 초 로마의 지배하로 들어간 이후 다치아인들은 로마화되었으며, 이들은 훗날 슬라브 민족의 남진이 계속되는 와중에서도 자신들의 정통성을 계속 유지하며 발전을 거듭하였고, 19세기 민족주의 시대에 들어와선 자신들의 민족성을 로마인의 후예란 뜻이 담긴 '로무니아'로 정하게 만든 원동력을 제공케 하였다. 루마니아는 9세기에 이르러 북부 몰도바 지방은 러시아의 영향력 하에, 서부의 트란실바니아는 헝가리 하로 그리고 남부 문테니아 지방은 불가리아의 지배하에 들어가는 상황에 처하게 되었다. 14세기 이후 루마니아는 자치 공국들의 수립으로 인해 국가적인 틀을 조금씩 갖추어 갔지만, 15세기부터 밀려들어온 오스만 터키의 공격을 막아내지 못하였고, 결국 한동안 오스만 터키의 직간접적인 지배를 받아야만 했었다. 러-터 전쟁의 결과 1878년 이후로 독립 국가를 구성한 루마니아는 제1차 세계대전 이후 오늘날과 비슷한 형태의 영토를 차지할 수 있었고, 제2차 세계대전 이후에는 사회주의 체제 안에서도 소련의 일방적인 외교정책에서 벗어나 자주적인 외교 노선을 펼치기도 하였다. 그리고 마침내 1989년 이후로 불기 시작한 민주화의 바람은 동유럽의 민주화를 끝까지 저항하였던 마지막 독재자 차우체스쿠가 사형당한 이후 민주화의 길을 갈 수 있게 되었다.

루마니아에는 우리에게 잘 알려진 역사 속 인물들이 여럿 등장하고 있다. 그 중 대표적인 인물로는 다치아 왕국의 발전을 이끌었던 데체발을 들 수 있으며, 오스만 터키의 유럽 원정을 끝까지 막아내고자 했던 루마니아의 민족 영웅인 드라큘라 그리고 동유럽의 마지막 독재자 차우체스쿠 등을 들 수 있을 것이다. 이외에도 루마니아에는 여러 유명한 예술가들이 세계적으로 명성을 떨쳤는데, 대표적인 인물들로는 세계적인 조각가인 콘스탄틴 브랑쿠시와 소설 <25시>를 쓴 콘스탄트 게오르규 그리고 루마니아 역사상 최고 음악가로 알려진 게오르게 에네스쿠 등을 들 수 있을 것이다.

동유럽 종교와 문화의 발상지, 불가리아

불가리아는 통상 우리에게 요구르트의 나라로만 알려져 있는 게 사실이다. 하지만, 수도가 소피아(Sofia)인 불가리아는 과거 중세 시절 발칸 유럽은 물론 중부유럽에까지 종교와 문자 그리고 선진 문화를 보급 시켜 주었던 문화적 대국이었다. 2007년 EU, 2026년 유로존에 들어간 불가리아의 면적은 약 110,000㎢로 우리나라의 면적 규모와 유사한 한반도의 1/2 정도의 면적을 지니고 있다. 불가리아의 인구는 2019년 현재 약 695만 명을 차지하고 있으며, 민족 구성상 불가리아인이 약 85%, 소수 민족으로는 역사적 요인에서 기인한 터키계가 약 8.8%를 차지하고 있다. 종교 분포도를 살펴보면, 불가리아 정교를 중심으로 정교가 약 60% 그리고 터키계를 중심으로 이슬람교가 약 8%를 차지하고 있다.

불가리아의 역사를 살펴보자면, 7세기 말 이곳에 정착한 남슬라브족과 아시아에서 온 것으로 추정되고 있는 불가르족이 서로 연합하여 제1불가리아 제국을 수립한 이후, 9세기 중엽 보리스 왕이 정교를 받아들이면서부터 본격적으로 지배 계층의 불가르족과 피지배 계층의 슬라브족 간의 결속력이 더욱더 강화되게 되었다. 이후, 비잔틴 제국의 침략에 의해 제1불가리아 제국이 사라졌으나, 12

세기말 다시 한번 제2불가리아 제국이 수립되면서 중흥기를 맞이하게 된다. 하지만, 14세기 이후로 계속된 세르비아 공격으로 어려움을 겪었던 불가리아는 14세기 말에 들어와 오스만 터키의 지배하로 편입되는 아픔을 겪어야 했었다. 이후 약 500년간의 오스만 터키의 지배가 이어졌고, 1878년 이후에야 비로소 러시아의 도움을 통해 독립 왕국의 기틀을 마련할 수 있게 된다. 하지만, 불가리아는 제1, 2차 세계대전을 거치면서 영토가 축소되는 아픔을 겪어야 했으며, 사회주의 시절에 들어와서는 소련의 강력한 지배에 예속되는 아픔을 겪어야만 했었다. 하지만, 1989년 민주화 성공 이후, 2007년 불가리아는 루마니아와 함께 국가적 숙원 사업 중 하나였던 EU 가입에 성공하였고, 이후 계속된 발전을 이루어 나가고 있으며, 다시 한번 문화 국가로써의 미래를 향해 발돋움 중이다.

불가리아는 주변 여러 민족들과의 조우 속에 중요한 역사적 사건들과 중요 인물들을 배출해 내었다. 우선 로마 제국이 들어서기 이전 불가리아 원시 부족이었던 고대 트라키아인의 무덤과 여러 유적 물을 통해 당시 이 지역의 문화적 우수성을 확인할 수 있으며, 불가리아 제국 하에서 키릴과 메토디우스 제자들에 의한 정교와 문자의 보급 그리고 문화 전파를 통해 불가리아가 동유럽의 종교와 문화의 보고라는 별칭을 얻게 되는 역사적 배경을 확인할 수 있다. 또한 중세 불가리아와 비잔틴 문화의 중심지였던 오늘날 마케도니아의 오흐리드의 여러 유물들을 통해서도 당시 불가리아 제국의 웅장함과 문화적 풍성을 확인할 수 있다. 이 외에 여러 유명한 역사적 인물들과 건축물로는 오스만 터키의 오랜 지배 속에서도 정교 신앙심을 유지하고, 불가리아 민족 정체성을 이끌어 나가고자 했던 이반 릴스키 수도승과 릴라 사원을 들 수 있다. 무엇보다도 불가리아를 세계적 장수 국가로 그리고 불가리아 유산균을 세계적 장수 식품으로 알린 계기는 러시아 생물학자인 메치니코프의 <생명의 연장>과 이 속에 비친 불가리아 유산균의 탁월한 효능이며, 이 또한 불가리아를 즐기는 주요한 테마거리라 할 수 있을 것이다.

역사와 인물로 동유럽 들여다보기

II

종교와 문화의 모자이크,
동유럽

제2장_ 종교와 문화의 모자이크, 동유럽

가. 종교를 기준으로 한 동유럽의 문화권별 특징

선사시대 이래로 중부 유럽 및 발칸반도에는 수많은 여러 부족 민족들(게르만족과 그 일파/일리리아인, 베네치아인, 다치아인, 트라키아인…)이 자신들의 부족 국가들을 형성하며 거주하여 왔었다. AD 1세기를 전후로 로마 제국 지배하에 들어간 발칸 유럽의 원주민들이 로마의 영향력 하에서 로마 문화에 융화된 데 반해, 중부 유럽 내 고대 원주민들은 자신들만의 독특한 문화를 형성하며, 로마인들의 북상을 저지하는 데 성공하게 된다.

고대 유럽의 기록이 주로 그리스와 로마의 역사에서 비롯되었듯, 고대 동유럽의 역사적 기록들은 주로 로마의 영향력 하에 있었던 발칸반도 내 역사들이 대부분을 차지하고 있다. 실제 오랫동안 게르만족과 스키타이 등 여러 아시아 유목 민족들 그리고 고대 원시 슬라브족들이 혼재되어 거주해 왔던 중부 유럽 지역들은 한동안 역사적 기록에서 자취를 찾아보기가 어렵다.

테오도시우스(Flavius Theodosius, 347-395, 재위 379-395) 황제의 사망과 함께 395년 로마 제국이 그의 아들들에 의해 동과 서로 분리된 이후 10세기까지 동유럽 지역은 격동의 시기를 맞이하게 된다. 게르만족에 의한 서로마의 멸망, 스키타이족과 아바르족, 훈족과 마자르족 등 아시아 유목 민족들의 유럽 침입 그리고 무엇보다도 오늘날 동유럽 국가들의 주요 민족을 차지하고 있는 슬라브족의 이주와 정착이 이 시기 동안 이루어지게 되었다. 오늘날 동유럽의 대부분 지역은 6-7세기를 전후로 진행된 슬라브족의 대규모 이동에 따라 정착된 슬라브족의 일파들이 주요 민족을 형성하고 있다.

슬라브족의 일파들을 분류해 보자면, 대이동 당시 원시 거주지로부터 크게 움직이지 않았던 슬라브족을 '동슬라브족'으로 칭할 수 있으며, 오늘날 러시아인, 백러시아인(벨라루스), 우크라이나인 등이 이에 속하며, 서쪽으로 이동하여 정착한 '서슬라브족'으로는 오늘날 폴란드인, 체코인, 슬로바키아인 그리고 남쪽인 발칸반도로 정착한 '남슬라브족'은 오늘날 세르비아인, 불가리아인, 크로아티아인, 슬로베니아인 등을 들 수 있을 것이다. 반면에 동유럽 국가들 중 헝가리 땅에 아시아 유목 민족인 마자르족이 9세기를 전후로 정착한 오늘날 헝가리인, 19세기 민족주의 도입 당시 스스로를 로마 민족의 후예이자 라틴 민족의 일파로 규정한 루마니아인 그리고 과거 로마인들이 들어오기 이전부터 발칸 유럽 지역에 정착해 왔던 일리리아인들이 자신의 조상이라 주장하고 있는 알바니아인 등은 비(非)슬라브족으로 분류되고 있다. 이들 동유럽 지역의 민족들은 15세기 전까지 약 천년의 세월 동안 문화적으로는 동양 문화(훈족과 마자르족 등 아시아 유목 민족, 몽고, 오스만 터키)와 서양 문화(게르만, 합스부르크, 베네치아) 그리고 종교적으로는 가톨릭(서로마 교회, 로마 교회)과 정교(동로마 교회, 콘스탄티노플 교회)가 서로 복잡하게 혼재되는 특징을 보여 왔다(1054년 크리스트교 종교 대분열).

이후 15세기를 전후로 소아시아에서 유럽으로 진출하기 시작한 오스만 터키는 비록 17세기 합스부르크 제국의 저지에 따라 더 이상의 유럽 진출을 이루지 못하였지만, 발칸반도의 지배권을 더욱더 공고히 해 나가기 시작하면서 동유럽으로의 이슬람교 확산의 배경을 형성케 하였다. 특히 오스만 터키의 발칸 지배는 러-터 전쟁 이후 맺어진 1878년 산스테파노 조약(3월)과 베를린 조약(6월)에 의해 이 지역 민족들이 독립하기 이전까지 지속되게 된다.[3] 16세기를 전후로 대두된 종교 개혁의 여파에 따라 중부 유럽이 신교(프로테스탄트)와 구교(가톨릭)의 갈등 속에 혼재되는 양상을 띤 데 반해, 발칸 유럽은 터키에 의해 동양적 문화 요소가 급속도로 확산되게 되었고, 종교적으론 기존의 크리스트교(가톨릭과 정교) 외에도 이슬람교가 유입되어 발칸 유럽 지역은 가톨릭, 정교 그리고 이슬람교가 서로 혼재되어 나타나게 된다.

자그레브의 성 슈테판 가톨릭 대성당

소피아의 알렉산다르 네프스키 정교 사원

사라예보의 알리 파샤 모스크

동유럽을 중심으로 이루어진 크리스트교의 분열, 이슬람 국가인 오스만 터키의 약 500여 년간의 지배는 오늘날 동유럽을 '종교와 문화의 모자이크 지역'으로 불리게 만들었다. 즉 이러한 모자이크는 어느 한순간의 역사적 사건에 의해 만들어진 것이 아닌, 2,000여 년의 역사 속에 동유럽 내 민중들의 생활 속에 파고들어 자연스럽게 형성된 것이다.

동유럽 역사와 인물 속 한 마디

종교를 기준으로 한 동유럽의 문화권 분류

1) 가톨릭 문화권 - 폴란드, 헝가리, 슬로바키아, 슬로베니아, 크로아티아
2) 정교 문화권 - 세르비아, 몬테네그로, 루마니아, 불가리아
3) 이슬람 문화권 - 알바니아
4) 정교와 이슬람 혼재 문화권 - 마케도니아
5) 가톨릭, 정교, 이슬람 혼재 문화권 - 보스니아-헤르체고비나
6) 기타 - 체코(가톨릭 약 10%, 프로테스탄트 약 1%, 무대답 45%, 무교 약 34%)

나. 크리스트교(가톨릭, 정교, 개신교)와 이슬람 그리고 동유럽

크리스트교의 발전과 분열의 역사는?

콘스탄티누스가 AD 312년 로마 외곽에서 막센티우스와의 전투 이전 크리스트교 상징을 보았다는 것을 나타낸 그림

예수에 대한 정확한 출생 연도와 사망 연도 기록이 없음에도 불구하고, 크리스트교가 예수의 탄생과 함께하고 있다는 점에 대해선 모두들 동의하고 있다. 하지만, 크리스트교의 믿음에 따른 여러 기적과 놀라운 행적에도 불구하고 예수는 기존 유대교의 전통과 질서를 벗어난 언행으로 유대교 지도자들의 반감을 샀었고, 마침내 체포된 후, 십자가형으로 처형되게 된다. 그러나, 예수의 사망 이후에도 크리스트교는 사도 바울과 베드로 등 예수 제자들의 활발한 선교 활동으로 인해 로마 전역으로 확산되었고, 크리스트교의 핵심 교리인 유일신 사상과 메시아니즘 등이 로마의 사회질서와 체제에 부합되지 않았다는 이유로 계속된 박해를 받아야만 했다. 그러나, 313년 콘스탄티누스(Flavius Valerius Aurelius Constantinus, 272-337, 재위 306-337)에 의해 정식 종교로 공인되고, 테오도시우스 시절인 392년에 국교로 인정됨으로써 세계 종교가 될 수 있는 기반을 마련하게 되었다.

동·서 로마의 분리 이후에도, 서로마 지역과 동로마 제국 내에는 크리스트교의 확산이 계속 이어졌고, 그 결과 451년 열린 칼케톤 공의회를 통해 5개의 대주교 관구(로마, 콘스탄티노플, 알렉산드리아, 안디옥 그리고 예루살렘)를 그 순서에 따라 권위를 부여한다는 교회령이 확정되게 된다. 이후 7세기경 등장한 마호메트(Muhammad ibn ʻAbdullah, 570-632)에 의한 이슬람교의 세력 확장에 따라, 점차 알렉산드리아(641), 안디옥(637) 그리고 예루살렘 교회(638)가 이슬람교도들의 지배하로 넘어가게 되었고, 이것은 훗날 11~13세기 사이 로마 교황에 의한 십자군 운동 발단의 계기를 마련해 주게 되었다. 결국 남게 된 로마 교회와 콘스탄티노플 교회는 이후 한동안 서로 간의 교세 확장 싸움으로 일련의 갈등을 겪게 된다.[4)]

동·서 로마의 분리는 크리스트교의 분열에도 중대한 영향을 미쳤으며, 실제, 동·서 교회의 분열은 정치적 분열과 더불어 진행되었다. 희랍어(그리스어)와 라틴어가 서로 통용되는 등, 양대 지역(동·서 로마)에 대한 선교 활동이 자유로웠던 초기 크리스트교 시기와는 달리 동·서 로마 분리 이후 476년 서로마 제국의 멸망은 양 지역 교회 간 교류의 단절을 낳게 된다. 이런 가운데 당시 콘스탄티노플 교회는 동, 서로마 분리 이후 서루마의 멸망과 뒤이은 로마 교회이 침체, 그리고 무엇보다도 유일한 로마 제국으로 남겨진 동로마 제국(비잔틴 제국)의 영향력이 점차 확대됨에 따라 한동안 그 세력을 키워갈 수 있었다.

비잔틴 제국의 황제이자, 콘스탄티노플 교회의 수장이었던 유스티니아누스(Flavius Justinianus, 483-565, 재위 527-565) 황제는 정치, 종교적으로 다시 한번 로마 제국을 부활시키고자 노력하였다. 그는 서로마 일부 지역을 탈환하고 로마 교회의 교황을 자신의 지배를 받는 총대주교 자리로 앉히는 등 서로마 지역으로의 콘스탄티노플 교회 영향력을 확장하는 데 주력하였다. 이런 상황 속에서 서로마 지역의 로마 교회는 교회의 포교를 위해선 무엇보다도 비잔틴 제국과 같은 세속 국가의 비호 필요성을 절실히 느끼고 있었다. 이런 이유로 로마 교황인 레오 3세(St. Pope LEO III, 재위 795-816)는 당시 서유럽의 새로운 패권 국가로 등장한 프랑크 왕국의 샤를마뉴 대제(Charlemagne, 독일어로 카롤루스 혹은 카를 대제, 카를 1세 재위 768-814)를 800년 12월 25일 신성 로마 제국의 황제로 승인하였고, 이를 통해 로마 교회 확산을 위한 거점을 확보할 수 있게 된다. 비잔틴 제국은 한동안 이를 인정하지 않았지만(812년 승인), 서로마 멸망 이후 콘스탄티노플 교회의 영향권 하에 억눌려 지내야 했던 로마 교회는 이때 이후로 본격적인 독자 행보를 할 수 있게 되었다. 신성 로마 제국의 지원을 바탕으로 로마 교회는 그동안 콘스탄티노플 교회의 영향 하에 있던 여러 지역으로 교세를 확장해 나갔으며, 이것은 상대적으로 서유럽 지역에서의 비잔틴 제국의 위축과 콘스탄티노플 교회의 교세 약화를 불러오게 하였다. 실제 당시 양대 교회는 동·서 로마 제국의 분열 그리고 이후에는 양 제국(신성 로마 제국과 비잔틴 제국)의 정치적 단절에 따라 서로마 지역에서는 희랍어(그리스어) 그리고 동로마 지역에선 라틴어 사용자가 드물게 되었고, 이러한 상황은 초기 크리스트교를 중심으로 한 종교, 문화적 일치성을 상당 부분 훼손시켜 결과적으로 크리스트교의 종교적 분열로 이어지는 데 중요한 영향을 미치게 된다.

역사적으로 보았을 때, 크리스트교의 분열은 500년 간격으로 크게 3차례에 걸쳐 이루어졌다. 첫 분열은 5-6세기에 일어났는데, 당시 동, 서로마의 분리 이후 서로마 제국이 멸망함에 따라 교회 주도권을 둘러싼 양대 지역(동·서 로마) 교회 간, 즉 '로마 교회와 콘스탄티노플 교회 간의 갈등'이 심화되었다. 두 번째 분열은 비잔틴 제국의 쇠락 속에 기울어져 가던 콘스탄티노플 교회(훗날, '정교'로 발전)와 신성 로마 제국의 비호 아래 영향력을 확대하고 있던 로마 교회(훗날, '가톨릭'으로 발전)가 교회 주도권 다툼 속에 서로 파문을 하면서 일어난 '1054년 교회 대분열'을 들 수 있다. 마지막으로 세 번째 분열은 서유럽에서 로마 교회를 모태로 발전한 가톨릭이 중세 유럽의 모든 세계를 장악하고 있던 시기, 면죄부 사건을 계기로 '16세기 종교 개혁'이 일어남으로써 발생한 '신교와 구교로의 분열'을 들 수 있다.

1054년 교회 대분열이 선언된 이후 이슬람교도의 지배로 넘어간 예루살렘 성지를 회복한다는 이유를 들어 로마 교황의 권위를 세우려 했던 십자군 원정 중, 제4차 십자군 원정은 더 이상 로마 교회와 콘스탄티노플 교회 양대 교회가 화합할 수 없는 상황으로까지 사태를 이끌어가게 된다. 제4차 십자군 원정 당시 십자군들은 로마 교황의 묵인 속에 이슬람 군대와 싸우는 대신에 비잔틴 제국의 수도이자 콘스탄티노플 교회가 세워져 있던 콘스탄티노플을 함락(1203)하고 약탈하여, 라틴 제국(1204-1261)을 건설하였다. 이 사건은 결과적으로 크리스트교의 한 축을 형성하였던 비잔틴 제국의 급격한 쇠퇴 그리고 양대 교회 간 불신과 분

열의 골을 더욱 깊게 만들었다.[5)]

크리스트교는 동유럽에 어떻게 전파되었을까?

로마 교회와 콘스탄티노플 교회 간의 초기 교세 확장 경쟁은 주로 당시 동·서 로마의 분기점이자 양대 교회의 접합지역에 해당하였던 발칸 유럽을 주 무대로 이루어지게 된다. 동·서 로마의 분리선은 현재 발칸 유럽의 보스니아를 중심으로 사바-다뉴브-우나강을 경계로 동, 서로 나뉘어졌다. 따라서 6-7세기 무렵 발칸 유럽으로 이주해 들어온 남슬라브족은 이후로도 한동안 이러한 양대 교회의 갈등 속에서 크리스트교를 받아들여야만 했다.

발칸 유럽 내 남슬라브족들 특히 정교 지역의 여러 슬라브족들에게 크리스트교가 전파된 계기는 864년 비잔틴 황제의 명을 받아 모라비아 왕국(오늘날 체코와 슬로바키아 지역) 내 크리스트교 포교와 행정 체계 수립을 위해 떠났던 솔룬(Solun, 오늘날 그리스의 데살로니끼) 출신의 콘스탄틴 키릴과 메토디우스 형제 그리고 그 제자들에 의해서였다. 중세 가장 뛰어난 문법, 언어 학자 중 하나인 키릴과 행정, 정치, 외교 분야에 능했던 메토디우스는 자신들이 고안한 슬라브 문자와 언어를 기초로 4대 복음서(마테, 마가, 누가, 요한)를 제작해 크리스트교 가르침을 전파하였고, 비잔틴 제국의 행정 체계를 신생 왕국에 도입하고자 노력하였다. 하지만 그들의 이러한 노력은 모라비아에서 일어난 권력 내분의 결과 실패로 돌아갔다. 모라비아 왕국은 건국 70년 만에 왕국 내 권력 투쟁과 동 프랑크의 공격으로 멸망하였고, 뒤이어 등장한 체코의 보헤미아, 헝가리, 폴란드 등은 9세기와 10세기에 걸쳐 로마 교회의 영향력 아래 크리스트교(가톨릭)로 개종하게 된다. 이후 역사 속에서 이들 중부 유럽 지역에는 더 이상 콘스탄티노플 교회(정교)가 일련의 영향력을 발휘하지 못하게 되었다.

반면, 모라비아 왕국의 내분과 프랑크 성직자들의 압력을 피해 발칸 유럽으로 피신해 온 클리멘트와 나움 등 키릴과 메토디우스의 제자들은 마케도니아 오흐리드에 교회를 설립해 슬라브 문자(키릴의 업적을 기려 이후 '키릴 문자'로 불림)와 언어를 보급하고 남슬라브인들을 대상으로 한 크리스트교 포교 활동에 주력하게 된다. 이에 따라, 주변 불가리아, 세르비아와 여타 발칸 지역으로 종교와 문자가 확대되어 이들 민족들의 크리스트교로의 개종, 즉 콘스탄티노플 교회의 교리에 바탕을 둔 정교를 신봉하게 된다. 훗날 콘스탄티노플 교회의 권위에 따른 발칸 유럽으로의 크리스트교(정교) 전파는 10세기 말 러시아 민족의 정신적 바탕이라 할 수 있는 오늘날 우크라이나의 키예프 왕국에까지 전파됨으로써 오늘날 발칸 유럽을 비롯한 러시아와 그 주변 국가들이 강력한 정교 국가가 되는 배경을 제공하여 주었다.

반면 발칸 유럽 내 국가들 중 크로아티아와 슬로베니아는 로마 교회의 신봉자였던 프랑크 왕국, 이후에는 신성 로마 제국에 속한 관계로 8세기 중엽 이후로 로마 교회의 영향력 하에서 가톨릭으로 개종하게 된다. 반면, 지리적 험준함으로 인한 주변 지역과의 고립 그리고 양대 교회의 접합점에 위치해 있어 잦은 교회 세력권 다툼으로 인해 상대적으로 신앙심이 약하였던 보스니아 내 남슬라브인들은 12세기 말 이후 양대 교회의 특징을 지녔지만, 양대 교회 모두로부터 이단으로 몰렸던 '보스니아 교회'를 설립해 신봉하였다.

발칸으로 이주해 부족국가를 수립한 남슬라브족들의 계속된 세력 확대로 어려움을 겪고 있던 비잔틴 제국은 1453년 오스만 터키의 콘스탄티노플 점령에 따라 마침내 붕괴되게 된다. 오스만 터키에 의한 비잔틴 제국의 붕괴 그리고 뒤 이은 발칸 유럽 정교 신봉 국가들의 몰락은 로마 교회와 더불어 크리스트교의 양대 축으로 인정되어 왔던 콘스탄티노플 교회의 몰락을 가져왔다. 이후 비잔틴 제국과 콘스탄티노플 교회의 권위는 정교 국가로 강력히 무장한 러시아의 모스크바 교회로 넘어가게 된다. 이러한 역사적 배경에 따라 로마를 제1의 로마, 콘스탄티노플을 제2의 로마라 칭한다면, 발칸 유럽의 정교 국가들이 이슬람 터키 제국의 지배하에 있었던 500여 년 가까이 정교의 정통성을 이어 왔던 모스크바를 제3의 로마라 부르고 있는 이유이기도 하다.[6)]

발칸 유럽에서 콘스탄티노플 교회가 어려움에 직면해 있을 즈음, 로마 교회는 중세 중부 유럽 및 서유럽에서 최대의 권위와 전성기를 구가하고 있었다. 하지만 로마 교회의 이러한 전성기는 그리 오래가지 못하였다. 로마 교회는 계속된 십자군 원정의 실패로 인한 교황권의 추락과 절대 왕권의 도전에 의해 위기에 봉착하였고, 뒤이어 면죄부 사건에서 비롯된 루터(Martin Luther, 1483-1546)의 종교 개혁 운동에 의해 교회 분열의 길로 들어서게 된다.

11세기 말에서 13세기 말까지 총 8회 이상 진행된 십자군 원정은 성지인 예루살렘 탈환을 목적으로 교황의 요청에 따라 이루어졌다. 하지만 교황의 권위를 높이고자 출전했던 십자군 원정은 계속된 실패 속에, 초기 정신조차 변질되어 교황권의 급격한 추락을 가져오게 된다. 교황권의 계속된 추락 속에 영국의 헨리 8세(Henry VIII, 1491-1547, 재위 1509-1547)를 비롯한 유럽의 절대 왕권 국가들은 왕권을 강화시킴과 동시에 교황권에 대한 도전을 확대해 나갔다. 로마 교회의 분열을 가져 온 최대 계기는 16세기 독일에서의 면죄부 판매 사건에서 비롯되었다. 면죄부 판매 사건은 루터 등 뜻있는 성직자들과 지식인 그리고 교황청의 수탈에 시달려 왔던 여러 도시들에서 커다란 반발을 불러일으켰다. 그리고 마침내 1517년 루터는 면죄부에 대한 95개조 반박문을 게시하였고, 이 반박문은 당시 발달된 인쇄 기술에 힘입어 곧이어 독일과 유럽 전역으로 퍼져 종교 개혁 운동의 발단이 되게 되었다. 이후 수차례의 종교 진쟁이 일어났고, 30년 종교 전쟁을 끝으로 로마 교회는 마침내 신교(프로테스탄트, 개신교)와 구교(가톨릭)로 분리되어 오늘날에 이르게 되었다.

이슬람교의 동유럽으로의 전파와 의미는?

동유럽으로의 이슬람교 전파는 오스만 터키의 진군 경로와 지배 지역에 따라 지리적으론 주로 발칸 유럽에 집중되어 이루어지게 된다. 14세기 중엽 세르비아 중세 왕국의 계속된 공격에 의해 어려움을 겪던 비잔틴 제국은 오스만 터키에게 용병을 요청하였고, 이에 1345년 오스만 터키의 유럽 원정이 이루어지게 되었다. 유럽으로 들어온 터키는 발칸 유럽 전역을 돌아다니며 자신의 세력권을 확장시켜 갔으며, 특

이슬람 모스크로 변한 보스니아 중세 교회

히 세르비아군을 중심으로 한 발칸 유럽의 기독교 10만 연합군을 1389년 6월 코소보에서 대패시킴으로써, 발칸 유럽의 실질적인 패권 국가로 부상하게 되었다. 이후 수차례 가진 기독교 연합군과의 전투에서 승리한 오스만 터키는 이때 이후로 발칸 유럽 전역에 걸쳐 이슬람교의 확산을 추진하게 되었다. 오스만 터키의 발칸 유럽 지배는 이후 러-터 전쟁의 결과 맺어진 1878년 산스테파노와 베를린 조약 때까지 이어지게 되며, 터키의 지배 기간 동안 특히 보스니아와 알바니아 지역엔 상당수의 무슬림화가 진행되게 된다. 오늘날 보스니아와 알바니아 지역에 상당수 무슬림이 형성된 배경은 이러한 역사적 배경에서 기인한다 하겠다.

동유럽 역사와 인물 속 한 마디

크리스트교와 이슬람 발달사 도표

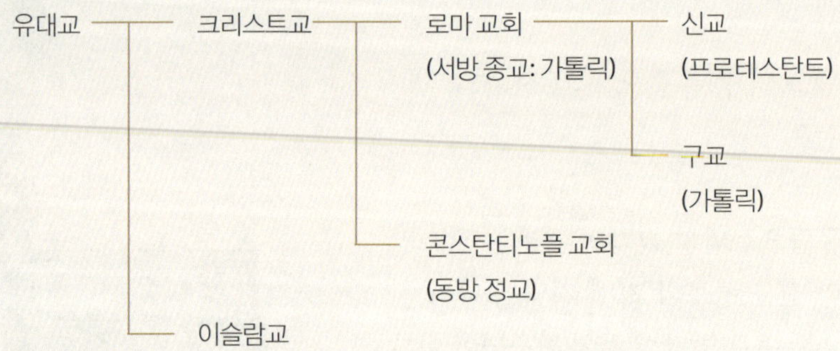

다. 동유럽의 문화적 민족과 문화적 민족주의

민족주의가 인류 역사에 영향을 미치기 시작한 시기는 18세기 말부터이며 미국독립전쟁(1775-1783)[7], 프랑스 혁명(1789)이 그 사상적 토대로 되었다. 이후 민족주의는 19세기 초 나폴레옹의 유럽 원정에 따라 전 유럽으로 확산되었으며, 이어 19세기 중엽에는 동유럽 전역으로 그리고 20세기 초에는 우리나라를 비롯한 아시아와 아프리카 전역으로 파급되게 된다. 이후로 민족주의는 계속하여 국제 정치와 국제 역학 구도를 움직이는 중요한 정신적, 감정적인 힘이 되어 왔으며, 또한 국가 형성을 위한 중요한 이념으로서 작용하게 된다.

민족주의 특징을 이해하기 위해선 2가지 접근방법을 제시할 수 있는데, 그 첫 번째는 민족주의가 처음 시작된 서유럽과 미국에서의 국가라는 실체(reality)에 기초한 '정치적 민족주의'이며, 다른 하나는 19세기 민족주의 확산 당시 독일과 동유럽에 퍼져있던 신화(myth)와 꿈(dream)에 기초한 '문화적 민족주의'라 할 수 있다. 민족주의가 도입될 당시 지배 민족이었던 서유럽의 경우, 강력한 절대왕정의 중앙집권적 조직 아래 민족주의 발흥이 이루어졌으며, 또한 민족-국가(Nation-State)의 수립이 가능하였기 때문에, '민족'과 '국가'라는 개념이 일치하기 쉬웠으며, 영토에 있어서도 민족의 경계 범위와 영토적 경계 범위가 상당 부분 유사하였다.

하지만 민족주의가 도입될 당시, 합스부르크 제국의 영향력 아래에서 여러 도시 국가로 이루어져 있었던 독일 지역과 제국 지배하에서 식민지 상태에 있었던 동유럽에서의 민족주의는 기존 민족의 경계와 영토의 경계가 일치하지 않았었다. 따라서 서유럽과는 다른 유형의 민족주의가 형성되게 된다. 동유럽에서 나타난 민족주의 특징은 자연히 자신을 지배하고 있던 제국에 대한 저항과 이들과의 문화적 차이로 인한 갈등, 암담한 현실에 대한 반감 의식에 따라, 비참한 현재보다는 찬란했던 과거 혹은 새로운 미래에 대한 꿈에 더 많은 관심을 가지게 되었다. 또한 동유럽에서의 민족주의는 서유럽 민족주의 개념과 달리 민족(Nation)이라는 개념 속에 국가(State) 개념이 들어가지 않았으며, 이에 따라 서유럽식의 민족-국가(Nation-state) 개념이 형성되지도 않았다.

동유럽 민족주의에서 나타나는 특징은 크게 다음과 같다.

첫째로는, 종교와 언어 등 문화적 요소에 영향을 많이 받았으며, 이를 기초로 자신들과 비슷한 집단들에 대한 귀속성을 중시한다는 점이다. 즉 문화적 요소에 의해 '우리 편(We)'과 '그들 편(They)'을 서로 나누어 자신들 집단의 결속력을 강화하려는 특징이 매우 크다 하겠다. 두 번째로는, 동유럽에서는 민족과 국가의 분리가 언제든지 가능하며, 국가란 단지 각 민족들을 연결시켜 주는 중간자에 불과하다는 인식이 강하다는 점이다. 그 결과 아직까지도 동유럽에선 국가권력의 중앙정부로의 집중이 덜하고, 오히려 분산되는 면을 보이고 있는 게 사실이다. 세 번째로는, 여러 민족이 혼합된 동유럽 국가의 경우, 다수 민족 집단의 소수 민족에 대한 민족탄압이 빈번하여 왔다는 점이다. 동유럽 지역의 소수 민족들은 자신들이 다수 민족에 의해 억압받고 착취 받는 생각이 보다 강하였고, 이를 벗어나고자 하는 민족주의 경향이 보다 크게 대두되어 왔다.

이러한 동유럽에서의 민족주의 특징들은 특히, 1990년대 동유럽의 민주화시기에 들어와 분명한 색깔을 드러내게 된다. 이 당시 동유럽의 여러 국가들은 사회주의 질서의 쇠퇴 속에서도 이를 대체해 줄 수 있는 서유럽식의 민주주의, 시장 경제주의, 법치 기구 설립 등이 준비 부족으로 정착되지 못한 상황에 있었다. 따라서 이러한 전환기는 문화적 요소에 의해 서로를 편 가르고, 다른 민족들을 박해하려는 일부 선동 정치가나 민족주의자들의 등장을 낳는 배경이 되었다. 또한 이것은 이후, 이들 지역에 다양한 민족 갈등과 분쟁들이 나타나게 하는 주요 배경이 되게 하였다.

[표 1] 동·서유럽 민족주의 특징 비교

	서유럽 민족주의	동유럽 민족주의
19세기 시대적 상황	독립 국가나 지배 민족	자치 국가나 피지배 민족
민족주의 도입 시기	사회·정치적 발전과 병행, 중앙집권적 민족-국가 수립 시기	사회·정치적 발전 이전에 도입, 제국들의 지배 시기
민족주의 기초요소	사회계약, 일반의지, 법, 자유, 평등	선민의식, 신화, 독립, 미래, 꿈
민족 구성	주민족 - - 인종집단	주민족- 소수 민족- 인종집단
민족정체성	민족=국가, 민족-국가 개념형성, 민족보다는 국가에 충성	민족≠국가, 민족/국가 별개, 국가보다는 민족에 충성
접근방식	정치적 접근-> 정치적 민족주의	문화적 접근->문화적 민족주의

사회주의 시기, 동유럽에서 정치적 민족주의 도입을 위해 노력한 인물, 티토

동유럽 내 여러 민족들은 19세기 민족주의 시대 이후로 계속해서 종교 등 문화적 요소에 따른 '문화적 민족주의'에 근거해, 주변의 여러 민족들과의 영토적 갈등을 진행해왔다. 이러한 틀이 잠시나마 깨진 것은 종교와 민족주의를 아편으로 취급했던 사회주의 국가 시기라 할 수 있다. 제2차 세계대전 이후 형성된 사회주의 체제하에서 동유럽의 여러 민족들은 사회주의 이념을 바탕으로, 자신이 속한 민족보다는 자신이 소속된 국가에 대한 충성을 요구받아야 했었다. 이러한 국가에 대한 충성심과 애국심 강요는 서유럽의 여러 민족들이 이미 경험하였던 '정치적 민족주의'의 일환으로 해석될 수 있을 것이다.

동유럽에서 이러한 '정치적 민족주의'를 도입하려 했던 대표적 인물로는 복잡한 민족 구성(6개의 주요 민족과 2개의 소수 민족)과 문화적 요소(이슬람, 정교, 가톨릭/ 2개의 문자)로 엉켜져 있던 과거 사회주의 유고슬라비아 연방을 이끌었던 '티토(Josip Broz Tito; 1892-1980)'를 꼽을 수 있을 것이다. 그는 제2차 세계대전에서 동유럽 국가들 중 소련의 도움 없이 유일하게 독자적 공산화를 이룩했다는 카리스마와 1948년 스탈린과의 '코민포름(Cominform) 분쟁'에서 승리한 자신감을 바탕으로, 상이한 문화적 민족으로 구성된 유고 지역 내 여러 민족들을 하나로 통합하고자 했다. 그 결과 그는 '유고슬라비아 민족(Yugoslav)'이라는 새로운 정치적 민족을 창출할 수 있었다.

하지만, 서로 상이한 역사적 경험과 문화적 민족주의에 젖어있던 유고 지역 내 다양한 민족들을 하나로 통합하고 이끌어가려 했던 티토의 노력은 1980년 5월 그의 사망과 이후 1990년대 연방의 붕괴 과정 속에서 나타난 민족 분쟁과 일련의 내전(1991년-1995년 유고 내전, 1992년-1995년 보스니아 내전, 1999년 코소보 전쟁)들로 인해 결국 실패로 돌아가게 되었다.

역사와 인물로 동유럽 들여다보기

III

동유럽의 역사 (1)

제3장_ 동유럽의 역사(I)

가. 고대(BC- 7세기) : 로마의 지배와 동 · 서로마의 분리

7C 이전까지의 동유럽 역사는 주로 마케도니아, 그리스 그리고 로마의 지배 지역이었던 발칸 유럽을 중심으로 역사적 서술이 이루어지고 있다. 고대 발칸 지역은 한때 마케도니아 알렉산더 대왕의 지배를 받기도 했으나, BC 3세기 이후 로마의 진출이 본격화되면서부터는 로마의 영향력 하에 놓이게 된다.

콘스탄티노플을 크리스트교 도시로서 형상화 한 프레스코 벽화

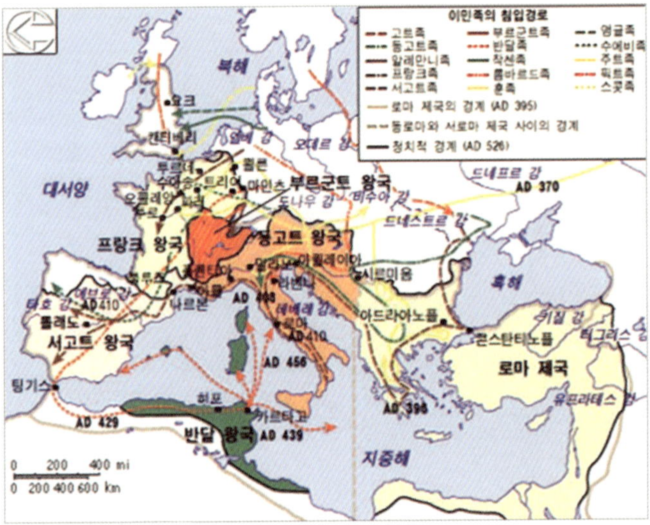

로마 제국의 분열선과 이민족의 침략

특히 크로아티아 북부 지역부터 알바니아 북부까지 아드리아해를 따라 해상 무역의 주도권을 장악하고 있었던 일리리아 부족과의 싸움에서 승리한 로마는 BC 168년에는 일리리아 부족 국가와 마케도니아를 정복하였고, AD 14년부턴 대부분의 발칸 지역을 직접 통치하게 되면서 실질적인 지배자로 등장하게 된다.

3세기 말 이후 기울어져 가던 로마를 다시 일으켜 세우고자 했던 발칸 유럽 출신의 로마 황제인 콘스탄티누스는 313년 밀라노 칙령을 통해 크리스트교를 여러 종교 중 하나로 인정해주고, 이어 330년 유럽과 아시아의 새로운 경제적 중심지로 변모한 발칸 유럽에 새로운 수도를 건설하게 된다. 이 수도는 이후 그의 이름을 기려 콘스탄티노플(Constantinople, 오늘날 터키의 이스탄불)로 불려 한동안 로마의 중흥을 꾀하게 되나, 테오도시우스 황제 사후 395년 로마는 마침내 동, 서로마로 분할되게 된다. 그리고 이러한 분리선은 발칸 유럽의 주요 강인 사바, 다뉴브, 우나강을 경계로 현재의 보스니아 지역을 통과하게 된다.

역사적으로 볼 때 동, 서로마의 분리는 실질적으로 유럽의 종교, 문화적인 분할을 낳았고, 더 나아가 정치, 경제적 분열을 낳는 주요 배경을 형성하였다. 서로마 지역에 속하면서 발칸 유럽의 서북부 지역인 슬로베니아와 크로아티아는 9세기 이후 신성 로마 제국의 지배로 인해 서유럽, 중부 유럽과 같은 가톨릭 문화권을 형성하게 되었다. 반면 서로마 멸망 이후에도 천년의 세월을 더 지속하였던 비잔틴 제국은 과거 로마 제국의 영광을 되찾고자 노력했던 유스티니아누스 대제의 죽음 이후 계속적으로 세력이 약화되었으며, 이것은 7세기

[표 1] 동유럽의 종교, 문화, 정치, 경제 분할과 그 특징

	서로마 지역의 동유럽	동로마 지역의 동유럽
종교, 문화적 분할	로마 교회 영향력 하 → 가톨릭 문화권	1) 콘스탄티노플 교회 영향력 하 → 정교 문화권 2) 오스만 터키 지배 시기 → 이슬람교와 이슬람 문화권 확대
정치적 분할	프랑크 왕국/ 신성 로마 제국 → 합스부르크 제국 → 오스트리아-헝가리 이중 제국	동로마 제국/ 비잔틴 제국 → 오스만 터키 제국
경제적 분할	산업혁명 이후 자본주의 발달 및 공업 국가로 발전	산업 혁명을 경험하지 못해 농업국가 형태로 잔존

이후 들어와 급속도로 확대된 북방 민족 침략과 슬라브인들의 발칸 진출을 낳게 하였다.

나. 중세 I (8–14세기) : 슬라브족의 이주와 중세 왕국의 발전

6세기 말과 7세기, 동유럽 지역에는 북쪽으로부터 대규모 슬라브족 이주가 시작되었다. 슬라브족의 기원과 그 원시 거주지 및 초기 문명에 대한 이론이 다양하게 표출되고 있는 게 사실이지만, 폴란드 등 여러 동유럽 고고학자들의 의견을 따르자면, 원시 슬라브인들의 거주지는 러시아 키에프(Kiev)의 북쪽에 위치하고 있는 프리페트(Pripet)강으로부터 남쪽으로는 카르파티아(Carpathian)산맥까지 그리고 서쪽으로는 비슬라(Vistula)강, 오데르(Oder)강 그리고 엘바(Elba)강까지 이르는 광대한 지역에 걸쳐 거주했던 것으로 분석된다.[8] 일반적으로 이 당시 게르만족의 공백을 틈타 원 거주지인 러시아 시베리아 지역에서부터 서쪽으로 이주해 현재의 폴란드, 체코, 슬로바키아 민족을 구성하게 된 슬라브족들을 서슬라브족이라 칭한다면, 발칸 유럽으로 이주해 내려

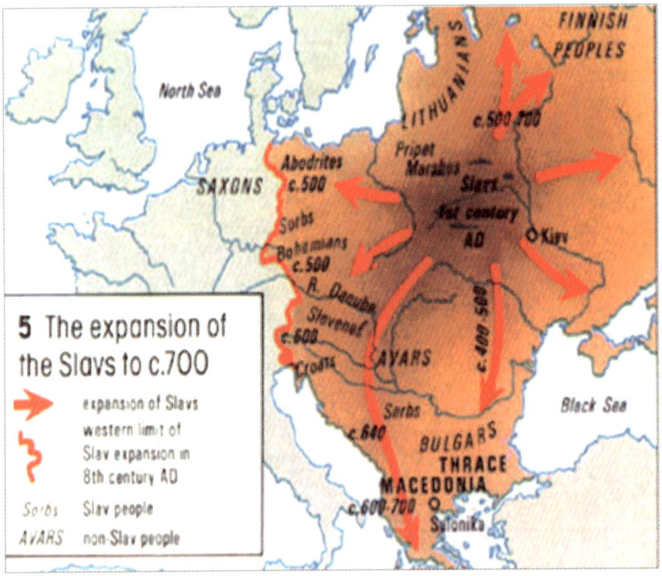

슬라브족의 이주 경로

왔던 세르비아인, 크로아티아인, 불가리아인, 슬로베니아인 등의 슬라브족들을 남슬라브족이라 칭하고 있다.

오늘날 중부 유럽으로 이주해 내려온 서슬라브족 중 폴란드인은 원시 거주민이었던 게르만족이 보다 따뜻한 남쪽 로마 지역으로 내려간 공백을 이용해 6세기경 이들 지역에 정착하였고, 특히 966년 크리스트교(가톨릭)로 개종한 이후 본격적으로 이 지역의 토착민으로서 세력을 확대할 수 있게 되었다. 비록 강력한 중앙 집중의 왕권 국가를 이룩하지 못했지만 역사적으로 이 시기 동안 폴란드는 프러시아의 독일 기사단, 몽고-타타르족 등 주변 국가들과의 끊임없는 갈등과 침략을 이겨내며, 우크라이나 지역과 러시아 서쪽 영토는 물론 흑해 연안까지 광대한 국토를 확보해 나가면서 동유럽의 가장 큰 강대국을 형성하기도 했다.

같은 서슬라브족 일파인 체코와 슬로바키아인은 6세기 이후로 이들 지역에 정착하였는데, 체코인들은 주로 서부의 보헤미아와 중부 모라비아 지역에, 슬로바키아인들은 동부 모라비아 지역에 주로 정착하게 된다. 역사적으로 두 종족이 같은 역사적 정체성을 맺게 된 계기는 9세기 초 모라비아 왕국이 수립되면서부터이다. 한때 중부 유럽의 거대한 영토를 차지하였던 모라비아 왕국은 비잔틴 제국에게 언어와 문자 그리고 종교(정교) 보급을 요청하였고, 그 결과 비잔틴 제국은 키릴과 메토디우스를 파견하여 양국 간 관계 강화가 모색되게 된다. 하지만, 모라비아 왕국이 9세기 말 이후 가톨릭 국가였던 동프랑크 왕국의 견제와 907년 헝가리 왕국의 공격으로 왕국이 붕괴되고, 이후 수립된 보헤미아 왕국마저 무너지자, 체코 민족은 신성 로마 제국과 뒤를 이은 합스부르크 제국의 오스트리아 지배하로 들어갔고, 모라비아 왕국의 슬로바키아 민족은 헝가리 지배 하에서 제1차 세계대전 때까지 약 1,000년 동안 서로 갈라진 채 지내게 된다.

한편, 우랄-알타이어를 쓰고 있는 헝가리의 경우, 9세기경 이 지역에 거주해 들어온 마자르족에 의해 수립되게 되는데, 11세기 초 크리스트교(가톨릭)를 정식 받아들인 후 왕국의 기틀을 마련하게 된다. 이후 왕조의 계속된 내분과 특이 13세기 몽고족의 공격으로 인해 한때 어려움을 겪기도 했지만, 오늘날 중부 유럽의 슬로바키아, 발칸 유럽의 크로아티아, 세르비아 북부의 보이보디나 지방 그리고 오늘날 루마니아 영토인 트란실바니아에 이르는 광대한 영토를 차지하면서, 적어도 16세기 초 오스만 터키의 침공 이전까지 중부 유럽의 패권적 지위를 누리게 된다.

발칸 유럽으로 이주한 남슬라브족들은 이주 초기 당시 이 지역의 지배 국가였던 동로마 제국(비잔틴 제국)의 영향력 하에서 크리스트교(정교)와 여러 선진 문화를 받아들였고, 이를 기초로 경제, 사회적 발전과 안정을 이루게 된다. 하지만 계속된 아시아 유목 민족들과 이슬람 세력들의 침입 그리고 이에 따른 비잔틴 제국의 쇠퇴는 이들 남슬라브족들이 발칸 유럽의 새로운 주도 세력으로 등장하게 하는 계기를 마련해 주었다.

제2불가리아 제국의 수도였던 벨리코 투르노보

세르비아 중세 왕국의 영토

발칸반도에서 가장 먼저 강력한 중세 왕국을 건설한 슬라브 민족은 불가리아 인으로 제1불가리아 제국(681-1018), 제2불가리아 제국(1185-1396/1422)을 건설해 비잔틴 제국을 위협하면서 한때 발칸 유럽의 새로운 패권 국가로 등장하였으나, 14세기 중엽 이후 확대된 오스만 터키의 공격으로 사라지게 된다. 세르비아는 이러한 불가리아와 비잔틴 제국의 영향력에 벗어나 14세기 중엽 두샨 왕 시기 최대의 전성기를 맞이하였지만, 그의 사후 1389년 오스만 터키와의 코소보 전투에서 세르비아 왕국이 패배함으로써 쇠락의 길을 가게 된다. 루마니아인의 경우, 이 시기 동안 남부의 문테니아 지방은 불가리아, 북부의 몰도바는 러시아, 트란실바니아 지역은 헝가리 지배하에서 놓여 있었고, 이후 13세기엔 약 100년 동안 몽고 영향력 하로 들어가 어려움을 겪어야 했었다. 14-15세기 발라히아와 몰도바 공국 수립 이후 한동안 발전하였지만, 다른 발칸 유럽의 왕국들처럼, 오스만 터키의 발칸 유럽 진출과 더불어 터키의 직간접적인 지배하에 놓이게 되었다. 이후 발칸 유럽에 대한 오스만 터키의 지배는 1878년까지 이어지게 된다.

반면 서로마 제국의 영향력 하에 있었던 남슬라브족인 슬로베니아인과 크로아티아인은 8세기 말 이후로 프랑크 왕국 하에서 크리스트교(가톨릭)로 개종하였고, 이후 슬로베니아는 중세 서유럽의 패권 국가였던 신성 로마 제국 그리고 뒤에는 합스부르크 제국의 지배를 받아야 했다. 반면, 크로아티아의 내륙은 헝가리, 아드리아 해안 지역은 베네치아 공국의 지배를 한동안 받아야 했으며, 15세기 이후로 오스만 터키의 침공이 가속화되는 가운데, 이를 막아낸 합스부르크 제국의 지배를 받게 된다.

다. 중세 II (15–17세기) : 종교 전쟁과 고난의 역사

오랫동안 러시아와 우크라이나 그리고 북유럽을 아우르는 중부 유럽의 패권 국가였던 폴란드는 16세기부터 지속되어 오던 폴란드 귀족들의 권한이 더욱 강화되어 이후로는 투표에 의해 왕이 선출되고 귀족 회의 결과에 따라

중세 폴란드 기사의 복장

왕의 권한이 결정되는 등 왕권의 급격한 저하가 나타나게 된다. 그 결과 17세기 말 폴란드가 지배하고 있던 우크라이나에서의 계속된 반기로 그 지배권이 러시아로 넘어갔고, 프러시아와 오스트리아 또한 폴란드로의 영토 확장을 꾀하면서, 이들 국가들에 의한 수차례의 영토 분할과 지배가 이어지게 된다.

모라비아 왕국의 멸망 이후 신성 로마 제국과 오스트리아의 합스부르크 제국 지배하로 들어간 체코인들은 얀 후스의 종교 개혁 운동을 비롯한 30년 종교 전쟁의 한 가운데에 속에서도 그들 자신들의 문화와 사회를 꽃피우기 위한 노력을 기울여 갔다. 반면 모라비아 왕국 멸망 이후 헝가리의 직접 통치 하에 들어간 슬로바키아인들은 1526년 모하치 전투에서 헝가리가 터키에게 패한 이후부터는 합스부르크 제국의 지배하에 들어가게 되었다. 이후 19세기에 들어와 다시 헝가리 지배하로 들어가게 된 슬로바키아는 민족주의 운동이 가열되면서 언어와 문화, 역사적으로 체코 민족과의 차별화 운동을 확대하게 된다.

15세기부터 16세기까지 이어진 오스만 터키의 계속된 공격으로 인해 헝가리

1526년 터키군과 헝가리군 간의 모하치 전투 장면

의 상당 영토는 약 150년 동안 오스만 터키의 지배하로 넘어가야 했고, 이후 이웃한 합스부르크 제국에게 왕권이 넘어가는 상황에 이르게 된다. 제2차 비엔나 전투(1683)에서 오스만 터키의 유럽 침공을 저지시킨 합스부르크 제국은 1699년 카를로브찌(Karlovci) 조약 체결을 통해, 헝가리 지역과 크로아티아 내륙 지역을 완전히 자신의 지배하로 편입시키는 데 성공하게 된다.

1683년 제2차 비엔나 전투 당시 오스만 터키군의 비엔나 포위 장면

한편, 이 시기 발칸 유럽 또한 외세의 침공과 지배라는 고난의 역사가 이어지고 있었다. 1453년 콘스탄티노플 점령과 비잔틴 제국을 멸망시킨 이후 오스만 터키는 계속해서 유럽으로 세력권을 확장해 갔으나, 제2차 비엔나 전투에서 패배함에 따라, 1699년 합스부르크 제국과 카를로브찌 조약을 맺게 된다. 이 조약에 따라 현재의 슬로베니아, 크로아티아, 세르비아의 보이보디나 그리고 루마

1683년 제2차 비엔나 전투에서 승리 후 비엔나로 입성하는 폴란드 기사단

오스만 터키 건축술에 따른 보스니아의 모스타르 다리

니아의 트란실바니아 지방은 가톨릭 문화권인 합스부르크 제국의 영향력 하에 놓이게 되었고, 반면 여타 나머지 발칸 유럽 지역은 오스만 터키의 지배하에 놓이게 된다.

이후 합스부르크 지배 지역에 들어간 발칸 유럽 지역들에선 서유럽식 경제, 사회, 문화의 영향력과 가톨릭 문화권이 계속해서 확대되어 가게 된다. 반면 발칸 유럽의 오스만 터키 지배 지역에선 동양적인 터키풍 경제, 사회, 문화 요소들이 유입되었다. 특히 오스만 터키 지배 지역은 터키의 지배 이후 여러 가지 사회, 경제적 혜택에 따라 이슬람교가 급속도로 확대되었는데, 이전까지 크리스트교를 믿었던 남슬라브인들 중 특히 양대 크리스트교 교회의 접합점에 위치해 있어, 상대적으로 신앙심이 약하였던 보스니아-헤르체고비나 지역의 남슬라브 기독교인들과 알바니아 기독교인들의 대규모 이슬람 개종이 이 당시 이루어지게 된다.

라. 근대(18- 19세기) : 농민 반란과 민족주의 시대

18세기부터 19세기 사이 동유럽의 여러 민족들은 과거 중세 시절과 같은 영광을 유지하지 못하고 여러 제국들의 지배하에서 고통을 겪어야만 했었다. 당시 동유럽 국가들을 지배하고 있었던 제국들로는 크게 중부 유럽과 발칸 유럽의 북서부지역을 장악한 '합스부르크 제국', 발칸 유럽의 대부분을 지배하고 있던

'오스만 터키 제국' 그리고 중부 유럽 북부와 발칸 유럽 동북부 지역들을 차지한 후 계속된 남진 정책을 추진하고 있었던 '러시아 제국' 등을 들 수 있다.

18세기는 '계몽주의 시대'로 다양한 형태의 민족문화 발전을 통한 동유럽 민족들의 민족의식 자각이 조금씩 이루어져 가던 시기라 할 수 있다. 우선, 귀족들의 왕권 약화 시도에 따라 국력이 극도로 쇠약해진 폴란드는 18세기에 이르러 세 차례의 분할 과정을 통해 러시아, 프러시아 그리고 오스트리아에 의해 완전히 분할되어 사라지는 운명에 처하게 된다. 하지만 왕국의 소멸은 폴란드 민족들에게 민족의식을 자각시켰으며, 과거 화려했던 중세 왕국의 부활에 대한 꿈과 이상을 불어넣어 주는 계기를 마련해 주기도 했다. 중부 유럽의 체코와 슬로바키아, 헝가리 지역은 이미 오스트리아가 주도하는 합스부르크 제국의 지배하에서 오랜 시기 동안 제국의 신민으로서 지내야 했었지만, 이들 사이에서도 각자가 처한 상황에 따라 점차 민족의식을 자각해가는 움직임이 확대되게 된다. 이와 함께 발칸반도에 자리한 슬로베니아, 크로아티아 그리고 세르비아의 보이보디나, 루마니아의 트란실바니아 지역 또한 합스부르크 제국의 영향력 하에서 오스트리아 및 게르만풍의 문화 확대와 경제적 영향을 받으며, 동시에 지식인들과 부유해진 중산층들을 중심으로 일련의 민족의식 확대를 위한 움직임이 진행되고 있었다. 반면, 루마니아 몰도바 지역의 일부가 러시아의 영향력 하에 들어간 것을 제외하고, 중산층과 지식인 성장이 다소 늦었던 발칸 유럽의

8세기 합스부르크 제국의 계몽군주, 마리아 테레지아 여제

19세기 나폴레옹 제국 하의 유럽

대부분 지역은 오랜 기간 동안 이어진 오스만 터키의 지배하에서 그들에게 생소했던 이슬람 문화와 사회, 경제적 변화를 받아들여만 했었다.

19세기 민족주의 시대가 오면서 동유럽의 여러 민족들은 그들 스스로에게 자신들이 속한 집단이 자신을 지배하고 있는 제국 지배 민족들과 어떤 차이점을 지니고 있는지, 그리고 자신들이 제국 본토로부터 어떤 차별을 받고 있는 지에 대한 의문을 품게 되었다. 특히 18세기 말 미국독립전쟁과 프랑스 혁명을 계기로 촉발하게 된 민족주의는 19세기 초에 치러진 나폴레옹(Napoleon Bonaparte, 1769-1872, 황제 재위 1804-1814, 1815)의 유럽 원정과 이에 따른 민족주의 확산으로 동유럽 여러 민족들에게 그들 스스로에게 민족 정체성(National Identity)에 대한 질문을 던지게 하는 계기를 마련해 주게 된다.[9)]

실제로, 19세기 '민족주의 시대'가 들어서면서 동유럽은 새로운 혼란의 시기를 맞이하고 있었다. 즉 서유럽에서 도입된 민족주의는 당시 제국 지배하에 있던 동유럽 민족들에게 외세의 지배를 벗어나 자신들만의 독립된 민족-국가(Nation-State) 건설에 대한 희망과 의욕을 낳게 하였다. 따라서 이들 민족들은 자신들을 공통적으로 묶을 수 있고 대중들의 감정에 호소할 수 있는 언어, 종교 등 문화적 요소를 중심으로 민족주의 운동을 펼쳐나가게 된다. 이 결과 동유럽은 민족주의 운동을 저지해 제국을 계속 유지하려는 지배 열강들과 이러한 민족주의를 이용해 자신들의 영향력을 동유럽에 확대하려는 다른 외부 열강들 간의 치열한 각축장이 되게 되었다.

19세기 폴란드의 경우, 삼국 분할로 인한 고통을 벗어나 통일 폴란드 왕국을 재건하기 위해 프랑스 혁명과 나폴레옹의 유럽 원정에 다른 어떤 동유럽 민족들보다도 더 열광적으로 동참하였다. 하지만, 이러한 열망은 나폴레옹의 러시아 원정 실패로 마감되게 된다. 체코의 경우, 민족주의 운동은 초기엔 소극적 비(非)정치적 운동에서 시작되었으나, 1848년 2월의 파리 혁명을 기점으로 점차 농민들과 도시 중산층을 중심으로 한 체코 민족부흥운동으로 확대 발전되게 되었다. 19세기 당시 인구의 75% 이상이 농노였던 슬로바키아의 경우는 헝가리

1848년
파리혁명 상징 포스터

1867년 수립된 오스트리아-헝가리 이중 제국의 왕실 휘장

귀족들의 착취에 대한 농민 반란이 민족주의와 결합되면서 커다란 폭발력을 지니게 되었다.

각 제국들의 농민 봉기군에 대한 강력한 진압으로 잠시 소강상태에 들어갔던 민족주의 운동은 1866년 오스트리아-헝가리 이중 제국이 수립된 이후, 슬로바키아가 다시 헝가리 지배하로 들어가게 되자 가열되기 시작하였다. 이 당시 슬로바키아에의 민족주의 운동은 헝가리의 마자르화 정책에 대한 저항을 시작으로 발발하게 된다. 이후 슬로바키아인들은 독자적 민족 정체성을 구축하려는 움직임 속에 점차 언어와 문화, 역사적으로 체코 민족과의 차별화 운동을 확대해 나가게 된다. 이러한 현상은 합스부르크 제국의 지배를 받았다가, 이중 제국 수립 이후 헝가리 지배하로 다시 들어간 크로아티아에서 또한 유사한 형태로 나타났다. 크로아티아 지식인들은 훗날 남슬라브족 통합 운동으로 발전하게 된 '일리리즘 운동' 등 독립 크로아티아 민족 국가 수립을 위한 다양한 민족주의 운동을 전개해 나가게 된다.

반면 인구와 규모 면에서 다른 동유럽 민족들에 비해 소수이자 주변 국가들로부터 침략 위협을 수시로 받아왔으며, 역사상 한 번도 독립 국가의 경험을 지니지 못하였었던 슬로베니아인들은 오랜 시기 동안 합스부르크 제국과 오스트리아를 자신들의 보호자로서 인식해 왔었다. 하지만, 19세기 초 이 지역에 대한 나폴레옹의 자치 국가가 수립되고 오스트리아 제국의 쇠락을 지켜보면서, 슬로베니아인들 사이에는 과거와는 다른 선택이 필요하다는 인식이 확산되게 된다. 따라서 19세기 동안 슬로베니아인들은 언어적 독자성을 중심으로 흩어져 있던 민족들을 한데 모아 제국 내 자치 국가를 수립하려는 움직임을 확대해 나가기 시작하였다. 역시 이중 제국 수립 이후 헝가리 지배하로 들어가게 된 세르비아의 보이보디나와 루마니아의 트란실바니아 지역에서도 또한 민족주의 확대에 따라 제국 내에서 식민지 민족으로 살기보다는, 이웃하고 있었던 세르비아 본토의 근대 왕국과 루마니아의 여러 독립된 공국 등 자신들과 같은 민족-국가 내로의 영토 편입을 강력히 희망하면서 새로운 형태의 민족주의 운동이 전개되게 된다.

한편으로 오스만 터키 지배하에서 19세기 민족주의 시대를 맞이한 발칸 유럽의 여러 민족들은 우선적인 목표로 터키의 지배를 벗어나고자 했으며, 점차 자신들의 자치 및 독립 국가를 건설하려는 노력을 보다 가시화하기 시작하였다. 산업 혁명을 직접 경험하지 못했던 오스만 터키의 지배 지역이라는 특성상 발칸 유럽의 대부분 민족들은 농업과 목축업에 종사하고 있었으며, 따라서 19세기 동안 발칸 유럽의 여러 지역에선 터키 지주들의 지나친 착취에 대한 수차례의 농민봉기들이 일어나게 된다. 하지만, 이들 봉기들은 터키의 잔인한 진압에

제1차 세계대전 발발 직전 유럽 지도

의해 실패로 돌아갔고, 이러한 소식은 발칸반도로의 영향력 확대에 많은 관심을 가지고 있던 러시아와 오스트리아 등 주변 강대국들의 개입을 낳게 하였다. 그리고 마침내 러시아와 터키 간의 전쟁 발발과 뒤이은 러시아의 승리는 1878년 발칸 유럽 대부분 민족들의 독립 국가 건설로 이어지게 하였다. 하지만, 발칸반도에 대한 러시아의 영향력 확대를 견제하려는 오스트리아 등 다른 열강들의 개입과 세력 각축, 그리고 발칸 유럽 민족들 사이에서의 민족주의 확산은 결과적으로 보스니아-헤르체고비나의 사라예보에서의 총성을 낳았고, 이것은 제1차 세계대전의 빌미를 제공하게 된다.

IV

동유럽의 역사 (2)

제4장_ 동유럽의 역사(II)

가. 현대 I (20세기 초-1944) : 양차 세계대전과 동유럽

제1차 세계대전 당시 참호전을 하고 있는 모습

1914년 6월 보스니아의 사라예보에 순시 차 온 오스트리아의 페르디난드(Franz Ferdinand, 1863-1914) 황태자 부처가 대(大)세르비아주의를 부르짖으며 보스니아를 이웃 세르비아로 통합시킬 것을 주장한 프린찌프라는 세르비아 민족주의 청년에 의해 암살되었고, 이것은 제1차 세계대전이 시발이 되었다. 독일과 군사 동맹을 맺은 오스트리아는 이를 빌미로 발칸 유럽 및 동유럽을 본격적으로 장악하려고 했고, 슬라브 민족주의를 내세우며 발칸 지역에 진출하고자 했던 러시아는 세르비아와 연합해 이러한 오스트리아의 야심에 대항하게 된다. 곧이어

1917년 독일과의 전쟁을 선포하고 있는 윌슨 미 대통령

전쟁은 전 세계로 확대되었고, 발칸 유럽은 제1차 세계대전의 주요 각축장으로 전락하게 되었다.

1918년 제1차 세계대전은 연합국 측의 승리로 끝을 맺게 된다. 제1차 세계대전이 동유럽의 각 민족들에게 가져다준 의미는 매우 크다 하겠다. 제1차 세계 대전 이후 국제 질서 수립 과정 속에서, 미국의 윌슨(Thomas Woodrow Wilson, 1856-1924, 대통령 재직 1913-1921) 대통령의 '민족자결주의'가 적용됨으로써 오랫동안 외세의 지배를 받아 왔던 동유럽 각 국들은 독립 후 자신들의 국가를 수립할 수 있게 되었다.

폴란드는 자신을 지배하고 있던 삼국 중 프러시아와 오스트리아가 구축국으로 패전국이 되고, 러시아 또한 1917년 사회주의 혁명에 의해 전쟁 참여를 중도에 포기함에 따라 찢어져 있던 나라를 하나로 통합해 민족 국가를 수립하는 데 유리한 입장을 차지하게 된다. 역시 구축국의 지배를 받아 왔던 체코인들과 슬로바키아인들 또한 프랑스 등 연합국 측의 요구에 따라 체코슬로바키아라는 하나의 국가를 새롭게 구성하게 되었다. 한편 제1차 세계대전 동안 헝가리는 독일, 오스트리아와 함께 구축국 편에 서 있었던 관계로 영토의 71%, 인구의 66%를 잃는 등 엄청난 손실을 감내해야만 했었다. 제1차 세계대전 결과, 트란실바니아의 광대한 영토는 루마니아에, 슬로바키아 지역은 체코슬로바키아에, 세르비아 북부의 보이보디나 지방과 크로아티아는 새롭게 수립된 남슬라브 통합 국가인 세르비아-크로아티아-슬로베니아 왕국에게, 부르겐란트(Burgenland) 지역은 오스트리아에 각각 영토를 할양해야만 했었다.

발칸 유럽에선 자 민족을 중심으로 민족국가를 건설하고자 했던 세르비아는 연합국 내 열강들의 강력한 요구에 의해 슬로베니아와 크로아티아를 통합해 '세르비아-크로아티아-슬로베니아 왕국(1929년 이후 '유고슬라비아 왕국'으로 개칭)'을 형성하게 된다. 반면 구축국에 가담하였던 불가리아는 패전국으로 기존 영토의 상당 부분을 상실해야만 했고, 루마니아는 헝가리로부터 트란실바니아 지역을 얻는 등 최대 수혜국이 되었다.

양차 대전 사이 동유럽의 각 국가들은 새로운 서유럽식의 민주주의 이념을 도입해 이를 실현하고자 했다. 하지만 1929년 10월 경제 대공황과 이후 확대된 인종적 민족주의인 파시즘, 나치즘의 등장 그리고 무엇보다도 국내 여러 민족 간 갈등과 충돌로 인해 동유럽 각 국들은 다시 이전의 강력한 독재 왕국 시대로 회귀하게 된다. 양차 대전 동안 독일은, 경제 대공황 이후 프랑스와 영국 등 다른 서유럽 국가들이 동유럽 신생 국가들에게 별다른 관심과 지원을 하지 못하는 틈을 이용해, 동유럽 각 국들과의 경제 협력 관계 구축 및 정치적 연합 관계를 보다 견고히 구축해 갈 수 있었다. 동유럽에 대한 정치, 경제적 예속이 어느 정도 효과를 보게 되자, 히틀러(Adolf Hitler, 1989-1945, 총통재직 1934-1945)는 강력한 인종주의와 영토 팽창 정책을 추구하려 했다. 실제 히틀러는 과거 역사적인 이유들로 인해 게르만 민족들이 소수 민족으로 거주하고 있던 동유럽 내 여러 지역들의 독일로의 편입을 강력히 요구하게 된다. 이러한 독일의 무리한 요구와 1938년 3월 독일의 오스트리아 합병은 유럽 내에 새로운 전쟁의 기운을 감돌게 하였다.

이어 독일은 1938년 9월 뮌헨 협정(Munich Agreement)의 결과, 게르만 민족이 다수 거주하고 있던 체코의 슈데텐(Sudetes, 독일어 Sudeten, 체코어 Sudety) 지방을 자신의 영토로 편입하는 데 성공하게 된다. 독일에게 슈데텐 지방을 돌려주는 대신에 세계 평화를 이루어 냈다는 프랑스와 영국의 주장과는 달리, 이 사건은 여타 다른 동유럽 국가들에게 이제 더 이상 프랑스와 영국 등 과거 연합국들에게 자신들의 국가적 안위를 맡기기 어렵다는 인식 확산을 낳게 하였다.[10)]

더 이상의 영토 팽창을 요구하지 않겠다는 약속과 달리, 독일은 곧이어 1939년 1월 폴란드에게 폴란드 북부 그단스크 지역의 게르만 민족 거주지를 자신들

제2차 세계대전 당시 폴란드 점령 이후 시가행진을 하는 독일군

에게 할양할 것을 요구하였다. 이 지역은 12세기부터 16세기 초까지 역사적으로 중세 독일 기사단이 활약하여 자신의 프러시아 국가를 수립했던 곳으로 오랫동안 독일의 영토적 팽창 정책을 상징하던 곳이었다. 폴란드는 히틀러의 요구를 거부하였고, 프랑스와 영국 또한 더 이상의 양보를 거절함으로써 1939년 9월 독일군의 폴란드 침공과 함께 제2차 세계대전이 시작되게 된다. 이후 제2차 세계대전은 그동안 문화적 민족주의에 젖어 있던 동유럽 내 민족들에게 사회주의라는 새로운 이념을 도입하게 하는 계기를 마련해 주었다.

제2차 세계대전 동안의 동유럽 국가들의 양상을 살펴보자면, 우선 폴란드는 1939년 9월 1일 독일군의 침공 이후 세계대전의 주요 전장으로 전락함으로써 엄청난 경제적, 인명 손실을 감내해야만 했었다. 세계대전 발발 이전인 1939년 8월 독일은 모스크바에서 소련과 독·소 불가침 조약을 체결하면서 폴란드 분할 문제를 논의하였다. 이에 따라 세계대전 발발과 동시에 폴란드는 독일과 소련에 의해 분할 점령되었고, 1940년 6월 프랑스 파리마저 독일군 점령 하로 넘어가게 되자 폴란드 정부는 영국으로 망명해, 폴란드 국내 저항군과의 연대를 토대로 대독일 항전을 지속해 나가야만 했다.

제2차 세계대전을 전후로 독일은 체코와 슬로바키아 간의 민족 문제를 자극시켜 체코슬로바키아 정부를 계속해서 압박하였다. 대전 기간 동안 독일의 직접적 통치로 넘어간 체코와는 달리, 슬로바키아인들은 독일의 전략적 의도에 따라 단독 정부를 구성할 수 있었지만, 독일의 위성 국가로서 그리고 경제적 원료 제공 기지로서의 역할에 만족해야만 했었다. 체코슬로바키아 정부 또한 파리를 거쳐 영국으로 건너가 망명 정부를 구성한 후 독일군에 대한 항전을 지속해 나갔다.

제1차 세계대전 당시 구축국이었다는 이유로 상당 지역의 영토를 상실해야만 했던 헝가리는 과거 영토를 수복시켜 주겠다는 히틀러의 약속에 따라 1938년 3월 재무장을 선언하게 된다. 이후 헝가리는 동유럽 국가들 중에선 유일하게 독일로부터 현대적 군사 무기를 지원받는 등 독일과의 연대를 강화해 나갔다. 1939년 9월 체코를 점령한 이후 독일은 슬로바키아의 헝가리 민족 거주지를 헝가리에게 넘겨주었고, 이때 이후로 헝가리는 대전 기간 동안 강력한 파시스트 국가로 변모하게 된다.

역시 제1차 세계대전의 패전국으로 다른 구축국들과 함께 막대한 전쟁 배상금에 시달려야 했었던 불가리아는 제2차 세계대전 동안 독일의 압력으로 초기엔 구축국 편에 가담하였으나, 점차 전세가 불리해진다는 판단에 따라 1944년 8월 중립국을 선포함으로써 전쟁의 희생을 최대한 막으려 노력하였다.

대전 기간 동안 중립 국가로 남으려 했던 루마니아의 경우는 전쟁에 필수 요소인 막대한 석유 생산이 가능하다는 경제적 이점 때문에 독일로부터 불평등적인 경제적 협력 관계를 강요받아야만 했었다. 독일의 계속된 압력 속에, 중립을 고수하였던 컬리네스쿠 수상이 암살되고 카를 2세 국왕 또한 축출되어 망명 도중 사살된 가운데, 루마니아는 구축국에 정식으로 편입되면서 연합국에 선전포고를 하게 된다. 하지만, 당시 루마니아의 주요 행보는 오랜 역사 동안 자신들을 괴롭혀 왔던 러시아, 즉 소련에 대한 견제와 저항에 있었다. 1941년 6월 독일의 소련 침공에 따라 독·소 불가침 조약이 파기되자, 루마니아는 소련에 가장 먼저 선전포고하였고 1942년 스탈린그라드 전투를 비롯한 여러 전선에 참전하게 된다. 하지만, 1944년 카이로 회담 이후로 연합국은 루마니아를 설득하는 데 성공하였고, 마침내 연합국 및 소련에 대한 전쟁 중단과 대독일전 참전 그리고 연합군들의 루마니아 영토 통과라는 전략적 승리를 얻어내게 된다.

동유럽의 여러 국가들 가운데 제2차 세계대전 당시 가장 복잡한 전쟁 양상을 보여주었던 국가는 바로 유고슬라비아 왕국이라 할 수 있다. 기존의 '세르비아-

유고슬라비아의 파르티잔

크로아티아-슬로베니아 왕국' 명을 1929년 세르비아가 주도하는 '유고슬라비아 왕국'으로 개칭한 이후로, 왕국은 민족 간 갈등과 분쟁에 따른 여러 어려움을 겪어야만 했었다. 히틀러는 이러한 민족 간 갈등을 이용해, 크로아티아인들에게 독립 국가를 약속해 주는 등 왕국의 안정을 계속해서 위협하고 있었다. 특히, 1941년 2월 영국군의 그리스 공략이 가시화되자, 동년 4월 17일 독일은 구축국 합류를 결정하지 못하고 있던 유고슬라비아를 공습해 수도인 베오그라드를 비롯한 여러 도시들의 대규모 폭격을 통해 항복을 받아내게 된다. 대전 기간 동안 크로아티아인, 슬로베니아인 등이 상대적으로 독일에 협조적이었다면, 세르비아인은 강력한 대독 항전을 지속해 나갔다. 특히, 이 기간 동안 유고슬라비아에는 다양한 인종 학살과 여러 비극들이 이어졌다. 히틀러의 지원을 받은 크로아티아의 극우 민족주의 집단인 '우스타샤 정권'은 세르비아인 및 비(非)크로아티아인들의 가톨릭으로의 강제적 종교 개종을 시도하였고, 이를 거부하는 약 70만 명에 이르는 양민들을 가스실 등에서 학살하였다. 세르비아주의를 신봉하는 '체트니크 부대' 또한 영국에 있는 왕국 망명 정부와의 연대 강화를 통해 대독일 항전을 이어가면서, 동시에 비(非)세르비아인에 대한 보복을 지속해 나갔다. 하지만, 2차 대전의 진정한 승자는 바로 티토가 이끄는 '파르티잔'에게로 돌아가게 된다. 티토는 복잡하게 얽혀져 있던 유고슬라비아의 현실을 고려해 사회주의 이념을 토대로 민족 간 단결을 이끌어내고자 노력했으며, 그 결과 동유럽 국가 중에선 유일하게 소련의 도움 없이 독자적인 공산화를 이끌어내는 데 성공하게 된다.

티토의 주도로 독자적인 사회주의 국가 수립에 성공한 유고슬라비아를 제외하고 나머지 동유럽 국가들은 전후 질서 수립을 위해 치러진 연합국 대표들 간의 수차례의 회담 결과 소련의 직접적인 영향력 하에서 이후 사회주의 국가로 변모하게 되었다.

나. 현대 II (1945-1989) : 사회주의 체제 시기

제2차 세계대전을 통해 소련은 중부 유럽을 비롯한 발칸 지역을 장악하였고, 이들 점령 지역에는 소련의 주도 하에 공산화가 진행되게 된다. 더불어, 공산화 시기 동안 동유럽에선 소련의 지배권 강화와 공산당의 독재 속에서도 소련의 일방적 지배를 거부하는 독자 노선 및 자주 노선 움직임이 확대되거나, 사회주의 체제에 저항하는 일련의 자유 운동들이 전개되게 된다.

우선, 폴란드의 경우 제2차 세계대전이 막바지로 접어들고 있던 1944년 말, 바르샤바 근교까지 진군한 소련군으로부터의 지원을 확신했던 폴란드 봉기군과 국내 공산주의자들은 독일에 저항하는 대규모 바르샤바 봉기를 일으켰다. 하지만, 소련의 지원 거부와 무관심 속에 치러진 바르샤바 봉기는 아름다운 도시의 파괴와 대규모 희생만을 남긴 채 실패해야만 했다. 이후 소련군은 폴란드 출신의 대규모 소련파를 중심으로 사회주의 체제로의 전환을 가속화 시켜 나가게 된다. 스탈린(Joseph Vissarionovich Stalin, 1879-1953, 서기장 재직 1924-1953)은 우선, 1949년 11월 폴란드 군권을 소련파에게 완전히 이관시킨 이후, 폴란드 사회당과 노동당 그리고 통일 노동자당의 통합을 기초로 1952년 11월 새로 수립된 공화국 헌법에 따라 공산당 세력의 정권을 완전히 장악하였다. 1956년 6월 후르시쵸프(Nikita Sergeevich Khrushchyov, 1894-1971, 서기장 재직 1953-1964)의 '평화 공존론'에 자극받은 폴란드인들은 포즈난을 중심으로 노동운동을 확대한 자유화 운동을 감행하였으나, 소련 영향력 밖으로 벗어나는 데

1968년 프라하의 봄 당시 소련군의 진주

에는 실패하였다. 하지만, 사회주의 체제에 대한 이러한 저항 움직임은 이후 계속 이어지게 된다. 1980년 육류가격 인상에 따른 노동자 파업은 레흐 바웬사를 중심으로 한 자유 연대 노조 운동의 활성화를 낳았고, 뒤이어 1989년 9월 동유럽 최초로 자유노조가 주도하는 비(非)공산연정이 출범하는 결실을 이루게 하였다.

제2차 세계대전 이후에도 동유럽 국가 중에선 유일하게 미국이 주도하던 유럽 부흥을 위한 '마셜 플랜(Marshall Plan)'[11] 가입을 시도한 체코슬로바키아는 한동안 사회주의로의 체제 전환에 그리 적극적인 모습을 보이진 않았다. 하지만, 1948년 2월 공산당 정권이 권력을 완전히 장악한 이후부터는 소련이 주도하던 '공산주의 경제공동체' 즉 '코메콘(COMECON: Communist Economic Community, 1949-1991)'에 가입하고, 뒤이어 사회주의 군사공동체인 '바르샤바 조약 기구(Warsaw Treaty Organization, 1955-1991)'에 가입하는 등, 정치는 물론 경제, 군사적으로 소련 예속화가 가속화되게 된다. 하지만, 1960년대에 들어와 사회주의적 중앙 집중적 경제 시스템은 제2차 세계대전 이전만 하더라도 유럽의 선진국이었던 체코 경제에 심각한 위기를 불러왔고, 이것은 마침내 1968년 소위 '인간의 얼굴을 가진 사회주의 운동'을 목표로 한 '프라하의 봄'이 일어나는 배경을 형성케 하였다. 하지만, 이러한 계획 경제와 시장 경제가 혼합된 새로운 형태의 경제 시스템 및 자유화를 도입하려 했던 체코의 시도는 소련의 직접적인 개입으로 인해 실패하게 된다.

제2차 세계대전 이후 헝가리는 소련군의 점령 직후 별다른 저항 없이 헝가리계 소련파들이 권력을 장악해갈 수 있었다. 특히, 헝가리는 1948년 스탈린주의에 입각해 당시 소련 지배에 반대하는 세력들을 '티토주의자'로 몰아세우며 대규모 숙청을 단행함으로써 강력한 친(親)소련 국가로 대두하게 된다. 하지만, 과도한 숙청 작업과 공산당의 지나친 권력 남용은 1956년 10월 부다페스트시를 중심으로 반(反)소련 및 민주화 운동의 배경을 낳았다. 이에 놀란 소련은 15만 명의 병력을 동원해 헝가리의 자유화와 민주화 의지를 꺾어 놓음으로써 헝가리의 민주화는 1989년 이후로 넘어가게 된다.

1944년 9월 소련군의 불가리아 진격과 함께 불가리아 공산당은 권력 장악에 성공하였고, 이후 곧바로 친독 인사들에 대한 대규모 숙청 작업이 진행되게 된다. 이어 1946년 10월 의회 선거를 실시해 공산당 정권이 들어서게 되자, 이번엔 소련 반대파들에 대한 대규모 숙청 작업이 또한 진행되었다. 다른 동유럽 국가들에 비해 상대적으로 러시아와의 역사적 유대 관계가 강하였던 불가리아는 사회주의 체제 동안 강력한 친(親)소련 국가로 전환되게 된다.

하지만, 여러 역사적인 이유로 인해 러시아에 대한 감정이 좋지 못했던 루마

1956년 헝가리 혁명 당시 모습

베오그라드 시내에서의 스탈린과 티토 환영 행진

니아의 경우는 소련에 의한 사회주의화가 그리 달갑지만은 않은 과정이었다. 루마니아 또한 다른 동유럽 국가들처럼 1948년 소련과의 우호협력협정이 조인되고, 이어 스탈린식의 강력한 농업 집단화 과정이 진행되었다. 하지만, 일반 민중들의 소련에 대한 감정의 골은 결과적으론 1956년 후르시쵸프가 제안한 '사회주의 국제 분업(Socialist International Division of Labor)' 구상을 둘러싸고 소련과의 갈등으로 이어졌다.[12] 이어 루마니아의 계속된 요청에 따라 후르시쵸프는 1958년 6월 소련군의 루마니아 철수를 단행하게 된다. 이어 루마니아는 1959년 12월엔 코메콘 내에서 가맹국들 간의 평등한 권리와 국익 존중에 대해 소련이 동의하는 결실들을 이끌어내기도 하였다. 특히, 루마니아는 정치, 경제, 외교 등 여러 분야에서 소련에 대한 일방적인 추종보다는 자국의 현실에 맞는 정책들을 시행하려 노력하였다. 실제로 루마니아는 1968년 프라하의 봄 당시 소련의 개입을 비난함은 물론 서구 국가들과의 교류 관계도 활발히 진행하는 등 다양한 분야에서 탈(脫)소련 정책을 추진해 나가게 된다.

소련의 도움 없이 독자적 공산화를 이루어냈다는 것으로 자부심이 강했던 유고슬라비아와 티토는 문화, 종교, 역사적 차이점으로 갈라져 있던 유고슬라비아 내 민족들에게 민족 간 '형제애와 단결(Brotherhood and Unity)'이라는 당 강령을 통해 자력으로 공산화를 이루고, 알바니아 공산화를 지원함으로써, 발칸 유럽의 영향권을 둘러싼 소련과의 갈등을 본격화하게 된다. 유고슬라비아와 소련과의 갈등의 대표적인 예는 1948년 티토와 스탈린 간 발칸 유럽 주도권을 둘러싸고 일어난 '코민포름 분쟁(Cominform Conflict)'을 들 수 있다. 소련의 영향력이 직접적으로 다다르지 못하고 있다고 판단한 유고슬라비아에 대해, 스탈린은 완전한 통제권 장악을 원하였다. 따라서 스탈린은 공산당 연합체인 코민포름 본부를 체코 프라하에 두자는 다른 동유럽 국가들의 만류를 뿌리치고, 유고슬라비아의 수도 베오그라드에 설치하게 하였다.

하지만, 이후 유고슬라비아는 소련 군사 고문단과의 마찰은 물론 국내 소련파 색출 작업을 단행하였고, 이것은 결과적으로 발칸 유럽에 대한 완전한 장악을 시도하려 했던 스탈린을 자극케 하였다. 스탈린은 티토와 유고슬라비아를 사회주의 공동의 적으로 몰아세우며, 사회주의 블록에서 축출할 것을 결의하게 된다. 더불어, 소련은 유고슬라비아에 대한 군사적 위협을 진행하였지만, 1950년 한국 전쟁 발발로 인한 군사 개입 지연과 1953년 그의 사망으로 인해 결국 실패하게 되었다.[13] 이후 유고슬라비아는 새롭게 권력을 잡은 후르시쵸프로부터 사회주의 국가로 가는 길에 있어서 독자적인 길이 있을 수 있다는 점을 약속받을 수 있었고, 동유럽 국가들 중에선 유일하게 모든 분야에 있어서 독자적 노선을 진행해 나갈 수 있게 되었다. 또한 이것은 훗날 유고슬라비아가 비동맹주의에 바탕을 둔 제3세계 블록을 결성하고, 제3세계 국가들의 리더로서 국제 사회에서 커다란 활약을 하는 데 바탕을 마련해 주게 된다.

다. 현대 III (1990-오늘날) : 민주 국가로의 체제 전환과 EU 편입

민주화로의 이행 당시 동유럽은?

제2차 세계대전 이후, 수차례의 우주선 발사로 상징되는 우주 전쟁과 세계 여러 지역에서의 양극 간 간접 전쟁, 군비 확산, 블록 내 경제적 결속과 군사력 강화 작업 그리고 외교적 대립 등 세계 각 지역에서 미국 블록과의 냉전을 지속해

1989년 베를린 장벽의 붕괴 모습

오던 소련은 1980년대 경제 및 여러 전반적인 요소에서 심각한 문제점에 봉착하게 된다. 기존의 사회주의 시스템만 가지고는 더 이상 미국 블록과의 체제 경쟁이 어렵다고 판단한 소련의 고르바쵸프(Mikhail Gorbachev, 1931– , 서기장 재직 1985-1991)는 1985년 3월 당서기장으로 올라선 직후 페레스트로이카로 상징되는 개혁 정책을 선언하였다. 하지만, 사회주의 체제 내에서 일련의 구조적 개혁을 실시하려 했던 그의 초기 의도는 결과적으로 연이은 정책 실패와 예상치 못한 결과들을 낳게 된다. 소련 내에서 시도된 자본주의적 시장 경쟁 체제의 도입은 내부의 개혁을 유도하기보다는 오히려 그동안 소련이 경제적 효율화를 위해 유지해 왔던 연방 내 각 공화국별, 지역별로의 사회주의 분업 체제 시스템을 무너지게 하는 결과를 가져왔다. 이에 따라, 소련은 자연스럽게 연방 해체의 길로 들어서게 되었고, 연방의 해체는 곧바로 소련의 영향력에서 벗어나려는 동유럽 국가들의 일반 민중들을 자극하게 된다.

동유럽 국가들에 대한 더 이상의 경제, 군사적 지원과 국가 통제가 어렵다고 판단한 소련은 동유럽 각국에서 전개되고 있던 소련 영향력으로부터의 이탈 움직임을 방관하였다. 이것은 1917년 러시아 혁명 이후로 약 50년 동안, 세계 곳곳에서 정치, 경제, 사회, 문화 등 거의 모든 분야에서 새로운 실험을 시도하였던 사회주의 체제의 패배와 몰락을 의미한 것이었다. 동유럽 국가들에 대한 소련의 통제권 포기는, 곧바로 동유럽 국가들에서 민주화와 자유화를 향한 대규모 민중 집회로 이어졌으며, 이것은 곧바로 동유럽의 공산당 정부 와해와 공산 정권의 붕괴로 이어지게 되었다.

1989년 11월 사회주의 체제의 견고성으로 상징되던 베를린 장벽이 붕괴되었고, 이어 동유럽 곳곳에선 사회주의 체제의 몰락과 공산당 일당 독재의 폐지 그리고 뒤이은 다당제 선거가 치러지면서 급격한 변화가 일어나게 된다. 이러한 변화에 가장 앞장선 국가는 1980년 자유 연대 노조를 중심으로 민주화와 자유화를 부르짖었던 폴란드라 할 수 있다. 폴란드는 1970년대 오일 쇼크 이후로 인한 에너지 가격 상승 그리고 원자재 부족 현상이 누적되면서, 1980년대 심각한 경제 위기를 경험해야 했었다. 1970년대 중반 이후로 단행된 물가 인상 조치로 식료품 가격들의 폭등이 이어지자, 교황 요한 바오로 2세를 비롯한 폴란드 가톨릭교회의 지원 아래 노동자들은 자유 연대 노조를 중심으로 대규모 반정부 시위를 전개해 나가기 시작하였다. 이것은 결과적으로 1989년 4월 폴란드 공산당 정부와 레흐 바웬사를 중심으로 한 자유 연대 노조 간의 타협을 위한 '원탁회의'를 이끌었고, 여기에서 양측은 자유선거에 의한 양원제와 다당제 도입 및 민주 선거라는 합의를 이끌어내게 된다. 1989년 6월 치러진 선거에서 폴란드 공산당은 예상과는 달리 완패하였고, 상, 하원의 거의 모든 의석이 자유 연대 노조의 몫으로 돌아감에 따라, 폴란드에서의 사회주의 체제는 자연스럽게 무너지게 되었다.

체코슬로바키아 민중들은 1968년 '프라하의 봄'이 실패한 이후, 공산정권에 대한 적극적 저항을 보이지 않았으며, 침묵 속에서 정치에 무관심한 태도를 보여 왔다. 이러한 일반 대중들의 침묵과 무관심은 1970년대를 거치며 1980년대 경제적 위기가 심각한 상태에 이를 때까지도, 여러 개선 방법을 시도하고자 했던 다른 동유럽 국가들과는 달리 체코슬로바키아 정부가 과거의 경제 시스템을 고수하려 했던 배경 중 하나가 되었다. 하지만, 1985년 고르바쵸프의 개혁과 개방 정책이 선언되자, 체코슬로바키아 정부 또한 사회주의 체제의 틀 내에서 일련의 소규모 개혁을 시행하게 된다. 이와 동시에, 과거 '프라하의 봄'과 같은 사태 재연을 방지하고자 정부는 정부 비판론자들에 대한 무차별적인 체포와 구금을 단행해 나갔다. 이 당시 훗날 대통령으로 당선되어 체코 민주화를 성공적으로 이끌었던 작가이자 시인인 하벨 또한 1989년 1월 체포되게 된다.

1989년 12월 바츨라프 하벨이 체코슬로바키아 대통령으로 당선될 때 모습

그러나, 사회주의 체제를 유지하려던 체코슬로바키아 공산당 정부의 여러 노력에도 불구하고, 다른 동유럽 지역에서 확대되고 있던 민주화와 자유화의 열기는 피할 수 없는 당면과제로 다가오고 있었다. 1989년 4월 폴란드에선 원탁회의를 통해 다당제 선거가 합의되었고, 동년 5월 헝가리 정부가 오스트리아로의 장벽 철거를 단행하자 수천 명의 동독인들이 오스트리아 국경을 넘어 헝가리를 거쳐 서유럽으로의 탈출을 감행하였다. 1989년 10월 동독 정부 청사가 시위대들에 의해 접수되었고, 이어 동년 11월에는 베를린 장벽으로 불려왔던 베를린의 브란덴부르크 장벽이 시민들에 의해 파괴되게 된다. 이러한 소식들은 그동안 침묵과 무관심으로 일관해 왔던 체코슬로바키아의 일반 시민들을 크게 자극하였고, 이어 민중들의 공산 정권에 대한 저항 운동이 본격적으로 시작되게 된다. 1989년 11월 프라하에선 하벨의 민주화를 향한 연설이 이어졌으며, 비슷한 시기 슬로바키아의 수도 브라티슬라바에선 1968년 '프라하의 봄'을 이끌었던 두프체크의 연설이 민주화 열기를 보다 확산시켰다. 공산당 정부는 서기장과 수뇌부 교체를 통해 체제를 유지하려 했지만 모든 것이 실패로 돌아갔고, 이에 정부는 민중들의 요구인 일당 독재체제 폐지와 다당제 선거를 받아들여야만 했었다. 곧바로, 민주 야당인 '시민 포럼(Civic Forum)'이 결성되었고, 1990년 6월 총선에선 시민 포럼의 압승과 함께 하벨이 대통령으로 당선됨으로써 체코슬로바키아의 체제 전환이 완결되게 된다.

헝가리에서도 민주화와 자유화는 피해갈 수 없는 중요한 역사적 흐름으로 다가왔다. 사회주의 기간 동안 헝가리 공산당 정부 내에선 사회주의 경제 시스템의 단점을 보완하기 위한 일련의 노력들이 전개되어 왔었다. 특히, 1956년 나지 수상을 중심으로 한 헝가리 혁명이 소련의 개입으로 실패한 이후에도, 헝가리는 경제 활성화를 위한 당 내부 의견들을 적극적으로 받아들였고, 시장 경제 요소의 도입과 자본주의적 인센티브 도입에 상대적으로 적극적인 자세를 취하였다. 따라서 세계 경제의 위기가 확산되고 있던 1980년대 초에 이미 헝가리는 사적 경제의 합법화 함께 국영 기업들의 민영화 및 임대 사업을 시행하고 있었고, 이것은 헝가리 경제의 중요한 버팀목이 되고 있었다. 이러한 조치들이 어느 정도까지는 헝가리 경제의 안정화에 도움을 줄 수 있었지만, 사회주의 체제 내에서의 개혁에는 분명한 한계점이 존재하고 있었다.

다른 동유럽 국가들에 비해 진보적이고 자유주의적이라 평가받던 헝가리 공산당은 1989년 2월, '1956년 헝가리 혁명'에 대한 역사적 재평가를 단행하게 된다. 이어 다당제 선거 및 자유 의회제 도입을 이끌어내는 데 성공하였다. 또한 1989년 5월에 들어와 헝가리 정부는 오스트리아와의 국경선을 개방하는 등 철의 장막을 제거하여 동독 및 다른 동유럽 민중들의 서유럽으로의 탈출을 도왔으며, 난민 탈출을 방조하였다는 동독 정부의 비난에 부딪히자 곧바로 이 문제를 UN에 재소하여 동독인들의 제3국으로의 대량 탈출을 돕는 등, 결과적으로 동유럽의 민주화를 앞당기는 데 일조하게 된다. 이어 1989년 10월 의회에서 1956년 혁명 당시 활약했던 나지의 명예 회복과 함께, 다당제와 민주주의 국가로의 전환을 담은 신헌법이 발표되었고, 이에 따라 헝가리의 체제 전환이 완료되게 된다.

역사적으로 불가리아는 러시아와 매우 밀접한 유대 관계를 구축해 왔던 게 사실이다. 같은 슬라브 민족이자, 지정학적으로 흑해 연안 내 러시아의 주요 이해 국가로 인정받아 왔던 불가리아는 러시아로부터 오랫동안 경제, 외교적 지원을 많이 받아왔었다. 특히 러·터 전쟁 이후 맺어진 1878년 3월 산스테파노(San Stefano) 조약에서 러시아는 불가리아의 독립은 물론 영토를 크게 확대시켜 주고자 했고, 이러한 역사적 인연은 양국 간의 관계를 보다 친밀하고 우호 있게 만드는 계기를 마련해 주었다. 이러한 우호 관계는 제2차 세계대전 이후 수립된 사회주의 체제에서도 계속 이어졌다. 다른 동유럽 국가들에 비해 소련은 불가리아에 대한 경제, 문화적 지원을 아끼지 않았고, 이것은 발칸 유럽에서 다른 국가들에 비해 불가리아가 다소 발전된 국가로 성장하는 밑거름이 되었다. 하지만, 1989년 이후로 불어 닥친 동유럽의 민주화 열기는 불가리아에서도 또한 급격한 변화를 불러오게 된다.

중세부터 이어진 오랫동안의 터키 지배라는 역사적 경험과 터키의 이웃 국가라는 지리적 특성으로 인해, 불가리아에는 항상 터키 소수 민족 문제가 자리해 왔었다. 1980년대 들어와 불가리아 공산당은 이들 이슬람 터키인들을 과거 오랜 터키 지배하에서 이슬람화된 불가리아인으로 규정하였고, 이들의 불가리아화 작업을 강제적으로 진행하고자 하였다. 더불어 이를 거부하는 터키 소수 민족들에 대해선 터키 본토로의 강제 이주 정책을 추진하게 된다. 하지만, 이것은 터키 소수 민족들의 정권 반대 운동을 촉발케 하였으며, 이 사건은 공산당 정부가 이전까지 전혀 예상치 못했던 새로운 변화를 불러왔다. 터키계 소수 민족 문제로 터진 불가리아에서의 반(反)공산당 운동은 곧바로 베를린 장벽 붕괴 소식과 함께, 심각한 대중 저항을 낳는 도화선이 되었던 것이다. 계속 이어지는 대규모 시위 속에 불가리아 공산당은 1990년 6월 이후 야권 세력들과 다당제 선거 및 민주주의 제도 구축을 위한 일련의 협상을 진행하게 된다. 하지만, 민주주의 틀을 잘 갖춘 튼튼한 정당일수록 시간이 많이 걸린다는 정당 성립의 속성상, 불가리아는 여러 정당들의 난립과 일반 대중들의 민주 정치에 대한 의식 결여로 인해 민주화로의 전환 이후에도 한동안 사회적 혼란을 감수해야만 했었다.

루마니아 혁명 당시의 모습 1

자유화, 민주화로의 시대적 진행을 이

루마니아 혁명 당시의 모습 2

어갔던 다른 동유럽 국가들에 비해 끝까지 사회주의 체제를 고수하려 했던 루마니아의 경우는 보다 다이내믹한 결론으로 그 끝을 맺게 되었다. 다른 동유럽 국가들처럼 루마니아 또한 1980년대 심각한 경제 위기를 맞이해야만 했다. 하지만, 주변의 사회주의 경제 시스템의 보완 요구에 대해 독재자 차우체스쿠는 사회주의 체제의 문제점보다는 이를 시행하는 관료들의 태도와 시행 개선을 통해 문제점을 해결하고자 하였다. 따라서 소련의 개혁 정책 발표 그리고 이에 따른 폴란드와 헝가리 등 다른 동유럽 국가들에서 민주화 움직임이 구체화 될 때까지도, 루마니아에선 경제 개혁 및 민주화를 향한 일련의 정책 시도가 전혀 보이지를 않았었다.

루마니아에서 일반 대중들의 민주화 열기가 구체화 된 계기는 1989년 12월 트란실바니아의 티미쇼아라에서 헝가리계 퇴케스 목사가 반정부적 발언과 동시에 비밀경찰에 의해 체포된 직후부터라 할 수 있다. 공산당 정부 및 루마니아인들의 소수 민족 지배 정책에 불만을 지니고 있었던 트란실바니아의 헝가리 소수 민족들은 퇴케스 목사를 지키기 위해 모여들었고, 이어 정부군의 진압 속에 수천 명의 사상자가 발생하게 된다. 이 사건은 루마니아 전역에 반(反)

공산당 운동의 전기를 마련해 주었다. 당시 경제적 지원을 논의하기 위해 이란을 방문하고 돌아온 차우체스쿠는 사회주의 체제의 우월성을 강조하기 위해 혁명 광장에 관제 데모를 소집하였지만, 대중들의 반(反)정부 구호와 반(反)차우체스쿠 운동의 확산을 확인해야만 했었다. 탱크 등을 동원한 군인들의 무차별적인 진압에도 불구하고, 시민들의 민주화 시위는 계속 확산되어 갔고, 이어 정부 청사와 국영 방송국이 시민군에 의해 점령당하게 된다. 민주주의와 독재타도를 부르짖는 무장한 시민군과 이를 저지하려는 군부대 간에 수차례 격전들이 발생하였고, 이에 놀란 차우체스쿠와 그 가족은 도망하는 길목에서 결국 체포되어 군법 재판소에 회부된 후 바로 총살당하는 비극을 맞이해야만 했었다. 비록 민주화의 길로 들어섰지만, 불가리아의 경우처럼 루마니아 또한 야권 세력의 분열과 정당들의 난립으로 인해, 과거의 공산당 정권에서 여러 혜택을 받아왔던 노멘쿨라트라(Nomenkulatura) 계층들이 다시 권력을 잡음으로써 1996년 민주 야당 세력이 새롭게 권력을 획득하기 이전까지 한동안 혼란의 길을 가야만 했었다.

보스니아 내전 희생자들의 사라예보 임시 묘지

다양한 민족과 종교, 그리고 문화가 복잡하게 혼재하였던 사회주의 유고슬라비아 연방의 경우는 앞서의 다른 동유럽 국가들에 비해 보다 혼란스러운 양상으로 민주화가 진행되게 된다. 1980년 5월 티토의 사망 이후 유고슬라비아 연방은 티토가 구상해 놓은 각 공화들 간의 합의체인 집단지도 체제하에서 혼란의 시기를 보내야만 했었다. 티토 사망 이후 어떠한 구심점이 없는 가운데, 1980년대에 본격화된 경제적 어려움은 공산 정권 유지의 위기를 불러왔고, 이에 따른 각 공화국들의 이기적인 경제 정책 수행과 공화국 간, 민족 간 갈등 심화는 이러한 위기를 크게 확대시키고 있었다. 특히, 1987년 세르비아의 밀로쉐비치가 코소보 언덕에서 그동안 체제에서 금기시 해왔던 민족주의를 향한 강력 발언을 한 이후부터, 민족 간 해묵은 감정 대립은 보다 중요한 이슈가 되게 된다. 이어, 1988년부터 이어진 노동자들의 파업과 함께, 1989년에는 2,000%라는 천문학적인 인플레이션이 발생하면서 유고슬라비아는 연방 분열의 위기를 맞이하게 되었다.

6개 공화국으로 구성되어 있던 유고슬라비아 연방 내에는 공업지역이자 잘사는 북부 지역 공화국(슬로베니아, 크로아티아)과 낙농, 목축업 지역으로 상대적으로 경제가 어려웠던 남부 지역 공화국(세르비아, 보스니아-헤르체고비나, 몬테네그로, 북마케도니아)으로 나뉘어 경제적 격차가 존재하고 있었다. 경제적 위기는 곧바로 경제 문제 해소를 둘러싼 이들 빈부 국가들 간의 감정싸움으로 이어졌다. 이런 가운데 대두된 동유럽의 민주화 열기와 베를린 장벽 붕괴 소식은 개별 공화국들에서의 다당제 선거 도입 및 민주주의 국가로의 전환이라는 이슈를 낳게 하였다. 1990년 1월, 제14차 유고슬라비아 공산당 전당대회에서 경제 문제 해결 및 미래 국가 수립에 대한 공화국 간의 의견 통합이 실패로 돌아가자, 연방은 곧바로 해체의 길을 가게 된다. 뒤이어 유고슬라비아에서의 민주화는 수차례의 연방 분열 과정 속에서 연방으로부터 독립해 나가려는 공화국들과 이를 저지하려는 세르비아의 입장이 충돌하면서 오랜 기간의 내전과 인종 학살로 이어지게 되었다.

민주화 이후 동유럽은?

거대한 역사적 흐름이 되어 버린 민주화로의 진행 동안, 동유럽 국가들에서 나타난 대표적인 양상은 크게 두 가지로 특징지을 수 있다. 첫 번째는 연방 국가들의 분열과 민족 간 분쟁 심화이며, 두 번째는 동유럽 국가들의 EU 및 유로존(Eurozone) 가입과 이를 위한 노력이라 할 수 있을 것이다.

민주화를 단행한 동유럽 국가들 중 민족 간 분열 및 분쟁으로 가장 큰 고통을 겪었던 국가는 무엇보다도 유고슬라비아를 꼽을 수 있을 것이다. 동유럽 모든 지역에서 민주주의와 자본주의로의 체제 전환이 급격하게 전개되는 상황 속에서, 유고슬라비아 연방은 다소 다른 양상에 따른 체제 전환 고통이 더해지고 있었다. 1개의 연방 국가 안에 2개의 문자(라틴과 키릴 문자), 3개의 주요 종교와 상이한 문화(정교, 가톨릭, 이슬람), 6개의 주 민족과 2개의 소수 민족 그리고 6개의 공화국과 2개의 자치주로 구성되어 있었던 유고슬라비아는 동유럽에서도 대표적인 종교와 문화의 모자이크 국가였다.

경제적 위기와 동유럽의 민주화 열풍에 따라, 유고슬라비아에서는 슬로베니아, 크로아티아를 중심으로 각 공화국들의 연이은 연방 탈퇴 선언이 이어졌고, 오랫동안 연방 내에서 정치와 군사 주도권을 행사하여 왔던 세르비아는 이를 저지하려는 군사적 대응 움직임을 가시화하였다. 처음에는 연방으로부터 독립 후 유럽의 일원이 되고자 했던 슬로베니아에서 시민군과 연방군 간의 10일간에 걸친 내전이 발생하였고(1991년 6월), 뒤이어서는 슬로베니아와 함께 독립을 선언하였던 크로아티아에서 그리고 1992년 3월엔 역시 독립을 선언한 보스니아-헤르체고비나에서 내전이 발발하게 된다. 유고슬라비아 지역에서 발생한 내전은 1995년 11월 '데이턴 합의안'이 발효될 때까지 이어졌으며, 약 10만 명에 가까운 인명 피해와 230만 명의 난민과 이재민 그리고 소위 '인종 청소(Ethnic Cleansing)'라는 비극적인 용어의 탄생을 낳게 하였다. 이후 유고슬라비아 연방은 여러 과정을 거치며 각자 6개 공화국(슬로베니아, 크로아티아, 보스니아-헤르체고비나, 세르비아, 몬테네그로, 북마케도니아)으로 나눠지게 된다.

잠시 동안 가라앉았던 유고슬라비아 지역의 민족문제는 1998년부터 확대된 세르비아 내 코소보 자치주에서의 세르비아인과 알바니아인 간의 민족 갈등이 불거지면서부터 또다시 본격화되게 된다. 코소보에서의 민족 간 분쟁 심화는 국제 사회의 개입과 함께 마침내 1999년 3월 NATO군의 코소보 전쟁(1999년 3~6월)이라는 국제 전쟁을 낳게 하였다. 비록 알바니아인이 주요 민족으로 있는 코소보 정부가 2008년 2월 세르비아로부터의 일방적 독립을 선언하였지만, 이 문제를 두고 독립 인정을 주장하는 미국 등 서방 세력과 이를 인정해 줄 수 없다는 중국과 러시아 등 간의 갈등이 재현되면서 과거 냉전 시대와 유사한 블록 간 대립양상이 전개되고 있는 상황이다.

이처럼 향후 코소보의 미래를 둘러싼 열강들 간의 대립으로 인해, 국제 사회는 현재까지도 코소보 문제 해결을 위한 별다른 대응책을 찾지 못하고 있으며, 이로 인한 다른 발칸 유럽 내 민족 갈등 또한 일련의 불씨를 안고 있는 상황이라 하겠다.

민족 간 충돌과 내전으로 귀결된 유고슬라비아 연방의 분열은 역시 연방 내에서 공화국 간, 민족 간 갈등을 안고 있었던 체코슬로바키아에게 많은 교훈을 안겨주게 된다. 다른 동유럽 국가들과 마찬가지로 체코슬로바키아에서도 또한 1990년대 민주화에 따른 여러 정당들의 난립이 이어졌고, 이것은 이후 연방을 구성하고 있던 체코와 슬로바키아 정치 지도자들 간의 정책 갈등과 다툼을 불러오게 하였다. 오랜 기간 동안 오스트리아로부터 직접적인 영향을 받아왔던 체코는 상대적으로 부유한 공업 지역이었고, 농업 국가였던 슬로바키아는 역사적으로 체코에게 일련의 피해 의식을 지니고 있었다.

특히, 슬로바키아인들은 양차 대전 동안 공업 국가였던 체코로부터 원자재 및 원료 공급 기지로서 여러 형태의 무시와 착취를 받아왔다고 여겨 왔다. 이러한 점은 제2차 세계대전 당시 독일의 히틀러가 이러한 양 민족 간의 감정을 이용해 슬로바키아 민족의 징시를 자극시켜 체코슬로바키아를 통치하려 했던 배경이 되기도 했다. 슬로바키아 민중들은 체코와의 민족 정체성이 서로 다르다는 점을 부각시키려 노력하였으며, 특히 민주화 이후 슬로바키아인들은 경제적 여러 예산과 정치적 배려 면에서 정부로부터 소외감을 느껴야만 했었다. 따라서 이러한 일반 대중들의 정서는 슬로바키아 정치 지도자들의 성향에 그대로 반영되었다고 할 수 있다.

1992년 6월 본격적인 다당제 선거를 통해 군소 정당들이 다수 난립한 체코에선, 주로 반체제 운동 인사보다는 과거 공산 정권 하에서 정치 경험을 지닌 치 엘리트 집단들이 의회를 장악하게 된다. 반면에, 슬로바키아에선 비록 정치적으론 아마추어였지만 공산주의에 저항하였던 반체제 인사들이 권력을 장악하고 있었다. 양 지역 민중들의 감정과 의회 의원들의 성향 간의 차이점은 결국 1993년 소위 부드러운 헤어짐을 상징하는 '벨벳 결별(Velvet divorce)'을 불러왔고, 이에 따라 체코슬로바키아는 체코와 슬로바키아 양국으로 서로 갈라지게 되었다.

민주화 이후 한동안 일련의 혼란을 겪었지만 자본주의 경제 체제가 정착되고 점차 과거 사회주의적 요소들이 제거되어 가면서, 동유럽 국가들은 이제 미래를 향한 준비에 눈을 돌릴 수 있게 되었다. 과거 역사적 경험을 통해, 동유럽 국가들이 미래를 설계하면서 가장 주목하였던 최대 과제는 러시아의 세력 확장과 영향력 확대의 희생양이 되지 않겠다는 의지 그리고 본격적으로 유럽의 일원으로 다시 재편입하겠다는 희망이었다고 할 수 있다. 이를 위해 동유럽 국가들은 우선적으로 미국과 서유럽이 주도하여 왔던 군사적 대응 기구인 '북대서양 조약 기구', 즉 'NATO'의 가입을 서둘렀고, 이에 따라 2020년 현재 세르비아 등 일부 국가를 제외한 동유럽의 대부분 국가들이 NATO에 가입한 상태이다(2020년 3월 북마케도니아가 NATO 30번째 회원국으로 가입). 동유럽 국가들에게 있어 NATO 가입이 군사적 보호막 구축을 의미한다면, EU와 더 나아가 유로존 가입 문제는 동유럽 국가들의 국가적 미래 전략과 밀접하게 연결되어 있다 하겠다.

민주화 이후 계속해서 동유럽 국가들의 중요한 미래 전략과 국가 비전으로 제시하여 왔던 EU는 1951년 4월 유럽 6개국(벨기에, 독일, 프랑스, 이탈리아, 룩셈부르크, 네덜란드)이 출범시킨 '유럽석탄철강공동체(ECSC)'가, 이후 1957년 3월 로마에서 그 기능을 좀 더 다양한 분야로 확대 발전시킨 '유럽경제공동체(EEC)' 그리고 유럽 핵에너지의 평화적 사용을 위한 '유럽원자력공동체(Euratom)' 기구 설립을 결정한 데서 그 모태가 탄생되었다. 이후 EU는 일련의 어려움에도 불구하고 계속된 팽창과 발전을 거듭해왔으며, 특히 동유럽의 민주화가 진행된 1990년대 들어와선 동유럽 국가들의 신규 가입을 통한 새로운 동력을 만들어가려는 움직임을 확대시키게 된다. 이러한 EU의 동유럽으로의 확대 정책은 당시 체제 전환에 따른 고통으로 힘들어하던 동유럽 내 일반 대중들에게 미래에 대한 희망과 국가 비전을 심어주려 했던 동유럽 지도자들의 의지와 일치됨으로써 보다 신속하게 진행될 수 있었다.

1997년 12월 룩셈부르크에서 '아젠다 2000(Agenda 2000)'이 발표되었고, 이것은 동유럽 국가들의 EU 가입에 대한 청사진을 제공하게 된다. 이를 계기로 EU에선 동유럽 국가들의 EU 회원국 가입을 위한 지원과 본격적인 심사 절차가 진행되었고, 이를 통해 2004년 5월 마침내 동유럽 8개국(발틱 3국, 슬로베니아, 폴란드, 체코, 슬로바키아, 헝가리)과 지중해 국가인 몰타와 사이프러스가, 2007년 1월엔 루마니아, 불가리아가 그리고 2013년 7월엔 크로아티아가 EU에 가입함으로써 동유럽으로의 회원 확대가 이루어지게 된다. 더불어, EU 가입 절차를

2007년 루마니아의
EU 가입을 환영하는 모습

밟고 있는 세르비아, 북마케도니아(2019년 2월 국명 변경) 등 서부 발칸의 나머지 동유럽 국가들이 EU에 가입하게 된다면, 이제 동유럽 국가들은 EU의 새로운 식구가 되어 과거와는 또 다른 미래를 꿈꾸게 될 것으로 기대되고 있다. 더불어, EU에 가입한 회원국 중 단일 통화권을 의미하는 유로존에 가입하기 위한 일련의 움직임이 확대되는 가운데, 2007년에 슬로베니아가 그리고 2009년, 2023년에는 슬로바키아와 크로아티아가 새롭게 유로존에 가입하였다. 앞으로도 이러한 동유럽 국가들의 EU와 유로존 가입이 계속 확대될 것으로 기대되고 있는 상황 속에서, 이제 동유럽 국가들은 진정한 유럽 국가의 일원으로서의 발전과 밝은 미래를 앞두고 있다 하겠다.[14)]

역사와 인물로 동유럽 들여다보기

V

문학과 예술 그리고 가톨릭의 나라, 폴란드

제5장_ 문학과 예술 그리고 가톨릭의 나라, 폴란드

가. 미에쉬코 1세와 가톨릭 도입

폴란드 민족 기원의 상징, 하얀 독수리

폴란드 민족은 주변의 체코 민족, 슬로바키아 민족과 함께 슬라브족 중 서슬라브족에 해당한다. 6-8세기경을 거치며 폴란드인들이 오늘날 폴란드 지역에 들어와 정착하고, 이후 그들의 강력한 중세 왕국을 건설하기 시작한 역사는 최초의 도읍지로 알려진 포즈난(Poznań)이라는 상업 도시 인근의 그니에즈노(Gniezno)에서부터 비롯되었다. 폴란드인들이 이곳에 들어오기 이전, 이 지역에는 켈트족, 게르만족 등이 주로 거주하였으며, 이 외에도 스키타이족, 훈족 등 다양한 유목 민족들이 이곳에 정착 혹은 거쳐 간 것으로 알려져 있다.

폴란드인들의 신화에 따르자면, 슬라브족의 3형제(체흐 Chech, 루스 Rus, 레흐 Lech) 가운데, 오늘날 체코 땅과 우크라이나의 키예프에 정착한 다른 형제들과 달리, 레흐는 하얀 독수리의 인도에 따라 오늘날 폴란드 땅에 정착했다고 전해지고 있다. 이러한 신화적 허구를 떠나, 역사적으로 가톨릭을 도입하고 중세 폴란드 왕조를 구축한 인물로는 미에쉬코 1세(Mieszko I, 930-992, 재위 960-992)를 들 수 있다. 10세기 당시 폴란드 전역에 흩어져 있던 여러 슬라브 부족 중 가장 강력한 지도자였던 미에쉬코 1세는 비록 공식적으론 왕의 자격을 선포하지는 않았지만, 주변의 여러 슬라브족들을 규합해, 초기 폴란드 왕조인 피아스트(Piast) 왕조의 기틀을 마련하게 된다. 미에쉬코 1세가 차지하였던 폴란드의 영토는 여러 서슬라브 부족들 중 '폴라니아족이 사는 땅'이라는 뜻에서 '폴라니아(Polania)'로 불렸고, 여기서 '폴로(Pola)'는 서슬라브어로 '평원 혹은 초원'을 뜻하는 의미를 지니고 있었다(참고로, 동슬라브어는 폴례(Поле), 남슬라브어는 '폴리예(Polje)' 등으로 사용되고 있다). 오늘날 폴란드 국호인 '폴스카(Polska)' 또한 여기서 유래했다 하겠다.

미에쉬코 1세의 모습

6-7세기경, 러시아 서부를 중심으로 대규모 거주하였던 원시 슬라브족들은 게르만족이 로마 영내로 이동함에 따른 지역적 공백과 아바르족, 훈족 등 여러 유목 민족들의 유럽 침공에 따라, 원거주지를 벗어나 게르만족의 본 거주 지역 및 비잔틴 제국이 자리한 발칸반도 등 다른 여러 지역들로 이주하게 된다. 초기 폴란드인들 또한 원시 슬라브족들이 신봉하였던 토템 신앙을 지니고 오늘날 폴란드 땅에 정착하였다. 하지만, 당시 게르만족의 일파인 프랑크인 등 폴란드인들의 주변을 둘러싼 민족들은 이미 로마 제국의 유산에 따라 크리스트교(로마 교회, 훗날 가톨릭으로 발전)의 영향력 하에 속해 있었다. 따라서 초기 왕조의 기틀을 마련하고, 국가적 체계를 잡아가고 있던 미에쉬코 1세는 북부의 포메라니아족, 동부의 마조비아족, 렌디스족 그리고 남쪽의 비슬란족 등 주변 다른 슬라브족들과의 통일 전쟁 외에도, 크리스트교화 된 프랑크 인들과 색슨족들의 종교 개종 압력에도 시달려야만 했었다.

10세기 중엽, 미에쉬코 1세는 국력을 강화하고 폴란드인의 단결을 유도하기 위해, 당시 크리스트교를 신봉하고 있던 보헤미아 왕국(오늘날 체코)과의 협약을 통해 로마 교회(가톨릭)를 받아들이게 된다. 966년 폴란드 역사상 최초로 가톨릭 세례식이 거행되었으며, 이후 폴란드는 이 해를 국가 수립의 신년으로 역사 속에 기록하고 있다. 로마 교회를 받아들인 이후 미에쉬코 1세는 종교적 단결을 통해 강력한 중세 폴란드 왕국의 기틀을 마련해 나갈 수 있었다. 역사 속에서 이러한 가톨릭 전통과 그 유산은 폴란드가 주변 외세의 침략과 지배를 받을 때마다, 폴란드인들의 단결과 항전의 의지를 일깨우는 주요 요소가 되었으며, 폴란드인들이 동유럽 내에서도 가장 강력한 가톨릭 민족으로 성장하게 되는 밑거름이 되었다.

동유럽 역사와 인물 속 한 마디

폴란드의 정복 왕, 볼레스와프 1세

폴란드 화폐에 그려 있는 정복왕,
볼레스와프 1세와 그 동상

미에쉬코 1세의 사망 이후 폴란드의 왕좌는 그의 아들 볼레스와프 1세(Bolesław I Chrobry, 967-1025, 재위 1025)에게로 넘어가게 된다. 아버지 시절 이룩한 가톨릭 개종을 통한 국가적 힘을 토대로, 그는 강력한 영토 확장 정책을 추진하여 오늘날 체코의 수도인 프라하와 슬로바키아 지역인 모라비아 지역의 슬라브족을 장악하는 데 성공하였다. 이어 1018년엔 동슬라브족의 모태로 알려진 오늘날 우크라이나의 키예프(Kiev) 러시아를 공격해 수도 키예프를 점령하는 등 폴란드의 영토를 크게 확장시킨 왕이었다.

영토를 크게 확대시킨 그는 1025년 부활절에 로마 교황의 명에 따라 대교구로 세워진 그니에즈노 대성당에서 폴란드 왕으로 등극하는 대관식을 치르게 된다.

당시 로마 교황청은 신성 로마 제국이 부여하는 폴란드의 왕위 대관식에 교황청에서

키예프에 입성하고 있는 볼레스와프 1세

볼레스와프 1세 당시 그의 영토

직접 제작한 왕관을 선물하였으며, 이에 따라 폴란드는 동유럽에서 로마 가톨릭을 수호하고 이를 전파하는 가장 강력한 가톨릭 국가임을 전 유럽에 확인시켜 주게 되었다.

나. 독일 기사단과 몽고 타타르족의 역사적 유산

폴란드는 지리적으로 오드라(Odra) 강 동쪽에서부터 유라시아 대륙으로 이어지는 대평원 지대라는 특징을 지니고 있다. 이와 함께 지정학적으로는 오늘날 북서쪽으로는 러시아, 북동쪽으로는 우크라이나, 남서쪽으로는 독일, 남동쪽으로는 과거 합스부르크 제국의 중심이었던 오스트리아가 자리하고 있는 등 아시아에서 유럽으로, 또는 유럽에서 아시아로 들어가기 위해 반드시 거쳐 가야만 하는 유럽의 전략적 요충지이기도 하다. 사방이 탁 트인 대평원 지대라는 지리적 특성과 함께, 주변에 둘러싼 강대국들의 틈바구니 속에 들어가 있는 관계로 폴란드는 역사 속에서 항상 주변국들의 영토적 침략과 분할의 대상이 되곤 하였다.

광대한 영토를 차지하였던 볼레스와프 1세가 사망한 이후, 폴란드는 후계자 문제를 둘러싼 여러 갈등으로 인해 영토가 여러 지역으로 분할되었고, 이후에

독일 기사단의 모습

는 주변국들의 침략으로 인해 고통을 겪어야만 했었다. 당시 폴란드를 위협한 세력으로는 우선 폴란드 북부에 프러시아를 세운 '독일 기사단(튜튼 기사단, Teutonic Knight)'을 들 수 있으며, 이후에는 무엇보다도 '몽고-타타르족의 유럽 침략'에 의한 파괴를 들 수 있을 것이다.

우선, 독일 기사단은 로마 가톨릭의 십자군 전쟁 당시 독일 지역에서 파견된 십자군들이 주축이 된 것으로, 1189년 예루살렘 인근에서 하나님 성전 수호를 목표로 최초로 창설된 것이다. 초기 이들의 역할은 성전을 위해 싸우는 기독교 기사들의 간호와 의료 역할에 주력하였으나, 이후에는 점차 로마 교황청과 십자군의 통

1410년 폴란드-리투아니아 연합군과 독일 기사단 간의 그룬발트 전투 장면

제를 벗어나 독자적인 반(反)이슬람 군사 활동을 전개하게 된다. 십자군 운동의 실패 이후 이들은 독일로 귀향하지 않고, 1211년 헝가리 왕국의 용병으로 트란실바니아 지역에 정착해 이민족들의 침략에 대한 헝가리 방어를 담당하게 된다. 하지만, 1225년 헝가리 왕국을 전복하려는 움직임이 실패로 돌아간 후 추방된 독일 기사단은 1233년 당시 이교도 문제에 어려움을 겪고 있던 폴란드의 요청에 따라 이교도(원시 프러시아족) 진압을 위해 북부 폴란드에 들어오게 되었다. 이들은 이후 약 50년간에 걸친 이교도들에 대해 잔인한 진압을 통해 오늘날 발틱 3국 지역 외에도 북부 폴란드와 러시아 인근 지역까지 장악해 갔으며 새로운 프러시아 국가를 수립하게 된다. 독일인들의 계속된 이주 속에 세력이 크게 확대된 독일 기사단은 이후 폴란드 영토까지 침범하였으며, 1410년 폴란드와 리투아니아군이 연합한 그룬발트(Žalgiris/ Grunwald) 전투에서 패배할 때까지 중세 폴란드 역사에 깊숙이 개입하게 된다. 1519년 폴란드와 독일 기사단과의 마지막 전투에서 폴란드가 승리함에 따라, 이후 독일 기사단의 활동이 중단되었고, 이어 폴란드의 영향력 하에 들어가게 되었다.

몽고 타타르족의 유럽 침공

당시 독일 기사단이 차지하였던 프러시아 지역은 훗날 현대사에 있어서 중요한 의미를 남겨주게 된다. 우선, 현대 폴란드-독일과의 역사적 관계 속에서, 제2차 세계대전 당시 독일이 폴란드 침략의 명분으로 내걸었던 그단스크(Gdańsk, 독일에선 단치히(Danzig)로 불림) 수복 문제를 안겨주었다. 더불어, 독일 기사단의 여러 상징물들은 영토 팽창과 게르만 민족주의를 꿈꾸던 히틀러와 나치의 장식으로 차용되기도 하였다. 그리고 제2차 세계대전 이후에는 이들 지역을 점령한 소련군이 독일인들을 몰아내고, 새로운 군사 도시이자 발틱 함대의 주요 기지인 칼린그라드(Калининград/ Kalingrad)를 건설함으로써 오늘날까지도 국제 역학 구도의 균형에 있어 중요한 위치를 차지하고 있다.

이와 함께, 13세기 몽고와 타타르족의 유럽 침공은 폴란드인들과 유럽인들

몽고 타타르족의 키예프 공략 모습

에게 고대 훈족의 유럽 침공 이후 아시아 유목 민족에 대한 공포감을 다시 한 번 각인시키는 계기를 마련해 주었다. 12세기 말 몽고 전역과 서쪽으로는 우랄 산맥까지 장악한 칭기즈 칸(Genghis Khan, 1162-1227, 재위 1206-1227)은 13세기 초에 들어와 타타르족에 대한 강력한 지배 정책을 구사해 몽고 지배하로 편입시키는 데 성공하게 된다. 1227년 칭기즈 칸이 사망하고 난 후, 몽고는 본격적인 유럽 정복 전쟁을 다시 계획하였고, 이에 따라 몽고군 본진은 헝가리로 타타르족의 주력 부대는 폴란드로 침공하여 약탈한 후, 오늘날 체코의 보헤미아에서 합류할 것을 약속하였다. 특히 폴란드 침공에 앞서 교두보를 확보하고자 했던 타타르족은 1240년 오늘날 우크라이나의 키예프를 공격해 하루 만에 무너트린 후 잔인한 학살과 약탈을 감행하였다. 군인은 물론 민간인들에 대한 잔인한 보복과 무차별적인 진압 소식을 들은 이웃 폴란드인들은 엄청난 공포에 휩싸이게 된다. 키예프를 근거지로 타타르족은 폴란드 침공을 정비하기 시작하였고, 1241년 드디어 당시 유럽에서도 황금 도시로 알려져 있던 크라쿠프(Kraków)와 폴란드의 상당 지역을 유린하기 시작하였다. 이러한 타타르족의 공격으로 당시 10만 명 이상의 폴란드인들이 학살되고 사망한 것으로 역사 속에선 기록되고 있다.

13세기 몽고군과 타타르족의 유럽 공략에 따라, 폴란드를 비롯해 헝가리와 트란실바니아, 보헤미아, 오늘날 루마니아 지역인 몰도바, 우크라이나, 러시아 등 동유럽의 거의 모든 지역이 이들의 약탈과 학살로 고통을 겪어야 했었다. 이후 러시아를 비롯한 우크라이나는 폴란드의 영향력에서 벗어나 몽고의 지배하에 놓이게 되었으며, 폴란드 또한 몽고군 및 타타르족과의 국경선 설정에 따라 이들과의 역사적 관계를 한동안 계속 유지해야만 했었다.

다. 인쇄술의 발달과 코페르니쿠스의 지동설

16세기에 들어와 폴란드는 독일 기사단의 쇠퇴와 몽고군의 공격이 약해지면서, 국가적 안정 속에 예술과 문화, 그리고 여러 과학 기술과 건축술들이 크게 발달하게 된다. 특히, 이 시기는 오스만 터키의 침공으로 인해 고통을 겪고 있던 발칸 유럽의 민족들과는 달리, 서유럽 내에선 고대 그리스와 로마의 문화를 답습하는 르네상스(Renaissance) 시기를 맞이하고 있었고, 인본주의적 사상과 철학들이 여러 다양한 문화와 건축 그리고 예술 작품들에 표현되었다고 할 수 있다. 11세기부터 13세기까지 이어진 예루살렘 성지 회복을 위한 십자군 운동의 연이은 실패와 가톨릭계의 절대 권력화 추구, 그리고 이에 저항하며 절대 왕정을 추구하려 했던 절대 군주들의 야심이 부딪치는 속에서, 유럽인들은 그동안 신봉해왔던 신 중심의 세계관에서 인간 중심의 세계관으로 점차 변모해 가고 있었다. 이러한 사고의 전환은 종교 개혁의 움직임과 함께, 여러 학문 분야에 있어 다양한 주장과 의견들이 대두되는 것을 가능케 하였다.

코페르니쿠스 청동상 모습

폴란드 또한 이러한 유럽 내 분위기 속에 편입되었는데, 이 시기 가장 유명한 인물이자 폴란드 학문을 대표하는 상징적인 인물로 코페르니쿠스(Mikołaj Kopernik/Nicholas Copernicus, 1473-1543)를 들 수 있을 것이다. 우리에게 잘 알려진 바와 같이, 그는 오랫동안 유럽에 퍼져 있던 종교적 우주관에 기초한 천동설을 부인하고, 지동설 이론과 체계를 구축한 인물로 유명하다. 코페르니쿠스는 15세기 중반 크라쿠프 인근에서 태어났으며, 1491년 크라쿠프 대학에 입학하여 천문학을 공부한 후, 이탈리아에서 법학과 의학을 공부하였다. 이탈리아 유학 생활은 그의 인생에 많은 전환점을 안겨주었는데, 여기서 그는 고대 그리스의 플라톤 및 여러 지동설을 주장했던 학자들의 주장들을 접할 수 있게 되었다. 여전히 종교적 세계관과 우주관에 따른 천동설이 절대적 힘을 발휘하고 있었던 당시 유럽 사회 속에서, 코페르니쿠스는 지구가 태양을 따라 움직인다는 자신의 확신을 1543년 사망 직전에서야 비로소 세상에 알릴 수 있었다. 그가 저술한 <천체순환에 관하여, On the Revolutions of the Heavenly Spheres>란 저서를 통해 유럽인들은 비로소 천동설의 진위 여부에 대해 고민하기 시작하였고, 뒤이어 그의 주장은 훗날 갈릴레오에게도 많은 영향을 미치게 되었다.

코페르니쿠스의 지동설 주장이 담긴 서적

코페르니쿠스의 지동설 주장이 세상에 널리 알려진 계기는 바로 당시 발달하기 시작한 인쇄술의 개발과 매우 밀접한 관련을 지니고 있었다. 인쇄술의 발달에 따라, 폴란드에서 시작된 그의 주장은 전 유럽 지역의 지식인들에게 보다 쉽게 전파될 수 있었고, 다양한 학문적 분야에도 영향을 미칠 수가 있었다. 더불어, 인쇄술의 발달은 가톨릭의 개혁에도 큰 영향을 미치게 된다. 가톨릭의 경직성과 교회의 지나친 권력 추구에 지친 다양한 종교 개혁가들은 인쇄술 발달에 따른 정보 전달을 통해 서로 간의 생각들을 공유할 수 있게 된다. 그리고 이러한 정보와 사고의 공유는 점차 기독교적 본래 가치로의 전환에 대한 그들의 고민을 낳기 시작하였다. 실제 인쇄술의 발달에 따라 폴란드에서도 종교 개혁에 대한 의견과 사상적 교환이 보다 활발히 전개될 수 있었고, 이에 따른 논쟁이 보다 확대되는 계기를 마련하게 되었다.

라. 귀족들에 의한 왕위 선출과 국력의 약화

1569년 폴란드 역사 속에서 지그문트 2세로 불리는 지그문트 아우구스트(Zygmunt II August, 1520-1572, 재위 1548-1572)는 국력 강화를 위해 이웃 리투아니아와 하나의 국가로 통합하는 데 사인하게 된다. 국가 구성의 형

1573년 폴란드-리투아니아 귀족들에 의한 폴란드 왕위 선출 장면

1773년 귀족 의회에서 결정된 제1차 분할 시 이에 저항하는 타데우스 레이탄 귀족의 모습

태는 향후 유럽의 근대 역사 속에서 등장하게 될 오스트리아-헝가리 이중 제국(1867년)과 유사한 이중 국가의 모습을 지니고 있었는데, 즉 하나의 왕과 공통의 의회가 존재하지만 각자의 법률적 체계와 제도는 그대로 유지하는 일종의 국가 연합적 성격을 지니고 있었다. 1572년 지그문트 2세가 사망한 이후, 양국의 귀족들은 향후 폴란드 왕은 양국의 전체 귀족들 간의 자유선거에 따라 바르샤바 근교에서 선출하기로 합의하게 된다. 이에 따라, 1573년 5월 최초의 선거에 4명의 후보가 입후보하였는데, 갖은 음모와 선거인단의 매점, 매석이라는 혼돈 속에서 프랑스 출신의 앙리 3세(Henryk Walezy/ Henri III, 1551-1589, 재위 1573-1575, 프랑스 왕 재위 1574-1589)가 폴란드 국왕으로 선출되게 된다.

귀족들의 선거로 국왕으로 선출된 앙리 3세는 권리를 앞세우는 귀족들의 무리한 요구들을 대다수 수용해야만 했다. 중요 국가 정책 결정에 있어, 폴란드 귀족들은 자신들의 동의를 구할 것을 요구하였으며, 만약 왕이 이 약속을 위반할 경우 귀족들은 왕의 지시를 거부할 수 있는 권한을 지닌다는 점을 분명히 하였다. 이런 무리한 요구가 계속되자, 앙리 3세는 1574년 6월 프랑스의 왕이었던 자신의 형(찰스 9세)이 사망한 것을 계기로 프랑스로 돌아가 프랑스 왕위를 이어받는 사건이 발생하기도 하였다. 이후 왕위 선출에 관한 귀족들 간의 여러 갈등이 지속되었고, 1575년 12월에서야 비로소 당시 트란실바니아의 헝가리 출신인

18세기 초 유럽 지도

바토리(Stefan Batory/ Stephen Báthory, 1533-1586, 재위 1576-1586)를 다음 왕으로 선출 할 수 있었다. 바토리는 임기 동안 모스크바 공국에 대한 수차례의 성공적인 공격으로 영토 확장을 이루는 데 업적을 남기기도 하였다. 그러나 이후, 왕위가 스웨덴과 색손 계 출신 등 다양한 외국인 출신들과 폴란드계 출신들로 이어지는 가운데, 폴란드는 외부적으로는 북부의 스웨덴과 모스크바 공국 그리고 남부의 오스만 터키와의 끊임없는 전쟁에 시달려야 했으며, 내부적으로는 독립 우크라이나를 수립하려는 코사크족들과의 전투로 국력이 급격하게 소모되고 있었다.

대내외적인 위협 요소가 증대되고 있었지만, 폴란드는 중요한 국가 정책 결정에 있어 귀족들 간의 합의를 이루지 못하였고, 귀족들 자신도 사적인 이익을 위해 주변 강대국들에 대한 협조도 마다하지 않는 등 국가적 분열 상태에 이르고 있었다. 이에 따라 18세기에 들어와 폴란드는 무정부 상태에 가까울 정도로 초라한 모습으로 전락하게 되었으며, 이것은 결과적으로 주변 국가들에 의해 총 3차례에 걸친 분열에 의해 나라가 사라지는 결과를 낳았다.

제1차 폴란드 분할은 1772년 프러시아, 오스트리아, 러시아 요구에 의해 제안

되었고, 1773년 이 문제를 다루었던 폴란드 귀족 의회에선 주변국들에 의해 매수된 의원들의 서명에 의해 3국 분할이 승인되는 상태에 이르게 되었다. 이어 터진 프랑스 혁명(1789)의 혼란 속에 주변 강대국들의 관심이 줄어들 자 이 기회를 활용해 폴란드 민중들의 저항이 이어졌지만, 1792년 예카쩨리나 여제(Екатерина II Великая/ Catherine the Great, 1729-1796, 재위 1762-1796)가 이끈 러시아의 강력한 진압에 의해 결국 폴란드군은 패배하게 되었다. 러시아는 폴란드와의 전쟁에서 승리한 이후인 1793년 프러시아와 함께 폴란드의 제2차 분할을 시도하게 된다. 이에 대해 다시 한번 폴란드의 저항이 이어졌지만, 이 또한 러시아의 우월한 군사력에 밀려 실패로 돌아가게 되었다. 마지막 제3차 분할은 1795년 오스트리아, 러시아 그리고 프러시아의 개입 속에 이루어졌으며, 이 결과 폴란드의 국왕은 해외로 추방되어 폐위되었고, 폴란드는 제1차 세계대전이 끝날 때인 1918년까지 주변 강대국들에 분열된 채 그 지배하에 놓이는 운명에 처하게 된다.

1789년 프랑스 혁명 당시의 모습

동유럽 역사와 인물 속 한 마디

귀족들에 의한 폴란드 국왕 선출

지그문트 2세 이후, 귀족들이 자유선거에 따라 국왕을 선출하기로 함에 따라 폴란드 국왕의 권위는 매우 약화되게 된다. 폴란드와 리투아니아 귀족들은 계속된 외세 침략과 주변국들의 침략 위협 속에서 자신들의 안위와 토지, 재산을 보호해 줄 대상으로 자신들과 같은 서슬라브 출신보다는 주변 강대국 출신의 왕을 선호하였다. 이에 따라 폴란드-리투아니아 연합 국가 수립 이후 폴란드 제1차 분할이 이루어지는 203년 동안 귀족들에 의해 선출된 11명의 왕들 중에 외국인 출신이 7명인 데 반해, 폴란드 출신은 단지 4명에 불과하였다.

왕의 선출 기간 동안 생길 수 있는 왕권의 공백은 통상 폴란드 가톨릭교회의 대주교가 대행하였다. 왕위 선출 당시 귀족들은 주로 바르샤바 인근의 볼라(Wola) 대평원 지대에 모여 선거를 치렀다. 귀족들은 각자의 지역과 가문을 상징하는 깃발 아래서 말에 탄 채, 자신들이 지지하는 왕의 이름을 불렀으며, 그 과정 속에서 여러 다툼과 다양한 부정 선거들이 동원되기도 하였다. 결과적으로, 자신들의 운명을 외국 출신의 왕에게 맡기고자 했던 폴란드 귀족들의 판단과 왕권 약화에 따른 국론 분열은 훗날 주변 국가들의 개입 속에 여러 차례에 걸친 국가 분열과 국가의 소멸을 낳는 배경이 되게 된다.

마. 나폴레옹 전쟁과 폴란드

알프스 산을 넘는 나폴레옹

1789년 프랑스 혁명이 군주에 의한 통치가 아닌 민중에 의한 통치가 가능하다는 신념을 유럽인들에게 안겨주었다면, 이어 전개된 나폴레옹의 유럽 원정은 각 민족들이 자신들의 민족-국가를 수립할 수 있다는 '민족주의' 이념을 전 유럽에 전파하는

나폴레옹의 황제 대관식 및 황후 조세핀에게 황후 관을 주는 장면

계기를 마련해 주었다고 할 수 있다. 다양한 소수 민족과 식민지를 획보하고 있었던 유럽 내 제국들은 이러한 프랑스의 혁명 사상과 나폴레옹의 유럽 원정이 자신들의 영토 내로 확대되는 것에 대해 거부감을 지니고 있었으며, 유럽으로의 혁명 확산에 대해서도 매우 부정적인 시각을 지니고 있었다. 하지만, 제국의 식민지로 고통받고 있던 폴란드를 비롯한 동유럽의 대다수 민족들은 이러한 혁명 사상과 나폴레옹의 유럽 원정이 제국의 지배로부터 벗어나, 자신들의 독립 국가를 다시 수립할 수 있는 좋은 계기를 마련해 줄 수 있을 것이라 확신하였다.

민족주의 시기 당시, 세 차례의 국가 분할에 따라 나라가 쪼개어져야 했던 폴란드의 여러 민중들은 프랑스의 혁명 정신에 매료되었고, 다른 어떤 동유럽 민족들보다도 더욱더 강력하게 나폴레옹의 유럽 원정을 지지하고 있었다. 국가의 분할 속에 상당수 폴란드 지식인들은 자신의 조국을 떠나 유럽 전역으로 흩어져 독립 운동을 전개하였는데, 이 중 가장 많은 폴란드인들이 망명한 나라가 바로 프랑스였다. 이들은 프랑스 혁명에 그 어느 누구보다도 적극적으로 가담하였고, 프랑스의 원조와 유럽 원정에 따라 조국 폴란드의 독립을 쟁취할 수 있으리라 확신

나폴레옹에게 충성을 맹세하는 폴란드 군단

하고 있었다. 이러한 의지는 이후 1797년 나폴레옹 군대 휘하에 독자적인 폴란드 의용대가 창설되는 배경이 되었고, 이어 그 숫자는 점차 늘어나 보병, 기마병, 포병으로 구성된 1만여 명의 군단 병력으로까지 확대되게 되었다.

'다뉴브 군단'으로 불린 폴란드 군단은 프랑스군의 깃발 아래 여러 전투를 치루면서 희생이 발생하였지만, 향후 폴란드의 독립을 위해 자신들의 역할이 크게 작용될 것이라 확신하고 있었다. 하지만, 이들의 역할에 대해선, 이들이 폴란드 수복 전쟁에 참가하기 보다는 주로 독일과의 전쟁과 오스트리아에 대항하기 위한 이탈리아 국경 수비대 혹은 프랑스 해외 식민지로의 파견에 이용당했다는 평가를 받기도 한다. 그럼에도 불구하고, 폴란드 군단의 존재는 이후 1806년 나폴레옹의 지원을 받은 폴란드 내 바르샤바 공국 수립에 일련의 영향력을 미쳤다고 할 수 있다. 특히, 조직화 된 군단 내에서의 군사 경험은 이후 폴란드의 독립 투쟁에 매우 적절하게 활용될 수 있었다. 1807년 나폴레옹은 바르샤바 공국의 새로운 헌법을 프랑스식에 맞추어 추진하였고, 이에 따라 모든 사람은 법 앞에 평등하다는 점과 농노제도의 폐지를 공식화함으로써 일반 민중의 지지를 이끌어내게 된다. 이어 1809년 오스트리아의 폴란드 침공을 프랑스와 함께 격퇴시킨 폴란드인들은 나폴레옹을 더욱 신뢰하였으며, 이것은 자연스럽게 1812년 나폴레옹의 러시아 원정에 있어 폴란드인들의 적극적인 참여와 지원으로 이어지게 되었다.

러시아 원정에 앞서, 나폴레옹은 폴란드인들의 지원을 얻어내기 위해, 프랑스의 러시아 원정은 결과적으로 폴란드 안전과 직결되어 있다는 점을 적극적으로 부각시키려 노력하였다. 이에 대해 폴란드인들은 적극적인 참전으로 화답하

나폴레옹의
러시아 원정 실패

게 된다. 실제, 당시 러시아 원정에 참전한 프랑스 연합군의 68만 명 중 1/7이 넘는 약 10만 명이 폴란드 출신이었다는 점은 당시 폴란드인들의 나폴레옹에 대한 신뢰를 확인할 수 있는 대목이다. 하지만, 나폴레옹의 러시아 원성 실패는 나폴레옹에게 걸었던 폴란드인들의 모든 희망과 꿈을 좌절시키게 된다. 1813년 초 프랑스군의 계속된 패퇴 속에 러시아군이 폴란드 깊숙이 쳐들어오기 시작하였고, 그해 5월에는 바르샤바 공국의 전 영토가 러시아의 지배하로 들어가게 되었다. 제국 군대들에 의한 파리 점령과 나폴레옹의 실각 그리고 1815년 나폴레옹의 재기 노력이 수포로 돌아감에 따라, 결국 독립 국가 건설이라는 폴란드인들의 마지막 꿈 또한 사라지게 되었다.

바. 19세기 낭만주의 시절 폴란드의 영웅들 : 쇼팽, 시엔키에비츠, 퀴리 부인

폴란드는 다양한 예술과 문학 작품 그리고 학문 분야에서 탁월한 위인들을 배출한 나라이기도 하다. 실제, 10명의 노벨상 수상자를 배출해 내었는데, 이

쇼팽 기념비

중 문학에서 5명의 수상자가 나왔다. 특히, 19세기는 정치적으론 민족주의라는 격동의 시기이면서도, 또한 문화적으론 인문학과 예술 분야의 발전이 다양하게 이루어진 낭만주의 시대라 할 수 있다. 외세 지배하에 놓여 있던 상황 속에서 독립된 민족-국가 건설의 매개체로 활용된 민족주의 특성도 그러했지만, 낭만주의 또한 감정이 풍부한 폴란드인들의 정서와 잘 들어맞았다고 할 수 있다.

이 당시, 다양한 분야에서 우리에게 익숙한 유명 인물들이 등장하였는데, 그중 음악 분야에서는 폴란드 민족 문화의 상징으로 불리는 쇼팽(Fryderyk Franciszek Chopin, 1810-1849)을 우선 들 수 있다. 쇼팽은 폴란드인들이 가장 자랑스러워하는 인물 중 하나로 폴란드 전통 민속의 음악적 요소를 19세기 당시 전 유럽에서 유행하던 낭만주의적 요소와 결합시켜 독특하고도 아름다운 자신만의 음악 세계를 구축해 내었다. 쇼팽이 활동하던 당시 폴란드는 오스트리아, 러시아, 프러시아 3국에 의해 분할되면서, 외세 지배로 인한 여러 착취와 어려움을 감내하고 있던 시기였다. 폴란드 민족 정체성이 상실되어 가던 상황 속에서, 폴란드인들의 정서를 자신의 천재적 음악 세계와 결부시켜 전 유럽에 폴란드의 민족 정체성과 민족혼을 상기시켜준 쇼팽의 공로는

쇼팽이 어린 시절 파이프 오르간을 연주한 곳이자, 심장이 모셔져 있는 성십자 교회에서 저자

폴란드인들의 아낌없는 찬사와 함께 여전히 폴란드 최고의 예술가로 손꼽는 데 주저하지 않는 이유가 되고 있다. 실제, 오스트리아의 빈에서 천재 음악가 모차르트의 자화상을 어디서든 볼 수 있듯이, 폴란드에선 쇼팽의 흔적을 어디서든지 만나볼 수 있다. 쇼팽의 업적을 기리기 위해 폴란드 정부는 수도인 바르샤바 공항의 명칭을 쇼팽의 이름을 따 '프레드릭 쇼팽 공항'으로 부르고 있으며, 특히 보드카 등 쇼팽을 상표로 한 다양한 상품들을 개발해 놓고 있다.

문학 분야에 있어서도 인간관계를 주제로 한 새로운 역사 대작들이 이때 당시 완성되게 된다. 그중 대표작으로는 크리스트교도들이 고대 로마의 네로 황제 시기 박해를 이겨내고 결국에는 승리한다는 주제를 지니고 있는 시엔키에비츠(Henryk Sienkiewicz, 1846-1916)의 <쿼바디스, Quo Vadis>(1895)를 들 수 있다. 그는 이 작품으로 1905년 노벨 문학상을 수상하였는데, 이 외에도 17세기 스웨덴의 폴란드 침공과 당시의 잔혹함을 알린 <대홍수, The Deluge>(1886) 등도 그의 대표적인 명작이라 할 수 있다. 그는 고대 문화와 폴란드인들의 저항의 역사를 배경으로 한 역사소설들을 통해, 폴란드 민족의식을 일깨우고자 노력했다. 특히 당시 외세 지배하에서 대부분의 공공장소와 작품들에서 폴란드어의 사용이 공식적으로 금지된 가운데에서도, 자신의 문학 작품을 폴란드어로 완성하고자 노력했으며, 그 결과 오늘날까지도 폴란드인들의 외세에 대한 저항과 민족 문화적 자긍심을 고취시킨 인물로 추앙받고 있다. 대작 <쿼바디스>란 작품은 폴란드 출신의 교황 요한 바오로 2세가 교황 선출 당시 로마의 박해 속에서 크리스트교 신앙을 지켜왔듯,

대작 <쿼바디스>의 저자, 시엔키에비츠

영화 <쿼바디스>의 한 장면

퀴리 부인

폴란드인들이 사회주의 박해 속에서 자신들의 신념을 저버리지 않았다는 뜻에서 가장 감명 깊은 소설로 소개되었고, 이후 전 세계에 그 명성을 더욱 알리게 되었다.

19세기 말 폴란드에선 과학계의 가장 유명한 인물 중 하나로 2개의 새로운 화학 원소인 라듐(Radium, 원소 기호 Ra)과 폴로늄(Polonium, 원소 기호 Po)을 발견해 두 차례에 걸쳐 노벨상을 수상(1903년 물리학상, 1911년 화학상)한 퀴리(Maria Skłodowska-Curie, 1867-1934) 부인을 들 수 있을 것이다. 그는 탁월한 연구 업적을 계기로 파리 소르본(Sorbonne) 대학의 교수로 재직하였고, 특히 새로운 원소명인 폴로늄의 경우, 19세기말 폴란드가 외세 지배하에 있었던 아픔을 위로하고, 폴란드 민족에게 자긍심을 높이기 위해 자신의 조국 명에서 그 명칭을 따온 것으로도 유명하다.

퀴리 부인 박물관 앞에서

사. 제2차 세계대전과 폴란드 :
독·소 불가침 조약, 아우슈비츠 집단 수용소, 1944년 바르샤바 대봉기

제1차 세계대전 이후 폴란드는 3국 분할의 시기를 마감하고, 독립된 통일 폴란드 시대를 맞이하게 된다. 제1차 세계대전 이후 미국의 윌슨 대통령은

1919년 베르사이유 조약 당시 서명 모습

유럽에서 또 다른 세계대전을 방지하는 데 있어, 가장 중요한 축으로 폴란드를 비롯한 동유럽 국가들의 재건을 강력히 주장하였다. 무엇보다도 그는 폴란드를 둘러싼 강대국들이 서로 국경을 접하게 될 경우, 강대국 간의 완충지대가 사라짐에 따른 물리적이고도 직접적인 충돌이 세계대전으로 확대될 수 있음을 우려하였다. 이에 따라, 윌슨은 1918년 1월 그의 신년 메시지에서 폴란드 등 동유럽 국가들의 독립 및 국가 재건의 필요성을 역설하게 된다. 제1차 세계대전을 마감하고 새로운 평화 구축을 위한 항목들을 선언한 윌슨의 총 14개 조항은 훗날 30여 개국의 대표들이 모여 제1차 세계대전을 마감 짓는 베르사이유(Versailles) 강화 조약(1919년 1월-6월)의 근간이 되었으며, 이 중 13번째 항목에서 독립 폴란드의 필요성을 직접적으로 역설함으로써 유럽 내에 있어서 폴란드의 지정학적 중요성에 대한 메시지를 분명히 전달하게 된다. 항목의 주요 내용에는 독립 폴란드 국가를 수립해 주되, 폴란드인이 주 민족을 차지하고 있는 지역들의 폴란드로의 흡수와 발틱해로의 해양 통로 확보 그리고 정치, 경제, 외교적 독립과 영토 보전을 국제 사회와 국제법이 공인해 준다는 것을 골자로 하고 있었다.

과거 주변 열강들에 의해 자신들의 영토가 사라진 아픈 역사를 경험하였던 폴란드는 제1차 세계대전 이후에 들어와서는 오히려 독일과 러시아의 영향력이 상존하고 있던 지역들을 자신의 영토 내로 편입시키는 데 성공하였다. 하지만, 이러한 영토 확대는 결과적으로 훗날 독일과 러시아가 서로 간의 상호 불가침 조약 속에 폴란드를 양분해 나누어 가지자는 합의의 배경이 되기도 하였다. 우선, 폴란드는 베르사이유 조약을 통해 독일인들이 다수 거주하고 있던 그단스크 지역(단치히 지역)을 독일과 폴란드 어느 쪽에도 속하지 않는 자유 회랑지대로 설정하고자 했다. 하지만, 이 사건은 훗날 폴란드의 역사적 운명에 있어 매우 심각한 결과를 초래하게 된다. 즉 폴란드는 그단스크 지역의 자유 도시 설정에 따라 발틱해로 이어지는 해안 지역을 확보할 수 있었지만, 독일에게 있어 이것은 동프러시아 지역과 본토 간의 심각한 단절을 의미하였다. 따라서 히틀러는 폴란드 침공 빌미로 이 문제를 들고나오게 된다. 폴란드는 동부 국경선 문제를 둘러싸고 러시아와 1919년 6월 이후로 약 2년 가까이 계속된 전투를 치러야 했었다. 그리고 마침내 폴란드는 1921년 3월 러시아와의 리가(Riga) 조약을 통해 오늘날 리투아니아, 벨라루스 그리고 우크라이나의 상당 영토를 자신의 영토로 편입시키는 데 성공하게 된다. 하지만, 이것은 또한 훗날 러시아의 폴란드 분할의 빌미를 제공하였고, 결국 폴란드의 위기를 불러오게 하였다.

1929년 미국에서부터 비롯된 경제 대공황의 여파는 유럽 내에서 여러 심각한 파장을 불러왔다. 우선, 제1차 세계대전 이후 연합국들의 지원 속에 자유민주주의 국가로 출발한 동유럽 국가들의 상당수가 연합국들의 관심이 느슨해지고 경제가 어려워진 틈을 이용해 강력한 중앙 집중적인 독재 왕정 국가들로 전환되었다는 점을 들 수 있다. 두 번째로는 독일 극우정당인 나치(Nazi)당의 권력 장악과 함께 히틀러의 등장을 들 수 있다. 히틀러와 나치당은 자신들이 처한 경

1929년 10월 28일 Black Monday에 놀란 미국 시민들의 모습

경제 대공황 이후 나치 정권의 권력 장악

제적 어려움이 연합국들의 가혹한 베르사이유 조약 때문이라는 점을 부각시키며, 베르사이유 조약 철폐, 군수 산업 활성화와 군비 확충 그리고 중공업 우선 정책을 통해 경제적 위기를 타파하겠다고 약속하였다. 독일인들은 폭발적인 지지 의사를 보였고, 그 결과 단지 12석에 불과하였던 나치당은 1930년 9월 의회 선거에서 107석으로 사회민주당(당시 143석)에 이어 제2정당이 되게 된다. 이후 히틀러는 1933년 1월 수상이 된 데 이어, 1934년 8월에는 총통에 오르게 되면서 모든 권한을 위임받게 된다.

동유럽 지역으로의 영토적 확대를 분명히 한 히틀러는 1938년 3월 오스트리아를 합병한 후, 동년 9월엔 뮌헨 협정을 통해 독일인이 다수 거주하고 있던 체코슬로바키아의 슈데텐 지역을 편입하는 데 성공하게 된다. 이후, 1939년 1월 독일은 폴란드에게도 그단스크 지역의 독일로의 편입을 강력히 요구하였고, 독일의 무리한 요구에 대해 폴란드는 영국과 프랑스의 군사적 지원 약속을 바탕으로 이를 거절하였다. 이런 가운데, 1939년 8월 23일 모스크바에서 독일과 소련 간의 상호 불가침 조약이 체결되게 된다. 이 조약 이전까지 폴란드는 독일의 반(反)공산주의 성향과 동유럽 확대를 우려하고 있던 러시아를 활용해 독일의 폴란드 침공 의지를 약화시키려 하였다. 하지만 독일과 소련 양국 간의 역사적 합의는 이러한 폴란드의 노력을 좌절시키고 더불어 폴란드인들에게 커다란 충

1939년 모스크바에서의 독·소 불가침 조약 장면

격을 안겨주게 된다. 당시 독일에게 있어 이 조약이 동부 전선의 안정과 함께 서부 전선 공격을 꾀할 수 있다는 장점을 안겨주었다면, 소련에게 있어선 폴란드 등 중부 유럽 및 발칸반도로의 영토 확대를 도모할 수 있는 계기를 마련해 주었다고 할 수 있다.

모두 7개 조항으로 이루어진 독·소 불가침 조약의 내용들에는 서로 간의 불가침과 함께 제3국 침공 시 상대방 국가가 묵인해 줄 것 등을 약속한 것 외에도, 동부와 중부 유럽에서 서로 간의 영토적 영향권을 책정했다는 점에서 의미를 지니고 있었다. 이 중 폴란드 분할 문제 또한 이 조약에 포함되었는데, 양국은 폴란드를 서로 분할 해 각자의 영향권을 나레프(Narew)-비스와(Wisła)-산(San)강을 경계로 책정할 것을 약속하였다. 2차 대전 발발 이후엔 이러한 분할선이 약간 이동하여 독일에게 다소 유리하게 재조정되었는데, 이러한 이유는 러시아의 리투아니아 점령을 독일이 묵인해 주는 대가에 따른 것이었다.

독·소 불가침 조약이 발표된 직후, 영국과 프랑스는 만약 독일이 폴란드를 침공시 양국은 폴란드를 군사적으로 지원하겠다는 분명한 메시지를 전달하였다. 하지만, 독일은 그단스크 지역을 독일로 합병시키겠다는 일방적인 선언과 함께 1939년 9월 1일 그단스크 포격을 비롯해 폴란드를 침공하였고, 이어 영국과 프랑스의 독일에 대한 선전포고와 함께 제2차 세계대전이 발발하게 된다. 전쟁 발발 이후로 한동안 독일군과 소련군의 공격을 막아내었던 폴란드는 9월 28일 수도인 바르샤바가 점령됨에 따라, 독일과 소련에 의해 다시 한번 분할되는 아픔을 겪게 되었다. 독일은 자신의 관할 구역 내에 있던 폴란드의 정치, 경제 지도자들에 대한 대대적인 색출 작업과 함께 이들을 모두 즉결 총살해 나갔다. 반면, 소련은 폴란드의 지식인과 성직자, 유명한 예술가들을 소련 여러 지역으로 송환해 갔는데, 1941년 6월 독일이 소련을 침공하기 이전까지 단행된 이러한 행위로 약 200만 명에 가까운 사람들이 송환된 것으로 기록되고 있다.

이 외에도, 제2차 세계대전 동안 폴란드 역사에 있어 가장 비극적이고도 지울 수 없는 역사적 내용으로는 아우슈비츠(Auschwicz) 수용소에서의 참혹한 죽음과 1944년 바르샤바 대봉기 당시의 아픔이라 할 수 있을 것이다.

아우슈비츠 수용소 입구에서 찍은 사진

독일이 처음 폴란드를 점령할 당시 독일 점령지역에는 약 250만 명의 유태인들이 거주하고 있었다. 점령 초기 독일군은 이들을 게토(ghetto)라는 집단 거주지로 강제 집결시켜 생활하게 하였고, 이후엔 도심을 떠나 폴란드 중부 지역으로 송환하게 된다. 하지만, 이들의 비극은 1940년 크라코프 인근의 아우슈비츠(폴란드어로 오시비엥침 Oswiecim) 수용소를 비롯한 수많은 수용소들이 건립되면서부터라 할 수 있다. 1941년 7월 소련 침공을 앞둔 독일은 후방의 안전을 위해 대대적인 유태인 학살을 지시하게 된다. 이후, 독일군에 의한 즉결 총살형과 아우슈비츠 수용소 등에서의 가스실을 통해 약 300만 명 이상의 유태인들이 학살되게 된다. 2차 대전에서의 패전이 짙어가고 소련군의 바르샤바 진군이 임박해져 갈 즈음, 독일군은 도시의 여러 게토들에 잔존하고 있던 유태인들 또한 전부 송환해 학살하려 했는데, 이에 대해 유태인들은 1944년 4월 바르샤바를 비롯해 곳곳에서 저항 운동을 일으키기도 하였다. 하지만, 이러한 저항은 독일군들의 잔인한 진압 작전에 의해 곧바로 무너졌고, 이에 따라 수만 명의 유태인들이 총살되거나, 수용소의 가스실에서 죽음을 맞이해야만 했었다.

제2차 세계대전 당시, 독일군에 대한 폴란드 저항군들의 활약은 갖추고 있던

1944년 바르샤바 봉기 당시 독일군의 폭격으로 파괴된 시가지 모습

장비의 열악함과 소련 등 주변 강대국들의 무시에도 불구하고 일련의 성과를 거두었다고 할 수 있다. 1944년 초에 이미 폴란드 저항군은 36만 명에 달하고 있었으며, 이들은 후방에서의 다양한 첩보활동 및 철도 등 독일군들이 이용하는 기간 시설을 파괴하여 보급로의 차단 역할을 맡고 있었다. 폴란드 저항군은 소련의 지원에 대해 그리 높은 신뢰를 보이지 않았지만, 지리적 특성상 독일로부터의 해방을 시켜줄 수 있는 가장 유력한 국가인 소련을 믿을 수밖에 없었다. 실제, 폴란드의 런던 망명 정부는 소련과의 협조를 둘러싼 수차례 논의가 진행하고 있었다. 더불어, 국내에서 고통받고 있던 폴란드인들은 하루빨리 독일군의 지배에서 해방될 수 있기를 기대하고 있었다.

이런 가운데 1944년 7월 소련 방송을 통해 소련군의 바르샤바 공격이 얼마 남지 않았다는 점이 확인되었고, 소련군의 원활한 진격을 위해 바르샤바 폴란드인들이 독일군에 대한 봉기를 일으켜 줄 것을 촉구한다는 내용이 알려지게 된다. 실제로, 동년 7월 말에 들어와 소련군은 바르샤바 근교까지 진격해 들어 온 상태였고, 독일군 또한 이를 막아내기 위한 방어 작전에 본격적으로 돌입하고 있었다. 이런 가운데, 소련군과의 합동 작전을 굳게 믿었던 폴란드 저항군은 8월 1일 독일군을 향해 대규모 봉기를 일으켰고, 이를 런던 망명 정부와 소련에게 알렸다. 하지만, 바르샤바 봉기 지원을 논의하기 위해 소련을 방문한 폴란드 대표단은 여러 차례의 회담을 통해, 스탈린이 폴란드군을 도와 바르샤바를 해방 시킬 뜻이 없다는 점을 확인해야만 했다. 소련군의 지원이 없는 가운데, 8월 말에 들어와 폴란드군은 독일군의 전차 부대와 우세한 화력에 밀리게 되었고, 그 결과 수많은 문화재와 아름다운 건축물들로 가득 찼던 바르샤바는 독일군의 반격으로 폐허가 되게 된다. 전체 시가지의 85% 이상이 파괴된 가운데 63일간 저항하였던 바르샤바 봉기군은 10월 2일 독일군에게 항복해야만 했다. 이후 이들 중 약 2만 명의 저항군은 독일 본토로 끌려가 아직까지도 그 행방을 찾을 수 없는 상황이다. 더불어, 당시 약 100만 명이 거주하고 있던 바르샤바는 봉기 결과 약 20만 명이 희생되는 아픔을 겪게 된다. 이어 1945년 1월 마침내 소련군이 바르샤바로 진군해 들어왔고, 이들은 폴란드군의 해체 선언과 함께, 폴란드군 5만여 명을 소련으로 송환해 끌고 가버렸다.[15)]

바르샤바 봉기 시 붙잡힌 포로들에 대한 처형 장면

1945년 2월, 미국의 루스벨트와 영국의 처칠 그리고 소련의 스탈린이 모인 얄타(크리미안 반도에 위치) 회담과 동년 7월과 8월 포츠담(베를린 인근에 위치) 회담에서 폴란드의 향후 영토 문제가 결정되었고, 여기서 폴란드를 비롯한 동유럽 국가들의 소련 영향권으로의 복속이 결정되게 된다. 소련은 런던의 폴란드 망명 정부를 철저히 무시하였고, 자신을 따르는 공산주의 세력들을 중심으로 폴란드를 사회주의 국가로 하나씩 변모시켜 가게 된다.

제2차 세계대전이 폴란드에 남긴 의미

제2차 세계대전이 폴란드인에게 입힌 상처는 매우 컸다. 당시 3,500만 명의 인구 중에 약 18%에 해당하는 600만 명이 대전으로 인해 희생되었다. 당시 패전국이었던 독일이 인구의 7.4%, 그리고 훗날 연합국으로 참전하게 된 소련이 11.2% 정도가 희생되었다는 점을 비교하더라도, 2차 세계대전 당시 폴란드인의 희생이 매우 컸었다는 점을 확인할 수 있다. 제2차 세계대전 당시, 세계대전의 한 가운데에 자리했던 폴란드는 수많은 희생을 치러야 했었다. 더불어 이러한 배경에는 역사적으로 독일과 러시아 등 영향력 확대를 노리는 주변 강대국들에 둘러싸여 있는 폴란드의 지정학적 위치와 더불어, 험준한 산악지대가 거의 없고 광활한 평야지대가 펼쳐 있음으로 해서 이들의 공격을 막아내기 어려운 군사적 방어 수립의 어려움이 함께하고 있었다고 하겠다.

엄청난 수의 인적, 물적인 희생과 상처 외에도 제2차 세계대전이 폴란드에 남긴 역사적 의미는 대전 이후 다른 동유럽 국가들과 함께 폴란드 또한 소련의 영향력 하에서 사회주의 국가로 변모하게 되었다는 점이다. 폴란드인들의 바르샤바 봉기 당시, 폴란드 저항 세력들의 강력한 지원 요청에도 불구하고, 시 외곽에 포진하고 있던 소련군의 지원이 전혀 이루어지지 않는 현실을 통해, 우리는 당시 소련의 대(對) 폴란드 공산화 선략을 확인할 수 있다. 즉 스탈린은 소련의 영향력 확대를 견제하고 있던 런던 망명 정부의 주요 동력이었던 국내 폴란드 세력들을 제거하기 위해 폴란드 국내 저항 세력들의 봉기 지원을 거절하였다. 당시 폴란드를 비롯한 동유럽 지역은 이미 얄타회담을 통해, 소련의 진군과 향후 소련 영향권 하에서 새로운 정부 탄생이 합의되어 있었다. 이것은 동유럽과 서유럽에서의 영향권 분리 작업이 연합국들 사이에서 끝났다는 점을 의미했으며, 냉전(Cold War)이 시작되었다는 점을 의미했다. 제2차 세계대전 이후 폴란드는 독일군을 몰아낸 자리에, 소련군을 맞이하게 된 것이다.

아. 사회주의 체제하에서의 폴란드 :
유태인 학살에 대한 독일의 사죄, 자유 연대 노조 운동

제2차 세계대전이 끝난 후, 폴란드에선 소련 주도의 강력한 사회주의화 작업이 진행되게 된다. 1948년 폴란드 공산당이 설립되었고, 이어 1952년엔 폴란드 인민 공화국이 수립되었다. 사회주의 기간 동안, 폴란드에서 일어난 대표적인 역사적 사건들로는 제2차 세계대전 당시 유태인 및 폴란드인 학살에 대한 독일(서독)의 사죄와 레흐 바웬사를 중심으로 한 폴란드 자유노조의 출현이라 할 수 있다.

폴란드와 독일과의 역사적 구원(舊怨)은 제2차 세계대전의 암울한 관계에서 보다 분명하게 드러나게 된다. 사회주의 체제 기간 동안, 폴란드와 독일 간의 핵심적인 문제는 독일의 폴란드에 대한 전후 배상문제 그리고 폴란드인에 대한 독일의 공식적이고도 진정한 사과였다. 우선, 전후 배상문제에 대해, 독일은 이미 제2차 세계대전 이후 영토적인 문제에 있어, 폴란드가 자신의 동부 지역을 소련에게 빼앗긴 대신 과거 독일령 하에 있던 폴란드 서부 지역이 폴란드 영토로 편입됨에 따라 일단락되었다고 주장하였다. 더불어, 1953년 소련이 연합국 국가의 일원이자, 동유럽 국가들의 대표로서 이미 독일로부터 일괄적으로 전쟁 배상금을 받아 갔고, 이를 각국에 분배함에 따라 이 문제 또한 해결되었다고 주장하고 있다. 참고로 당시 폴란드는 가장 많은 피해를 입었음에도 불구하고 전체 동유럽 배상금 중 15%만을 받은 것으로 기록되고 있다. 1970년 이후로 제2차 세계대전에 있어서 저지른 만행들에 대한 독일의 폴란드에 대한 진심 어린 사과가 폴란드에 받아들여졌고, 이후 양국 간에 더 이상의 전쟁 배상 및 영토 문제를 제기하지 않을 것 등이 약속되었지만, 현재까지도 양국 비정부 단체들을 중심으로 이러한 문제가 다시 논의되어야 한다는 주장들이 계속되고 있다. 그러한 핵심은 우선, 과거 2차 대전 당시 폴란드 내 재산과 토지를 가지고 있었던 독일인들은 폴란드에 대해 재산 반환권을 요청하고 있는 상태이고, 폴란드에서도 또한 과거 독일에 의해 끌려간 강제 노동자들의 피해를 새롭게 보상해 줄 것을 요구하고 있는 상황이다.

반면, 제2차 세계대전 당시 폴란드에서 독일이 저지른 일련의 만행들과 학

1970년 서독의 빌리 브란트 독일 총리의 사죄 모습

살에 대한 진정 어린 독일의 사과에 대해선, 폴란드인들을 비롯해 세계 여러 국가들이 독일의 진심을 받아들이고 있는 상황이다. 1970년 12월 서독의 빌리 브란트 독일 총리가 폴란드를 방문하였을 때, 그는 1944년 4월 바르샤바 내 유태인 봉기 당시 학살이 자행되었던 게토 지역을 찾아가 유태인 게토 봉기 기념비 앞에 무릎을 꿇으면서, 2차 대전 당시 독일 나치가 저지른 일련의 만행과 학살에 대해 진심 어린 사과를 하였다. 이러한 진정한 사과는 현재까지도 이어지고 있으며, 적어도 정부 차원에 있어선 양국 간의 관계에 있어 오해가 생기거나 위기가 있을 때마다 중요한 연결고리를 형성케 하는 계기를 마련해 주고 있다.

레흐 바웬사와 자유 연대 노조의 홍보 포스터 모습

폴란드에서 사회주의 기간 동안 역사적으로 기억될 만한 또 하나의 사건으로는 바로 1980년 그단스크 조선소 파업을 계기로 일어난 자유 연대 노조('단결'이라는 뜻, Solidarność/ Solidarity)의 등장이라 할 수 있다. 자유주의 개혁 성향의 고무우카(Władysław Gomułka, 1905-1982, 재직 1943-1948, 1956-1970)의 뒤를 이어, 1970년 12월 기에렉(Edward Gierek, 1913-2001, 재직 1970-1980)이 서기장으로 들어선 이후, 폴란드 경제는 급격한 물가 상승에 따른 일련의 어려움을 겪게 된다. 1976년 대규모 물가 폭등에 항의하는 민중들의 데모가 연이어 발생하였고, 이후 1980년에는 그단스크 조선소에서 근무하고 있던 바웬사(LechWałęsa 1943- , 노조 위원장 1980-1990, 대통령 재직 1990-1995)가 이끄는 자유 연대 노조가 설립되게 된다. 자유 연대 노조는 정부에 대해 독자적인 노조 결성을 인정해 줄 것, 정치범 석방, 현실적 개혁 조치 단행 등 21개 조항을 요구하였고, 폴란드 정부는 이를 받아들이기로 결정하게 된다. 이후, 자유 연대 노조는 당시 폴란드 전체 3,800만 인구 중 약 1,000만 명에 이르는 거대 노조로 확대되었다. 자유 연대 노조의 확대에 놀란 폴란드 공산당은 1981년 12월 계엄령을 선포한 후 한동안 연대 노조를 불법화하며 탄압하였으나, 1989년 경제적 위기 재발과 함께 동유럽의 자유화와 민주화가 확대되면서 자유 연대 노조는 다시 한번 폴란드의 민주화를 이끄는 주요 정치세력으로 주목받게 된다.

자. 교황 요한 바오로 2세의 생애와 업적

교황 요한 바오로 2세

친근한 성격과 현실적 참여 그리고 온건하면서도 실천적 종교관으로 가톨릭계를 넘어서 일반 대중들에게조차도 많은 사랑을 받았던 제264대 로마 교황인 요한 바오로 2세(John Paul II, 1920-2005, 재위 1978-2005)는 본명이 보이티와(Karol Józef Wojtyła)로 폴란드 출신이다. 그는 통상 역사적으로 이탈리아계와 독일계가 독점하여 왔던 로마 교황 자리에 슬라브계로선 최초로 교황에 오른 역사적 인물로, 동유럽 내에서도 가톨릭 신념이 매우 강한 폴란드인들의 자부심이자 상징적인 인물이라 할 수 있다. 20세기 로마 교황들 중 58세라는 최연소 나이에 교황에 오른 그는 27년 가까이 재임하였으며, 이것은 역대로 34년

어린 시절 폴란드에서의 교황

동안 재임한 성 베드로와 31년의 비오 9세에 이어 사상 세 번째로 오래 재임한 교황으로 알려져 있다. 오랜 재임 기간 동안, 그는 역대 어느 교황들보다도 활발한 대외 활동(총 104차례 해외 순행, 117개국 방문)과 선교 활동을 통해 제3세계 및 세계 여러 나라의 사람들에게 가톨릭을 전파하려 노력하였으며, 폴란드 및 동유럽 민주화 운동을 지원하였고, 세계 평화와 생명윤리 등의 분야에서 크리스트교의 도덕관을 수립하려 하였다. 따라서 '하느님의 육상선수', '행동하는 교황'이라는 애칭을 얻을 정도로 활발했던 그의 활동은 단순히 종교적 범위를 뛰어넘어 세계의 정치, 사회적인 일반 분야에도 지대한 영향을 끼쳤다고 할 수 있다.

폴란드 남부에서 태어난 보이티와는 1938년 크라쿠프의 야기엘로 대학교 연극학과에 입학하였는데, 이 시절 축구 등 운동 외에도 시와 연극 등 예술 분야에서 탁월한 재능을 발휘했던 것으로 알려져 있다. 특히, 언어적으로는 라틴어 외에도 우크라이나어, 그리스어, 네덜란드어, 스페인어, 포르투갈어, 프랑스어, 이탈리아어, 독일어, 영어, 러시아어, 크로아티아어 등 다양한 언어를 구사할 만큼 언어적 감각 또한 뛰어났던 인물이었다. 하지만, 1939년 독일의 폴란드 침공에 따라 대학교가 문을 닫게 된 후 그의 삶은 새로운 변화를 맞이하게 된다. 이 당시 독일로의 송환을 피해 숨어 지내면서도 그는 유태인들의 피난처를 제공하는 등 반(反)독일 활동을 하거나, 지하에서 비밀리에 연극 단체를 결성해 연극 활동에 대한 열정을 계속 이어나가기도 하였다. 특히, 이 기간 중인 1942년 크라쿠프 교구장인 사피에하 추기경이 비밀리에 운영하는 지하 신학교에 입학한 계기는 보이티와의 운명을 바꾸게 된 큰 계기를 마련해 주게 된다.

그는 제2차 세계대전이 끝나 직후인 1946년 11월 사제 서품을 받았으며, 얼마 뒤 로마의 성 토마스 아퀴나스 교황청 대학교에 들어간 그는 <십자가의 성 요한의 작품에서 드러난 신앙, Doctrina de fide apud S. Ioannem a Cruce> 이란 제목으로 석사 학위를 이수하였다. 이후, 폴란드의 여러 지역에서 사제 수행 및 대학들에서 강연을 통해 이름을 알려가던 그는 1958년 9월 당시 38세의 어린 나이로 폴란드에서 가장 젊은 주교가 되게 된다. 이후, 신앙적 신념과 활발한 활동을 인정받은 그는 1963년 12월 제262대 교황인 바오로 6세(Pope Paul VI, 1897-1978, 재위 1963-1978)에 의해 크라쿠프 대주교로, 그리고 1967년 6월엔 추기경에 서임되었다. 1978년 8월 바오로 6세가 선종하자 로마 교황청은 새로운 교황을 선출하는 콘클라베(Conclave)를 열었고, 요한 바오로 1세(Pope John Paul I, 1912-1978, 재위 1978년 8월-9월)가 선출되었으나 즉위한 지 34일 만에 선종함에 따라, 다시 콘클라베가 개최되게 된다. 그리고 이 자리에서 8번째의 투표 과정을 거치며, 마침내 1978년 10월 22일 요한 바오로 2세가 교황으로 선출되게 된다.

요한 바오로 2세는 생애 동안 수많은 업적을 남기었다. 이 중 가장 주목받는 것으로는 무엇보다도 종교 간의 화해를 위해 노력했다는 점이다. 실제, 그는 1999년 3월 이란의 하타미 대통령을 만나 11세기 이후 처음으로 크리스트교와 이슬람 세계 간의 화해를 시도하였으며, 1054년 크리스트교 대분열 이후 처음으로 정교 국가인 루마니아와 그리스 등을 방문하여 정교회 지도자들과 함께 합동 성찬 예배를 집전하기도 하였다. 2000년 3월엔 교황으로서는 최초로 예루살렘을 방문하여 통곡의 벽 앞에서 기도하였으며, 또한 독일을 방문해 신교인 루터 교와도 화해함으로써 구원론을 둘러싸고 500년 가까이 대립된 개신교와의 대립을 종식시키기도 하였다. 또한 석가 탄신일을 앞두고는 전 세계 불교 신자들에게 축하 편지를 보내기도 하였다. 이어, 2001년 5월에는 시리아를 방문하여 교황으로서는 처음으로 이슬람 모스크에 들어가기도 했으며, 세계 주요 종교 지도자들과 함께 세계 평화 기도의 날 행사에 참석하여 세계 평화와 환경 생태계 보전 그리고 모든 폭력 종식을 호소하는 종교적 관대함을 보여주기도 했다. 이 외에도 그는 과거 교회가 교회의 이름으로 인류에게 저지른 여러 잘못들을 최초로 공식 인정하였으며, 갈릴레이를 비롯한 각종 이단 심판, 십자군 원정 당시의 만행, 유태인 차별과 탄압, 여성 억압 등 교회의 모든 잘못을 공개적으로 일일이 거론하면서 이에 대한 용서를 구하는 용기를 발휘하기도 하였다.

그는 생전에 조국 폴란드를 총 7차례나 방문하였는데, 특히 교황으로 선출된 이듬해인 1979년 폴란드 방문 당시 행한 그의 연설은 폴란드인들의 민주화 운동에 커다란 불씨를 안겨주었다고 할 수 있다. 사회주의 체제에 신음하던 조국 폴란드의 현실을 매우 가슴 아파했던 그는 바르샤바와 크라쿠프 등에서 행한 기도회에서, 폴란드인들이 화합과 단결(Solidarność)을 바탕으로 보다 나은 미래의 삶을 위해서라도 현재의 투쟁을 두려워하지 말라는 메시지를 전달하였다. 그리고 이것은 폴란드인들의 반(反)공산주의 운동 재개와 1980년 자유 연대 노조의 설립에 막대한 영향을 미치게 된다. 요한 바오로 2세는 파킨슨병을 비롯해 1996년부터 계속된 질병으로 인해 고생하다가, 2005년 4월 2일 마침내 84세의 나이로 선종하였다. 선종 직전 그가 남긴 말 한마디는 "나는 행복합니다. 여러분도 행복하십시오. 울지 말고 우리 함께 기쁘게 기도합시다!"였다. 교황의 선종 소식을 들은 이탈리아 군중들은 전통 방식에 따라 고인에 대한 존경의 표시로 박수갈채를 보냈고, 조국 폴란드에서는 조기를 내걸고 6일 동안 국가 애도 기간을 선포하였다.

동유럽 역사와 인물 속 한 마디

동유럽 민주화에 있어 요한 바오로 2세의 역할

요한 바오로 2세의 활발한 활동만큼 자신을 위협하는 여러 테러 행위가 자행되기도 했는데, 그중 대표적인 사건으로는 1981년 5월 터키계 청년(메흐메트 알리 아그자)에 의한 총탄 사건을 들 수 있다. 당시 성 베드로 광장에서 일반인들을 알현하고 있던 교황은 총격 이후 4일 만에 의식을 회복할 수 있었다. 이후, 몸을 회복한 교황은 1983년 12월 암살자를 면담하고 난 후, 암살자를 위한 기도회를 가졌으며 사면을 요청하는 등 원수를 용서하는 사랑을 몸소 보여주기도 했다.

1981년 5월 교황을 저격하였던 알리 아그자가 29년형을 마치고 2010년 1월 출소함.

이후, 이탈리아 조사에 따라, 교황 암살 시도 배경과 배후가 밝혀지게 되는데, 교황 저격 사건의 배후에 소련의 KGB가 있었으며, 불가리아를 비롯한 동유럽 국가들이 이에 협조하였다는 내용들이 밝혀지게 된다. 조사 보고서에 따르자면, 당시 소련에서는 요한 바오로 2세가 폴란드에서 일어난 공산권 최초의 자유 연대 노조 활동 및 동유럽의 민주화를 지지함에 따라 동유럽에서의 민주화 및 자유화 바람이 보다 거세지는 것을 크게 우려하고 있었다는 것이다. 소련 측은 즉각적으로 자신들의 연루 가능성을 부인하였으며, 이후 실증적인 증거들이 나타나지도 않아 사건의 배후와 배경은 추측만을 남긴 채 역사 속에 묻히게 되었다.

실제, 동유럽 민주화에 있어 교황 요한 바오로 2세의 업적은 놀라운 결실을 가져온 게 사실이다. 그는 군사적 경쟁이나 경제적 위협 방식이 아닌, 평화적인 방법에 의한 내부 변화를 통해 공산독재체제가 종식될 수 있다는 확신을 가지고 있었다. 이러한 점은 1978년 폴란드계 출신의 요한 바오로 2세가 로마 교황에 선출되었다는 소식이 전해지자, 소련을 비롯한 동유럽 상당 국가들이 로마 교황청이 동유럽 민주화와 체제 전환을 위해 고의적으로 공산주의 국가 출신의 교황을 선출하였다는 의심을 하게 하는 이유가 되기도 했다. 결과적으로 이러한 예측은 맞아 들어갔고, 폴란드의 자유 연대 노조는 최초의 자유총선을 통해 정권을 장악할 수 있었다. 이후 이 사건은 다른 동유럽 공산 국가들에서의 잇따른 민주화 혁명에 단초를 제공해주게 된다. 폴란드의 민주화 혁명의 성공은 당시 사회주의 틀 내에서 개혁과 개방을 추진하고자 했던 고르바초프 소련 공산당 서기장의 바람을 무산시켰고, 결과적으로 1989년 11월 베를린 장벽 붕괴와 함께 동유럽의 사회주의 몰락을 가져오게 하였다고 할 수 있다.

교황 요한 바오로 2세와 우리나라의 인연

교황 요한 바오로 2세의 한국 방문

교황 요한 바오로 2세는 생전에 2번 우리나라를 방문하였다. 이 중 첫 번째 방문인 1984년 5월 한국의 가톨릭교회 창립 200주년 기념식 자리에서 한국의 순교자 103명을 성인으로 시성하였으며, 이때 도착 성명 첫머리에서 그는 <논어>편의 '유붕자원방래 불역낙호(有朋自遠方來 不亦樂乎)'라 구절을 인용하며, 한국인에 대한 환대에 감사하기도 했다. 특히 그는 한국의 역사를 폴란드의 역사에 비유하며, 그 유사점에 대해 깊은 관심과 애정을 보이기도 하였으며, 군사 독재 시절의 한국의 현실에 대해서도 애통함을 감추지 않아 군사 정부에게 정치적 긴장감을 안겨주기도 하였다. 이 외에도 그는 소록도를 찾아가 한센병 환자들의 머리에 일일이 손을 얹고 축복을 내려주는 등 없는 자와 소외받은 자들에 대한 사랑을 아낌없이 보여주곤 하였다.

이어 1989년 10월 우리나라를 두 번째로 방문했을 때에는 남북한 간의 화해와 광주 민주화 운동의 희생자들을 위한 추모 행사를 가지기도 하였다. 이후 북한 방문에도 관심을 보인 교황은 평양에 대주교를 파견하고 북한에 수십만 달러를 지원하는 등 화해 분위기 조성에 앞장섰지만, 교황청이 요구한 북한 내 선교활동 인정과 성직자 입북 허용에 대한 북한 측의 소극적 자세로 인해 교황의 방북 계획은 무산되고 말았다.

1984년 소록도의 한센병 환자들에게 축복하고 있는 교황 요한 바오로 2세

»» 쉬어가기

폴란드 음식 문화의 특징과 '피에로기'

우리에게는 약간 짠맛이 느껴지는 폴란드 전통 음식의 특징은 조미료를 쓰는 것 대신에 소금과 후추 등으로 주로 맛을 낸다는 특징을 지니고 있다. 광활한 평야지대에서 나오는 밀 수확과 함께 목축업이 발달한 폴란드는, 소고기보다는 다양한 돼지고기 요리가 매우 보편화되어 있으며, 소시지와 햄, 치즈 등의 양질의 유가공 식품들이 매우 발달되어 있다. 특히, 소시지 요리의 경우, 과거 18세기 이후로 독일과 오스트리아가 지배해왔던 폴란드 서남부지역을 중심으로 발달되어 있으며, 그 맛 또한 세계적으로 뛰어나다는 평가를 받고 있다.

여러 음식 중 수프 요리는 폴란드인들이 흔히 즐겨 먹는 대표적인 요리 분야에 해당한다. 주로 저녁 식사 시에 혹은 자기 전 간식으로 애용하고 있는 수프 요리는 돼지고기와 소고기 등 다양한 육수로 이루어진 요리들이 발달되어 있으며, 그 맛 또한 들어가는 재료와 양념에 따라 신맛, 매운맛 등 다양한 맛을 내는 요리들로 이루어져 있다. 야채 또한 풍부하여 신선한 감자 요리와 함께 양배추를 재료로 한 음식들이 주로 발달되어 있는데, 그중 여행객들이나 애주가들이 좋아할 만한 음식으로는 폴란드인들의 간단한 아침 식사 대용이자 숙취 해소에 좋다고 알려져 있는 '피에로기(Pierogi)'를 들 수 있다. 피에로기는 우리나라의 만두 모양처럼 생겼는데, 종류에 따라 그 속에 쇠고기 등 다진 고기가 들어가거나 혹은 치즈, 버섯 등과 함께 소화 효소가 다량 포함된 다진 양배추 요리가 들어가 있는 게 특징이다.

쉬어가기

보드카의 나라, 폴란드?

폴란드를 대표하는 술로는 보드카를 들 수 있는데, 실제, 폴란드는 러시아, 미국, 우크라이나에 이어 세계 4번째의 보드카 시장을 형성하고 있다. 보드카의 본래 뜻은 슬라브어의 '보다(Voda)' 즉, '물'이라는 뜻에서 유래한 말이다. 폴란드와 러시아, 우크라이나 지역의 개인 가정집과 마을의 양조장에서 주로 제작되어 오던 보드카의 상업화와 체계적인 연구가 본격화된 계기는 19세기 말 러시아 정부가 국가 차원의 제조 관리를 시행하면서부터라 할 수 있다. 이 당시 러시아는 보드카를 통한 세제 확대와 품질 향상을 목적으로, 보드카에 대한 체계적인 연구와 관리를 진행해 가게 되는데, 이에 따라 5,000개 이상 난립하던 보드카 양조장들이 19세기 말에는 약 2,000여 개까지 줄어들면서 양질의 보드카 생산과 관리가 가능케 되었다. 우리에게는 주기율표를 만든 러시아 화학자인 멘델레예프(Dmitrii Ivanovich Mendeleev, 1834-1907) 또한 이 당시 보드카의 맛을 가장 잘 느낄 수 있는 도수를 알아내고자 했던 것으로 알려져 있으며, 이에 따라 최상의 보드카 맛을 낼 수 있는 도수가 40도로 정해지게 되었다.

실제로, 추운 지방이라는 특징과 함께 과거 러시아 및 우크라이나 등과의 역사적 연결고리가 깊은 폴란드는 알코올 도수가 40도가 넘는 독주 문화가 발달되어 왔다. 현재 가장 도수가 높은 보드카 또한 폴란드의 '스피리터스(Spirytus)'라는 보드카로 알려져 있으며, 도수가 96%에 달해 거의 순수한 알코올에 가깝다고 하겠다. 폴란드의 유명 보드카 중 하나를 들자면, 16세기 폴란드 궁중에서 즐겨 먹었다는 '루브카(Luvką) 보드카' 시리즈를 들 수 있는데, 이것은 폴란드 평야지대에서 거두어들인 호밀과 맥아를 원료로 세 번의 증류 과정을 거쳐 제조한 프리미엄급 보드카에 해당하고 있다. 특히, 우리에게 귀에 익숙할 만한 보드카로는 세계적인 작곡가이자 폴란드의 천재 음악가인 쇼팽의 이름을 딴 '쇼팽(Chopin) 보드카'를 들 수 있다. 쇼팽 탄생 200주년인 2010년 이후로 인기를 얻고 있는 쇼팽 보드카의 경우 100% 유기농 감자를 활용해 네 번의 정제 과정을 거쳐 만들어 내고 있으며, 폴란드인들이 자랑스럽게 내세우고 있는 고급 보드카에 해당한다.

VI

유럽안의 또 다른 유럽,
헝가리

제6장_ 유럽안의 또 다른 유럽, 헝가리

가. 훈족의 아틸라의 전설과 마자르족의 헝가리 정착

오늘날 헝가리는 9세기 아시아 유목 민족의 일파인 마자르족(Magyar)이 이 지역에 내려와 정착하면서 세운 국가이다. 그럼에도 불구하고, 훈(Hun)+가리(Gary, 영토, 나라라는 뜻)라는 국가 명에서 확인할 수 있듯이, 당시 유럽인들은 이들 마자르족을 과거 로마 시절 이후로 전해 내려왔던 잔혹과 공포의 대상인 훈족의 후예들로 생각하고 있었고, 이에 따라 유럽인들은 오랫동안 이들을 훈족과 연결시키는 데 주저하지 않았다.

역사서에 따르자면, 훈족은 대략적으로 로마 제국 말기인 375년부터 469년까지 거의 100년간 유럽의 상당 지역을 지배하면서 유럽인들에게 결코 잊을 수 없는 공포와 많은 이야기 거리를 안겨준 민족이라 할 수 있다. 현재까지 연구된 학설에 따르자면, 훈족의 기원에 대해선 동양의 흉노족이었을 것이라는 설, 몽고계, 말갈족 설 혹은 중앙아시아의 터키계(아시아에선 돌궐족으로 묘사)나 이들 아시아의 여러 유목 민족들이 서로 섞인 부족이었을 거라는 설, 그리고 더 나아가 과거 고구려와 신라 지역에 거주했던 한민족의 일파이었을 거라는 설 등 그 기원을 둘러싸고 여러 다양한 견해들이 대두되고 있다. 훈족의 여러 인물 중 아직까지 유럽인들에게 그 명성과 공포가 사라지지 않고 있는 인물로는 제국을 건설한 아틸라(Attila, 406-453, 재위 434-453)를 들 수 있다.

동로마의 기록에 따르자면 당시 아틸라가 보유한 훈족 부대는 약 50만 이상이었으며, 주요 근거지는 오늘날 헝가리와 슬로바키아 접경 지역이었던 것으로 알려지고 있다. 이런 대규모 병력을 기초로 아틸라는 사망하기 직전까지 약 8년 정도 유럽을 지배하였는데, 당시 그의 영토가 중부 유럽과 발칸반도는 물론 남으로는 프랑스 그리고 동서로는 흑해부터 다뉴브강과 발틱해까지 이어지는 거대한 지역을 관할했던 것으로 기록되고 있다. 375년 훈족은 러시아의 볼가강을 건너 게르만족의 일파인 동고트족을 침공하면서 유럽 원정을 시작하게 된다. 이후로 훈족에 밀린 동고트족은 서고트 거주 지역으로 밀려 들어왔고, 이에 서고트족이 다뉴브강을 건너 로마 제국 본토로 들어오면서 유럽 내 게르만족의 대이동과 이후 슬라브족의 이동이 본격화되기 시작하였다. 당시 로마 제국은 395년 이후로 동·

아틸라의 모습을 형상화한 것

훈족 아틸라의 최대 영토

이탈리아 북부를 유린하고 있는 아틸라를 그린 벽화

서 로마 제국으로 나뉘어져 세력이 약화되어 있던 상태였다. 로마 제국들은 유럽으로 들어 온 훈족에게 한동안 공물을 보내는 것으로 이들의 침략을 달래고 화친하는 정책을 구사하면서, 동시에 이들을 이용해 게르만족의 침략을 막기 위한 전략을 구사하곤 하였다. 훈족에 대한 로마 제국의 회친 정책에 따라 아틸라 본인도 어린 시절인 410년부터 한동안 서로마 제국에 와서 유학 생활을 하기도 하였다. 하지만, 귀국 후 그의 형 블레다(Bleda)와 함께 권좌에 오른 아틸라는 동로마 제국이 약속한 공물을 계속 지연시키자 이를 빌미로 434년 동로마 깊숙이 진격해 들어와 그의 위용을 로마 전역에 알렸고, 이후 공물을 두 배로 올려주겠다는 약속을 받고서야 돌아가기도 하였다.

443년 형의 사망 이후 유일한 왕으로 남게 된 아틸라는 447년 동로마 제국으로의 침공 이후, 451년에는 서로마 제국의 황제 발렌티니아누스 3세(Valentinianus III, 419-455, 재위 423-455)와 권력 다툼 중이던 누이 호노리아와의 결혼 요청을 받아들여, 양 제국의 황제에게 결혼 사례금으로 서로마 제국의 절반을 자신에게 바칠 것을 요구하게 된다. 하지만, 발렌티니아누스 3세는 이를 거절했고, 이내 아틸라는 동고트족과 연합해 서로마 제국으로 침공해 들어왔다. 오늘날 벨기에와 프랑스 상당 지역이 훈족에게 넘어가자, 서로마 제국은 오랫동안 훈족에게 고통받아왔던 게르만족의 일파인 서고트족, 프랑크족과의 연합을 통해 훈족에게 대항하고자 했다. 그 결과 451년 6월 프랑스 '살롱 대전투'에서 서로마 제국은 힘겹

라파엘이 452년 로마로 진격하는 아틸라에게 교황 레오 1세가 물러나 줄 것을 요청하는 모습을 그린 프레스코 벽화

게 아틸라의 진격을 막아낼 수 있었다. 하지만, 아틸라는 452년 다시 서로마로 진격해 들어왔고, 이번에는 이탈리아 북부를 유린하는 등 훈족의 위용을 다시 한번 과시하게 된다. 기록에 따르자면 이후 아틸라는 발렌티아누스 3세의 부탁으로 강화 조약을 맺으러 온 로마 교황 레오 1세(Pope Leo I, 400-461, 재위 440-461)의 설득에 따라 막대한 황금들을 챙긴 채 철군을 단행하였다. 이후 로마로의 재진격을 계획하던 아틸라가 453년 사망하게 되면서, 훈 왕국은 급격히 무너지기 시작하였다. 이어 훈족은 469년 게르만족과 연합한 동로마 제국과의 전투에서 대패한 이후 유럽의 역사 속에서 사라지게 된다.

동로마에 패배한 훈족 중 상당수는 카스피해 너머 북부로 돌아갔지만, 일부는 러시아 남부 지역과 흑해 연안에 정착하였으며, 또 다른 일부는 중부 유럽에 정착해 있다가, 훗날 유럽으로 내려오던 마자르인들과 힘을 합쳐 헝가리 중세 왕국을 수립한 것으로 추정되고 있다. 9세기 헝가리 지역에 정착한 마자르족의 언어 계통을 통해, 그 민족 기원을 유추해 본다면 오늘날 핀란드의 조상으로 여겨지는 핀 족과 유사한 발틱-우랄 알타이어 계통의 핀족-유그리아계에 속한다고 할 수 있다. 헝가리 역사서에 따르자면 9세기경 마자르족의 7개 부족장은 아르파드(Arpad, ?– 907년경)를 중심으로 트란실바니아와 파노니안 평원 지대에 정착 생활을 시작하였고, 세력을 확대해 가는 과정 속에 보인 이들의 약탈과 잔혹성은 당시 유럽인들에게 과거 훈족의 공포를 되새기게 하였다고 할 수 있다.

이러한 아시아 민족의 전통은 헝가리인들의 문화적 요소와 일상적 삶에 아직까지도 남아 있다. 19세기 이후로 연구된 헝가리 전통 민요들과 민속 문화들에서 아시아의 다양한 문화적 요소들이 발굴되기도 했으며, 오늘날 시장의 가게나 일반 상점 입구에 말린 고추와 마늘이 걸려있는 것을 심심치 않게 볼 수 있는 것 또한 이러한 아시아의 흔적이라 할 수 있을 것이다. 이와 더불어, 언어적 계통은 물론 그들이 즐겨 먹는 대표 음식인 굴라쉬(Gulyás/ Goulash) 등 다양한 요소 등에서도 이러한 아시아인의 전통이 잘 보존되어 있다 하겠다.

헝가리 시장이나 시골집에서 흔히 볼 수 있는
고추와 마늘을 말리는 장면

동유럽 역사와 인물 속 한 마디

유럽인의 눈에 비친 훈족과 아틸라

오랫동안 훈족의 왕, 아틸라에 대한 유럽인들의 시각은 그의 별칭인 '신의 징벌'만큼 잔인하고 포악스럽게 묘사되어 왔던 게 사실이다. 유럽인의 시각 속에 아틸라에 관한 이야기가 나오는 대표적인 작품으로는 13세기경 씌여진 독일 서사시 <니벨룽겐의 노래, Nibelungenlied>를 들 수 있다. <니벨룽겐의 노래>는 당시까지 전해 내려오던 유럽 내 영웅 설화들과 국가의 흥망성쇠 이야기를 주요 소재로 하고 있으며, 다양한 복수와 적의 등을 표현하고 있는 작품이다. 이 작품의 후반부에 등장하는 아틸라는 에첼(에트젤, 아틀리 등 다양하게 묘사되고 있음)로 표현되고 있는데, 자신의 가족을 죽인 에첼에 대한 복수심에 불탄 크림힐트가 에첼과 정략결혼 후에 그를 살해한 것으로 묘사되고 있다. 실제, 역사 속에서 아틸라는 그가 멸망시킨 게르만족의 부족장 딸인 일디코과 결혼식을 한 당일 사망하였다고 나와 있으며, 그의 죽음에 대한 여러 불분명한 이유와 더불어 일디코는 작품에서 크림힐트로 묘사되어 있다고 추정할 수 있을 것이다.

이 외에도 여러 설에 따르자면, 고대 시대엔 단순한 개펄 지역에 불과했던 베네치아가 중세의 중요 상업 도시로 성장할 수 있었던 배경에는, 아틸라 기병부대의 공격을 피해 베네치아 늪지대로 몰려왔던 로마 피난민들이 도시를 세우게 되면서부터라고 알려지고 있다. 또한 그의 죽음 이후에도 아틸라는 유럽의 여러 소설과 연극 등에서 잔인한 폭군의 대명사로 불리며 자주 등장하곤 했는데, 14세기 이탈리아 서사 문학의 대명사로 손꼽히고 있는 단테의 <신곡> 중 '지옥' 편에서도 지옥에서 고통받고 있는 아틸라가 묘사되어 있기도 하다.

나. 이슈트반 왕과 가톨릭 도입

10세기 당시 로마 교황청은 신성 로마 제국의 오토 3세(Otto III, 980-1002, 재위 996-1002)를 활용해 가톨릭(로마 교회) 교세 확장에 주력하고 있었고, 동로마 제국 또한 정교(콘스탄티노플 교회)의 보급에 열을 올리고 있었다. 이런 상황 속에서 로마 교황 실베스테르 2세(Pope Sylvester II, 946-1003, 재위 999-1003)는 오늘날 헝가리 지역에 정착한 마자르족의 가톨릭 개종을 서두르고 있었고, 마침내 998년 비(非)크리스트교의 반란을 잠재운 성 이슈트반 1세(Szent István I, 재위 부족장 997-1000, 왕 1000-1038) 시대에 들어와 이를 성공하게 된다. 이를 기뻐한 로마 교황과 프랑크 왕국은 서기 1,000년 크리스마스를 기념해 이슈트반 1세에게 왕의 칭호와 함께 전통에 따른 헝가리 왕관을 하사하게 된다. 이때 이후로 이슈트반 1세의 왕관은 왕의 권위를 상징함과 동시에 민족 주권의 상징물로서 헝가리인들의 깊은 사랑을 받으며 오늘날까지 보존되어 오고 있다.

동유럽 역사와 인물 속 한 마디

영웅 광장 속의 헝가리 영웅들

부다페스트의 영웅 광장에 있는 '건국 1,000년 기념비'

부다페스트(Budapest) 시내의 최대 광장이자 1956년 헝가리 혁명의 상징 장소가 되기도 했던 영웅 광장에는 896년 마자르족이 헝가리에 정착한 것을 기념해, 헝가리 건국 1,000년이라는 주제를 가지고, 1896년에 시작하여 1929년에 완공한 '건국 1,000년 기념비(Millenniumi emlékmü)'라는 조형물이 자리하고 있다. 광장 중심에 자리한 대표적인 이 기념물의 꼭대기(36미터)에는 헝가리 최초의 왕이자 가톨릭을 받아들인 이슈트반 1세(성 스테판)의 꿈에 나타났다는 가브리엘 천사장의 모습이 새겨져 있다. 또한 기둥의 아래쪽 기단에는 헝가리 중세 왕국의 초대 왕인 아르파드를 중심으로 헝가리에 정착한 것으로 알려진 마자르의 7개 부족장들이 조각되어 있다.

이 뒤로 광장을 감싸고 있는 대리석 사이에는 여러 헝가리의 역사적 영웅들이 새겨져 있다. 우선 가장 왼쪽부터 최초의 헝가리 왕이자 가톨릭을 국교로 선택한 성 이슈트반 1세(Szent István I), 주변 지역으로의 가톨릭 전파에 힘쓴 것으로 알려진 성 라슬로(Szent László, 1046-1095, 재위 1077-1095)왕, 헝가리의 문화 부흥과 영토 확장에 힘썼던 칼만(Könyves Kálmán, 1074-1116, 재위 1095-1116)왕 등을 비롯하여, 가장 오른편에는 19세기 오스트리아로부터의 독립 운동을 지휘하였던 코슈트(Lajos Kossuth, 1802-1894)까지 총 14명의 헝가리 영웅들이 조각되어 있다.

역사적으로 보았을 때, 오랫동안 로마 교황청과 유럽인들에게 있어 공포의 대상이었던 헝가리 왕국의 가톨릭 개종은 주변 가톨릭 국가들의 안도와 함께 중부 유럽과 발칸 유럽으로의 가톨릭 확산에 엄청난 촉진제를 마련해 주었음을 의미하였다. 가톨릭 전파에 있어 헝가리의 중요성과 의미를 알고 있었던 로마 교황청은 가톨릭을 국교로 인정한 이슈트반 1세의 공을 크게 기리고자 했으며, 이에 따라 로마 교황 그레고리 7세(Pope Gregori VII, 1015/1028-1085, 재위 1073-1085) 시기인 1083년 8월 이슈트반 1세는 성인(성 스테판)으로 봉축되게 된다. 이후 성 이슈트반 1세는 유럽 내 가장 유명한 성인들 중 하나가 되었으며, 헝가리인들에게 있어 국난이 닥칠 때마다 민족을 단결시키고 수호하는 민족 수호성인으로 존중되게 된다.

오늘날까지도 성 이슈트반 1세를 기념하기 위한 역사적 유물들은 헝가리와 부다페스트 곳곳에서 찾아볼 수 있는데, 우선 대표적인 건축물로는 네오 로마

부다페스트의 가장 큰 성당인 성 이스튜반 성당

성 이스튜반 성당 내에 자리한
성 이스튜반의 성상

네스크 양식의 '성 이슈트반 성당(Szent István Bazilika, 성 스테판 성당으로도 불림)'을 들 수 있을 것이다. 우선 높이 96미터, 직경 22미터에 이르는 거대한 돔과 2개의 탑을 지닌 부다페스트에서 가장 큰 성당의 위용을 자랑하고 있는 성 이슈트반 성당은, 1851년 건립을 시작한 이래 1905년까지 약 50년에 걸쳐 꼼꼼하고 정교하게 완성한 것으로 헝가리인들의 이슈트반 1세에 대한 애정과 관심을 가장 잘 이해할 수 있는 곳이라 할 수 있다. 성 이슈트반 성당은 수용인원이 약 8,500명에 이를 정도로 거대함을 자랑하고 있으며, 섬세하고도 웅장한 건축 조각들과 함께 다양한 세계적 예술 작품들을 감상할 수 있는 곳으로도 유명하다. 또한 이곳에는 성 이슈트반

부다 왕궁 내 어부의 요새에 자리한 성 이수튜반 1세의 동상

1세의 오른손이 아직까지도 미이라로 만들어져 보관되어 있으며, 벽을 장식한 대리석이나 벽면과 지붕의 황금 장식, 돔 내부 천정의 벽화가 매우 아름답고 세련된 것으로 오는 이들의 탄성을 자아내고 있다.

이와 함께, 부다 왕궁 내 19세기 어부들에 의해 지어진 것으로 알려져 있는 어부의 요새의 한 가운데에는 말 위에서 이중 십자가를 든 이슈트반 1세의 기마 조각상을 확인할 수 있다. 헝가리인들의 이슈트반 1세에 대한 사랑이 매우 깊다는 것을 확인할 수 있는 방법 중의 하나는 '성 이슈트반의 날'이 기념일로 제정되어 매년 8월 20일 헝가리 전역과 부다 왕궁을 중심으로 여러 다채로운 행사가 열리고 있음을 통해서이다. 특히, 매년 이날에는 헝가리의 가톨릭 전파를 위해 순교한 성 겔레르트(Szent Sagredo Gellért, 980-1046)를 기념하기 위해 명명된 '겔레르트 언덕(Gellért hegy)'에서 아름다운 불꽃놀이가 진행되고 있어, 시민들과 관광객들의 볼거리를 제공하고 있다.

동유럽 역사와 인물 속 한 마디

헝가리 가톨릭 전파의 순교자, 겔레르트 주교

해발 235미터의 겔레르트 언덕은 평야에 가까운 부다페스트에서 가장 높은 곳이라 할 수 있다. 그리고 이 언덕에 자리한 치타델라(Citadella) 요새는 합스부르크 제국이 1848년 파리 혁명 이후로 반(反)오스트리아 운동과 독립 전쟁을 주도하고 있던 헝가리인들을 통제하고 반란군의 진압을 위해 1850년에 시작해서 1854년 완성한 요새이다. 길이는 220미터이며, 가장 높은 성벽 높이는 16미터에 달하고 있다. 이 요새는 오스트리아-헝가리 이중 제국이 수립(1867)되고 난 후, 헝가리의 요청에 따라 1897년 오스트리아군이 떠날 때까지 다뉴브강의 주요 요새 중 하나로 자리하였다.

치타델라 요새가 자리한 겔레르트 언덕은 오늘날까지도 페스트 지역의 상당 부분을 내려다 볼 수 있는 매우 아름다운 풍경을 자랑하고 있는 곳이기도 하다. 이 언덕 명칭의 유래는 처음 헝가리에 가톨릭을 소개하고 이를 전파하려 했다가 순교한 겔레르트 주교의 이름에서 나온 것이다. 이탈리아 베네치아 출신의 겔레르트 주교는 이슈트반 1

겔레르트 언덕 중턱에 자리한 성 겔레르트 동상

세에 의해 초빙되어 헝가리 왕국의 가톨릭화에 힘쓴 인물이다. 하지만, 이슈트반 1세가 죽은 이후 정치적 보호막이 사라진 가운데 겔레르트 주교는 크리스트교 확대에 반대하고 있던 일부 토속 무속인들에 의해 1046년 9월 이 언덕에서 순교하게 된다. 전해져 오는 이야기에 따르자면, 두 개의 바퀴가 달린 마차 위에 묶인 채 언덕 밑으로 굴려 떨어졌다는 설과 함께, 와인 통속에 가두어진 채 산 채로 다뉴브강 밑으로 굴러 떨어져 순교했다는 설 등이 여러 이야기가 전설처럼 전해져오고 있다. 하지만, 그의 헝가리 지역에 대한 가톨릭 전파 의지와 정신은 언덕 중간에 새겨진 조각상을 통해 아직까지도 헝가리인들의 가슴속에 이어져 오고 있다.

다. 아시아로부터의 공격과 헝가리 왕국의 몰락

1018년 이슈트반 1세의 사망 이후 헝가리 중세 왕국의 아르파드 왕조는 왕위 계승 문제를 둘러싸고 일련의 내란과 아픔을 겪게 된다. 약 200년 가까이 진행된 왕국 내의 분열과 권력 다툼 속에서, 헝가리 중세 왕국은 일시적으로 영토 손실을 보기도 하였지만, 다행스럽게도 강력한 주변 국가들이 등장하지 않았던 까닭에 왕국의 발전을 꾀할 수 있었다. 이에 따라 13세기 초에 들어와 헝가리는 처음 이슈트반 1세가 왕국을 건설할 당시보다 두 배 이상 커진 영토를 차지하게 되었으며, 인구 또한 크게 증대되었다.

하지만, 유럽 내에서 발전해 가던 헝가리 중세 왕국은 결과적으로 자신들 조상의 원천이라 할 수 있는 아시아인들의 공격으로 인해 무너지게 된다. 여기에는 13세기 몽고군의 공격과 16세기 오스만 터키의 침략이 자리하고 있었다. 우선, 헝가리 왕국은 벨라 4세(Béla IV, 1206-1270, 재위 1235-1270) 시기인 1241년 4월에 치러진 모히(Mohi) 전투를 비롯한 몽고군의 공격을 받아 심각한 위기를 맞이하게 된다. 부다(Buda)까지 유린하였던 몽고군은 1241년 12월 칭기즈 칸의 셋째 아들이자 몽고 제국의 두 번째 칸이었던 오고타이 칸(Ogotai Khan, 1186-1241, 재위 1227-1241)의 사망에 따라 급하게 철수를 단행하였고, 이에 따라 유럽은 몽고군의 위협으로부터 벗어날 수 있게 되었다. 하지만, 몽고의 침략으로 인해 헝가리인들의 절반 이상은 자신들의 거주지를 상실해야

1241년 모히 전투 당시, 다리에서 전투를 벌이는 헝가리군과 몽고군을 묘사한 삽화

1526년 오스만 터키군과의 모하치 전투 장면

했으며, 침략 직후 상당수의 헝가리인들이 학살과 노예로 끌려감에 따라 인구의 1/3가량이 사라져야만 했다. 그리고 왕국의 젖줄이었던 대평원 경작지가 한동안 기능을 못해 그해 겨울 수많은 아사자가 발생하는 비극을 초래해야만 했었다. 몽고군 침략에 따른 후유증을 극복하고, 주변 국가들과의 영토적 야욕 속에서도 국력을 조금씩 회복해가던 헝가리는 1301년 사망한 앤드루 3세(Endre III, 재위 1290-1301)를 마지막으로 아르파드 왕조가 단절된 채, 약 200년 동안 외국인 출신의 왕 치세 하에서 왕국을 유지하게 된다.

헝가리 중세 왕국의 실질적 몰락을 가져온 계기 또한 아시아의 위협으로부터 시작되었다. 이번에는 북쪽이 아닌 남쪽의 발칸반도로부터 위협이 전해져 왔다. 1453년 콘스탄티노플을 점령하여 비잔틴 제국을 완전히 무너트린 오스만 터키는 이 시기를 전후로 발칸 유럽의 여러 왕국들을 쓰러트리고 거의 모든 지역을 장악하는 데 성공하게 된다. 제국의 최대 전성기라 할 수 있는 슐레이만 1세(Suleiman I, 1495-1566, 재위 1520-1566) 시기, 오스만 터키는 합스부르크 제국을 협공하자는 프랑스의 제안을 받아들여 동맹(1525)을 맺게 되었다. 이후 양국 간의 동맹 관계는 오랫동안 지속되는데, 프랑스는 1526년 헝가리 침략을 제안하였고, 이후 오스만 터키는 헝가리 침공 단행을 결정하게 된다. 발칸반도로부터 헝가리로의 진격을 막아주던 최후의 요새였던 베오그라드(Beograd/ Belgrade)마저 1521년 오스만 터키에게 넘어간 이후로, 헝가리까지는 이제 드넓은 파노니안(Panonian) 평원지대만이 펼쳐져 있었고, 따라서 당시 헝가리 왕국이 우수한 병력 체계를 가진 오스만 터키군의 공격을 막아내기는 매우 어려운 상황에 처해 있었다. 그나마 합스부르크가 보인 작은 관심을 제외하고는 주변의 폴란드, 베네치아 공국조차도 오스만 터키와 일시적인 평화조약을 맺은 상태에서 도움이 되지 못하고 있었다. 이런 가운데 헝가리와 보헤미아의 왕 라오스 2세(Lajos II, 1506-1526, 재위 1516-1526)는 1526년 8월 오늘날 헝가리 남부 모하치(Mohács)에서 20만 명의 오스만 터키군을 맞이해야만 했었다. 헝가리군은 예상대로 대패하였고, 이에 따라 헝가리 왕국은 더 이상 왕국을 유지하기 어려운 단계에 빠지게 되어 실질적인 몰락으로 이어지게 된다. 헝가리 점령 이후 오스만 터키는 헝가리를 직접 통치하기보다는 루마니아의 공국들처럼 조공국가로 남겨두고자 하였다. 하지만, 이후 합스부르크 제국의 헝가리 영토에 대한 욕심은 오스만 터키 제국과 합스부르크 간의 갈등을 낳게 하였다. 1529년 헝가리를 재정복한 오스만 터키는 동년 9월에 비엔나까지 쳐들어갔지만, 당시 비엔나를 지키던 합스부르크 제국은 오스만 터키가 자랑하던 화포, 총포 등 무기와 비슷한 기술 수준에 이르러 있었고, 이에 따라 오스만 터키의 비엔나 정복은 실패하게 된다.

1547년 양국이 맺은 협정에 따라, 오스만 터키는 헝가리를 삼등분하여 트란실바니아를 비롯한 헝가리 중부를 차지하였고, 보헤미아와 지역과 서부 헝가리, 크로아티아 지역은 합스부르크 제국에게 지배권을 인정해 주게 된다. 그 결과 한때 강성한 중부 유럽의 패권 국가였던 헝가리 왕국은 양 제국 틈 사이의 작은 지역만이 남는 초라한 신세가 되어야 했다. 1683년 제2차 비엔나 공격마저 실패로 돌아가자, 오스만 터키는 합스부르크 제국과 서로 간의 국경선을 확정 짓는 스렘스키 카를로브찌(Sremski Karlovci) 조약(1699)을 체결하게 된다. 조약 이후로 헝가리의 대부분 지역은 합스부르크 제국의 직접적인 지배하로 완전히 편입되었고, 이러한 종속 관계는 19세기 이중 제국 수립 이후 완화 단계를 거치며 제1차 세계대전이 종결될 때까지 지속되었다.

헝가리의 터키식 온천 문화

유럽의 여러 국가들 가운데서도 헝가리는 지표 가까이에 열원이 자리하여 세계에서도 으뜸가는 온천왕국으로 알려져 있다. 치료 목적을 많이 가지고 있는 헝가리 온천의 특징은 혈압이나 관절염 환자 등 약자들의 신체 부담을 줄이기 위해, 대체로 욕탕 안의 온도가 주로 36도에서 38도 사이로 우리나라의 일반적인 사우나 온도인 40도-42도 사이보다는 다소 수온이 낮다는 특징을 지니고 있다. 헝가리에는 공식적으로 온천 및 이와 관련된 시설만도 약 400개 가까이에 이르는 것으로 기록되어 있다. 여기에는 치료를 위한 온천 병원, 피서를 위한 온천 수영장, 미용 효과를 자랑하는 미용 온천, 호텔식 온천, 동굴 온천 그리고 무엇보다도 오스만 터키 시절 지어진 터키식 온천 등 다양한 온천들이 있는 것으로도 유명하다.

헝가리 온천의 역사는 고대 로마 시절로까지 올라가는데, 당시 헝가리를 지배하고 있던 로마인들은 이 지역에서 본격적으로 온천 개발을 시작하였고, 특히, 오스만 터키 지배 시절에 들어와 약 40여 개 이상의 터키시 온천들이 생겨나기 시작하면서 헝가리의 온천 문화는 크게 발전하게 된다. 오스만 터키의 지배자 중 헝가리에 가장 많은 온천을 만들었던 인물은 오스만 터키 제국의 용병부대인 야니차르(Janjčar/ Janissary) 출신으로서 보스니아 태생인 메흐메드 파샤 소콜로비치(Mehmed Paša Sokolović,

헝가리에 존재하는 터키유산,
루다스 온천

1505/1506-1579)를 들 수 있다. 그는 술탄의 바로 밑인 벨리키 베지르(Veliki Vezir, 재위 1565-1579, 오늘날의 총리) 자리까지 오른 인물로, 자신의 재임 시기 동안 헝가리에 약 14개의 새로운 온천을 만들 정도로 온천욕을 매우 좋아했던 것으로 알려지고 있다. 오스만 터키 시절 지어져 오늘날까지 이어져 오는 것으로 유명한 헝가리의 터키식 온천으로는 1550년에 지어진 루다스(Rudas) 온천과 1565년에 지어진 키랄리(Király) 온천 등을 들 수 있다.

라. 1867년 '오스트리아-헝가리 이중 제국' 수립과 그 의미

1699년 1월 맺어진 오스만 터키와의 스렘스키 카를로브찌 조약 이후 국경선을 확정 짓게 된 합스부르크 제국은, 이후 터키와의 국경지역에 대규모의 방어선을 구축하기 위해 노력하였다. 당시 합스부르크 제국은 터키와의 국경선에 해당하는 헝가리 남부 지역에 터키의 공격으로부터 피신해 들어왔던 세르비아인을 중심으로 한 비(非)헝가리인들을 대거 이주시켰으며, 이들에게 정착촌과 종교적 자유, 세제 혜택 등을 주는 대신에 오스만 터키의 공격을 우선적으로 방어하는 임무를 부여하였다. 과거의 영광이 사라진 채 합스부르크 제국 하에서 피지배 식민지인으로서의 삶을 살게 된 헝가리인들은, 1703년 6월 트란실바니아의 대공이었던 라코쉬 2세(II. Rákóczi Ferenc, 1676-1735)를 중심으로 독립을 위한 저항 운동을 시작하게 된다. 그의 독립 운동은 1711년 결국 실패로 돌아갔지만, 헝가리인들의 독립 의지에 놀란 합스부르크 제국은 이후 일정 부분에 있어서 헝가리인들의 자율권을 보장해 주었다.

여러 제국들의 직접적인 지배를 받으며 고통을 견디어 내야 했던 동유럽 민족들과는 달리, 헝가리 귀족들은 오스트리아의 지배 정책에 따라 동유럽 민족들 중에서 상대적으로 많은 본토 귀족과 특권을 누려왔었다. 18세기 헝가리의 귀족들은 과거 화려했던 역사와 이에 따른 민족 긍지, 자부심을 잊어버린 상태였고, 농민 착취를 통해 얻은 현세적 이익과 제국의 신하로서의 역할에 만족하

1848년 파리 혁명에 고무된 코슈트가 헝가리 독립의 정당성을 연설하는 모습

고 있었다. 하지만, 19세기 민족주의 시대에 들어와 헝가리인들은 신흥 중산층을 중심으로 마자르어에 대한 애착과 함께, 자신들 민족의 독립 국가를 수립하는 데 보다 많은 관심을 지니게 된다. 특히 유럽인들에게 엄청난 민족적 파장을 일으킨 1848년 2월의 파리 혁명은 외세 하에 있던 동유럽 여러 민족들은 물론 헝가리인들에게도 커다란 영향을 미쳤다. 헝가리에선 코슈트(Lajos Kossuth, 1802-1894)를 중심으로 일련의 독립 운동이 전개되었고, 이러한 결실들은 헝가리가 잠시나마 국방, 재정 등의 주권 그리고 더 나아가 독립 국가의 면모를 되찾는 계기를 마련해 주기도 하였다. 하지만, 1849년 8월 러시아의 합스부르크 제국 지원 속에 코슈트의 혁명은 실패로 돌아갔고, 헝가리는 다시 제국의 직접적인 지배하로 들어가야만 했었다.

그러나, 합스부르크 제국으로부터 벗어나기 위한 헝가리인들의 저항은 이후에도 계속해서 전개되었고, 마침내 1866년 일어난 합스부르크 제국과 프로

이센 공국과의 전쟁으로 그 결실을 맺을 수 있게 되었다. 합스부르크 제국의 실질적 지배자였던 오스트리아가 1866년 프로이센과의 전쟁에서 패배한 결과, 프로이센 및 독일 지역을 영향력을 포기해야 했으며, 국내적으론 동등한 주권을 주장하는 헝가리의 요구를 받아들여야만 했었다. 이에 따라 1867년 왕권을 제외하고 영토와 내정 등 거의 모든 분야에서 양국이 비슷한 권리를 지니는 '오스트리아-헝가리 이중 제국'이 탄생하게 된다. 비록 완전한 독립 국가의 틀을 갖추지 못했지만, 17세기 이후로 합스부르크 제국의 직접적인 지배 하에서 어려움을 겪어야만 했었던 헝가리는, 비로소 상당한 자치권을 지닌 국가적 기초를 다질 수 있게 되었다. 이후 이중 제국은 패전이 짙어가던 오스트리아로부터 헝가리가 독립을 선언한 1918년 10월까지 약 51년 동안 지속되게 된다.

동유럽 역사와 인물 속 한 마디

부다페스트에 남겨진 역사적 유물

합스부르크 제국 그리고 이후 이중 제국 하라는 어려움 속에서도 헝가리인들은 여러 역사적인 건축물들을 통해 표출된 자신들의 문화적 자부심을 부다페스트 곳곳에 남겨 두었다. 이 중 대표적인 것으로는 부다 왕궁(Budavari Palota)과 국회 의사당(Országház) 그리고 일명 '사자교'로 알려져 있는 '세체니교(Széchenyi Lánchíd, '사슬 다리'란 뜻을 지님)'를 들 수 있을 것이다.

페스트 지역에서 찍은 부다 왕궁의 모습

가장 큰 유산 중 하나라 할 수 있는 부다 왕궁은, 처음엔 13세기 헝가리 중세 왕국이 몽고군의 공격을 막기 위해 오늘날 다뉴브강 건너편 남쪽 부다 지역의 언덕 위에 세웠지만, 몽고군의 공격을 막아내지 못하고 폐허가 된 채 방치되게 된다. 이후 부다 왕궁이 오늘날의 면모를 갖추게 된 계기는 17세기 오스트리아의 합스부르크 제국 지배하에서 바로크 양식으로 다시 재건되면서 부터라 할 수 있다. 하지만, 파란만장했던 헝가리 역사만큼이나 왕궁의 시련 또한 계속 이어져야 했는데, 19세기에 발생한 화재와 특히 제2차 세계대전 당시 연합군의 부다페스트 폭격에 따른 영향으로 왕궁의 상당 부분이 파괴되는 아픔을 겪어야만 했었다. 이후 왕궁은 1956년에 다시 재건되었고, 여러 차례의 보수 공사가 이루어진 끝에 오늘날의 형태로 다듬어지게 되었다. 부다 왕궁 내에 자리한 역사적인 유명 건축물로는 13세기에 건축된 후, 오스만 터키의 침략 위협 속에서도 헝가리 왕국의 마지막 재건을 위해 노력하였던 마챠슈 1세(Hunyadi Mátyás I, 1443-1490, 헝가리와 크로아티아 왕 재위 1458-1490, 보헤미아 왕 재위 1469-1490)에 의해 증축된 '마챠슈 교회(Mátyás Templom)'를 들 수 있을 것이다.

헝가리 국회 의사당은 오늘날까지 국회가 열리는 세계 여러 나라의 의사당 중 가장 크고 아름다운 의사당으로 알려져 있다. 헝가리 국회 의사당은 근대 헝가리의 대표

부다 왕궁 내에 자리한 마챠슈 교회

부다 왕궁에서 바라본 국회 의사당의 낮(위)과 밤(아래)

적인 건축가(Imre Steindl, 1839-1902)에 의해 1884년 신고딕(Neo-gothic) 양식에 따라 지어지기 시작하여, 그가 사망한 직후인 1902년 완공된 헝가리 근대 건축의 대표적인 미학이라 할 수 있다. 길이가 268미터, 너비는 123미터 그리고 높이 96미터를 자랑하고 있는 헝가리 국회 의사당은 그 크기만큼 내부 또한 매우 커서 총 691개의 방을 지니고 있으며, 안에는 수많은 국보급의 벽화들과 그림들 그리고 건물 내벽에는 역대 헝가리 국왕들과 민족 영웅들의 모습들이 새겨져 있다. 또한 중앙 돔을 중심으로 한쪽에는 국회 의사당이, 다른 한쪽에는 수상 집무실과 국회 대회의실을 비롯한 여러 방들이 자리하고 있다. 알려진 바와 따르자면, 국회 의사당의 첨탑 개수는 총 365개로 1년의 365일을 상징한다고 전해지며, 높이 96미터는 마자르족이 헝가리에 정착한 해로 기록되고 있는 896년을 기념하기 위해서라고 말하여 지고 있다.

헝가리의 작가이자 유명 정치가였던 세체니(István Szécheny, 1791-1860)의 주창에 의해 1849년 완공된 '세체니교'는 왕궁이 있는 부다 지역과 상공업 지대인 페스트 지역을 이어주는 중요한 다리이자 최초의 다리라 할 수 있다. 세체니는 비록 오스트리아 비엔나에서 출생하였으나, 오랫동안 헝가리의 전통적 귀족 집안들과의 혈연관계가 깊었으며, 그의 아버지 또한 부다페스트에 헝가리 국립 박물관과 국립 도서관을 짓는 데 공헌한 것으로도 알려져 있다. 세체니가 헝가리 정치계에서 유명세를 얻고 본격적으로 대두되게 된 배경은 1825년 '헝가리 국립 과학 아카데미'를 짓는 데 그가 상당량의 기금을 기부하면서부터라고 할 수 있다. 이후 그는 다뉴브강의 수로 개선 그리고 부다페스트의 도로와 도시 개혁을 위한 재원 마련 및 오스트리아의 지원을 얻는 데 있어 탁월한 정치적 수완을 발휘하였고, 마침내 '세체니교'의 탄생을 낳는 데 기여하게 된다.

부다페스트 세체니교의 낮(위)과 밤(아래)

다리 입구 양편의 혀가 없는 사자상들로 인해 통상 '사자교'로도 알려져 있는, 세체니교는 오늘날까지도 유럽에서 가장 아름다운 다리 중 하나로 손꼽히고 있다. 부다페스트의 상당한 건축물들이 그랬듯이 이 다리 또한 제2차 세계대전 때 파괴되는 아픔을 겪기도 했지만, 1949년에 재건된 이후 여러 보수과정을 거쳐 오늘날에는 우리나라를 비롯한 유명 영화들과 다양한 드라마 소재에 주요 배경 장소로도 자주 등장하고 있다. 특히, 이 다리는 오늘날 부다페스트가 세계에서도 가장 아름다운 야경을 지닌 도시가 되게 한 대표적인 명소라 할 수 있다. 실제 여러 색깔의 조명을 통한 화려함보다는 고풍스러운 분위기를 자아내기 위해 단색 조명만을 고집하는 부다페스트의 야경은 헝가리가 오랫동안 야경 조명 기술에서 세계적 수준을 유지하는 데 일련의 기여를 하였으며, 그 중심에는 바로 헝가리 민족의 자부심의 결실들이라 할 수 있는 부다 왕궁과 국회의사당 그리고 세체니교가 자리하고 있다 하겠다.

마. 헝가리 음악의 진수 : 리스트, 바르토크 그리고 코다이

피아노의 왕, 리스트

리스트(Ferenc Liszt, 1811-1886)는 파리에서 가진 그의 천재적이고 현란한 피아노 연주로 인해 오늘날까지 피아노의 왕이라는 애칭으로 불려왔다. 실제 그는 다양한 피아노 연주 기법들을 소개하였으며, 피아노 독주회라는 새로운 형태의 연주 문화를 창시한 인물이기도 하다. 19세기 당시 쇼팽과 더불어 유럽 음악계를 풍미했던 리스트는 11세 때부터는 헝가리를 떠나 주로 프랑스나 독일을 중심으로 음악 활동을 했었다. 하지만, 그는 1876년 이후부터 사망하기 전까진 그의 조국인 헝가리 부다페스트에 머물며 여러 제자들을 양성하는 작업을 함으로써 그의 마지막 열정을 헝가리에 쏟고자 하였다.

1839년 헝가리에서 가진 연주회는 여러모로 그의 민족 정체성에 대한 커다란 변화를 가져다준 것으로 평가받고 있다. 어린 시절 이후로 외국에서 주로 거주하며 명성을 쌓아가던 그로선 헝가리 국민들의 열광적인 환호에 커다란 감동을 받았으며, 이 방문 당시 경험한 여러 다양한 경험들은 그에게 강렬한 민족애를 느끼게 하는 계기를 마련해 주었다고 할 수 있다. 특히, 고향 마을 방문에서 자신을 맞이하는 마을 사람들의 전통춤이나 민속 공연에 깊은 인상을 받은 그는 헝가리 전통 음악에 대한 애착심과 관심을 갖게 된다. 그는 이때부터 헝가리 민요나 무용곡 등을 열심히 수집하기 시작하였고, 이러한 결실은 훗날 1846년부터 1853년까지 모두 20곡으로 이루어진 <헝가리 광시곡, Hungarian Rhapsodies>으로 열매를 맺게 된다. 이 곡은 원래 피아노 연주곡으로 작곡되었으나, 이후 일부 곡들이 관현악곡으로 편곡되었고, 오늘날에는 주로 제2번과 제6번이 많이 애창되고 있다. 그의 대표작이기도 한 <헝가리 광시곡>은 집시 음악적 성향 속에, 헝가리 민속 무곡의 형식들을 다수 도입하는 등 유럽 속의 또 하나의 유럽으로 불리는 헝가리인들의 민족성을 잘 표출해주고 있다 하겠다.

헝가리의 위대한 작곡가, 바르토크

또 하나의 헝가리의 위대한 음악가를 들라고 한다면 바로 작곡가이자 피아니스트였던 바르토크(Béla Bartók, 1881-1945)를 들 수 있을 것이다. 그는 리스트와 더불어 20세기 헝가리 음악계에 있어 최고의 작곡가로 평가받고 있는 인물이라 하겠다. 다른 유명 음악가들이 주로 비엔나나 파리 등 해외에서 음악 공부를 한 것과는 달리, 그는 헝가리 부다페스트의 왕립 음악 아카데미에서 음악적 기초를 습득하였으며, 특히 19세기 민족주의 움직임이 최고조로 다다르고 있던 시점에, 그는 헝가리 민족에 대한 자신의 애정을 1903년에 작곡한 <코슈트, Kossuth>를 통해 표현하고자 하였다. 비록 러시아의 개입으로 인해 실패로 돌아가긴 했지만, 코슈트는 1848년 파리 혁명의 여파가 헝가리에 미치기 시작했을 때, 헝가리 독립 운동을 주도했던 인물이었다. 비록 1867년 이중 제국으로 개편된 후 일련의 자유로움이 존재하기는 했지만, 당시 헝가리는 여전히 오스트리아의 지배권 하에 놓여 있던 상황이었고, 따라서 민족 영웅 코슈트의 일생을 표현하고자 했던 그의 작품은 헝가리 대중들에게 일련의 반향을 일으키기에 충분하였다.

자신이 가진 뛰어난 음악적 재능에 따라, 그는 1907년부터 헝가리 왕립 음악 아카데미의 피아노 교수로 재직하게 되는데, 이때 이후로 다양한 작품들을 작곡하고 왕성한 활동을 전개해 갈 수 있었다. 특히 1908년 그의 음악적 동료였던 코다이(Zoltán Kodály, 1882-1967)와 함께 했던 헝가리 민속 음악들의 여러 색채를 수집하는 작업은 훗날 그의 음악 세계를 보다 풍성하게 만드는 계기를 마련해 주었다. 그들은 작품 수집을 하는 과정 속에 초기엔 헝가리 민속 음악의 주요한 범위 안에 집시 음악이 존재해 있다고 생각하게 된다. 과거 이러한 의식이 투영된 작품의 예로는 리스트가 작곡한 <헝가리 광시곡>을 들 수 있을 것이다. 하지만, 이들은 여기서 보다 깊이 들어가, 헝가리 민속 음악의 뿌리에는 중앙아시아와 시베리아에서와 같은 아시아의 전통 음악적 요소가 그 뿌리로서 존재한다는 것을 확인하게 되었다. 이를 기초로 코다이는 헝가리의 전통적 음악 문화를 종종 나무에 빗대어 설명하곤 했는데, 그는 "헝가리의 민속 음악은, 아시아 문화라는 수천 년의 역사를 가진 커다란 나무에서 뻗어 나온 가지라 할 수 있으며, 이러한 가지 중 가장 서쪽으로 기울어진 가지가 바로 헝가리의 민속 음악이며, 그 가지들마다 민족의 혼이 담겨 있다"라고 주장하곤 했었다.

헝가리 민속 음악의 대가, 코다이

1911년에는 헝가리 민요 리듬이 가미된 바르토크의 오페라곡인 <푸른 수염 공작의 성, Duke Bluebird's Castle>이 공연되는 등 다양한 곡들이 작곡되게 된다. 하지만, 2차 세계대전의 전운이 감도는 가운데 독일의 영향력이 헝가리 전역으로 확대되어 가자, 이에 거부감을 지니고 있던 바르토크는 1940년 미국 순회공연을 계기로 망명길에 올랐고 미국에서 남은 생을 마감하게 된다. 그는 다양한 음악 활동 외에도, 여러 음악 연구와 저서들도 세상에 남겼는데, 특히 헝가리 민속 음악과 함께 루마니아, 슬로바키아 그리고 세르보크로아티아어로 된 민속 음악 등 동유럽의 다양한 민속 음악에 대한 연구와 저서들을 집필함으로써, 이후 미국 등 서유럽에 동유럽 민속 음악을 소개하고 알리는 기초를 마련했다는 평가를 받고 있다.

반면, 바르토크의 가장 가까운 음악 동료였던 코다이는 1900년 헝가리 부다페스트 대학에 입학한 이후 리스트 음악 아카데미에서 본격적인 음악 수업을 시작하게 된다. 헝가리 민요 구조와 민속 음악에 많은 관심을 가지고 있던 코다이는 1907년부터 부다페스트 음악 아카데미에서 작곡 이론 교수로 재직하면서, 바르토크와 함께 헝가리 민속 음악을 발굴하고 이를 소개하는 데 주력하였다.

제2차 세계대전 동안에도 부다페스트에 계속 남았던 그는 사회주의 헝가리 하에서 다양한 공직을 수행하며 헝가리 음악계의 발전을 위해 노력하게 된다. 헝가리 정서가 가미된 그의 작품들로는 <헝가리 시편>과 헝가리 민속 무곡집인 <모로슈세크 무곡> 등 다양한 작품들이 있으며, 특히 1956년 발간한 <헝가리 민속 음악> 저서는 오늘날까지도 헝가리 민속 음악을 이해하고 이를 소개하는 기본서가 되고 있다. 그는 또한 음악 교육과 새로운 음악 기법을 소개하는 데에도 많은 관심을 보여, 손가락 다섯 개를 오선지를 활용해 음악을 가르치는 독특한 '코다이 기법'을 만들기도 하였다.

바. 1956년 헝가리 혁명과 그 아픔

제2차 세계대전 이후 패전국이 된 헝가리는 동유럽의 다른 어떠한 국가들보다도 힘든 시기를 맞이해야만 했었다. 당시 헝가리는 상당수 도시가 폐허가 된 상황 속에서 전체 인구의 1/4에 해당하는 300만 명 이상이 국경을 맞댄 다른 국가들에 거주하게 되었으며, 전쟁 배상금으로 1946년 한해에만 전체 국가 예산의 26.4%를 지불해야만 했었다. 이것은 당시 전체 국내 총생산의 65%에 해당하는 막대한 금액이었다. 이러한 어려움 속에서 헝가리는 사회주의 정권 초기 심각한 경제난과 함께 엄청난 물가 상승의 압력에 시달리고 있었다. 그런 까닭에 사회주의 초기, 헝가리 공산당은 다른 동유럽들과 달리 일반 대중들로부터 전폭적인 지지를 받지 못하였다. 경제적 문제 외에도 또 다른 이유로는, 제2차 세계대전 당시 독일 점령 하에 있었던 다른 동유럽 국가들의 경우와 달리, 헝가리는 구축군의 일원으로서 적극적으로 독일과 함께 전선에 뛰어들었고, 따라서 소련의 헝가리 점령은 헝가리인들에게 있어선 새로운 점령군의 출현으로써 인식되었기 때문이었다. 1948년 이후 헝가리의 모든 권력을 완전한 장악한 헝가리 공산당은 스탈린주의식 독재체제와 국유화, 농장 집단화 등을 강력히 추진해 나가면서, 동시에 민족주의자 등 수많은 반체제 인사들에 대한 숙청을 통해 공포 정치를 단행함으로써 일반 시민들의 체제 저항을 억누르고 있었다.

헝가리 민중과 함께하는 나지 수상

하지만, 1953년 스탈린 사망 후 동유럽 전역에서 스탈린 격화 운동이 전개되고, 자본주의 세계에 대한 후르시쵸프의 '평화 공존론' 속에 스탈린 시절 적대관계로 치달았던 유고슬라비아의 티토에게 '사회주의로 가는 각자의 길'이 있을 수 있음을 인정하는 일련의 유화적 제스처가 확인되자, 헝가리에는 커다란 동요가 일기 시작하였다. 라코시(Mátyás Rákosi, 1892-1971, 재직 1948-1956) 당 서기장 하에서 1953년 이후 수상을 맡게 된 나지(Imre Nagy, 1896-1958)는 강력한 스탈린주의자였던 라코시와 달리 온건 개혁주의 성향을 지니고 있었다. 소련파였던 나지는 수상 취임 초기 소련의 지지를 바탕으로 강제적인 중공업 발전 정책에서 벗어나 새로운 경제 개혁 정책과 함께, 농업 집단화 완화, 정치범 석방 등 여러 정치 분야에 있어서 일련의 해빙기를 제공하고자 했다.

나지의 새로운 개혁들이 헝가리 경제와 사회에 새로운 기운을 불어넣는 가운데, 1956년 6월 폴란드 포즈난을 중심으로 자유화 운동이 발발하였고, 이것은 이후 헝가리 혁명의 중요한 동기를 제공하게 된다. 폴란드의 자유화 운동에 고무된 부다페스트 대학생들은 1956년 10월 23일 노동자들과 함께 시위를 이끌었고, 이내 상당수의 시민들이 참여하게 되면서 시위는 무력 충돌로까지 이어지게 된다. 이런 가운데 헝가리군의 일부까지 혁명에 가세하게 되자, 공산당은 곧바로 라코시를 해임시키고 게레(Ernö Gerö, 1898-1980, 재직 1956)를 중심으로 사태를 수습하고자 하였다. 하지만, 나지는 단순히 당서기장만을 바꿀 것이 아니라, 더 나아가 일당 독재를 폐지하고 다당제 선거를 통한 연립 내각 구성을 제안하게 된다. 여기에 헝가리 시민들은 폭발적으로 호응하였고, 더 나아가 완전한 자유화와 민주화를 요구하는 시위를 확대시켜 나갔다.

시위가 점차 과격해지는 가운데, 자체적인 사태 해결이 어렵다고 판단한 게레는 소련군의 투입을 요청하였고 계엄령 선포와 함께 시민들에 대한 총격을 가하기 시작하였다. 이것은 곧바로 시민군의 결성으로 이어졌으며, 이후 시민에 의한 혁명의 비장한 분위기가 헝가리 곳곳에 확대되기 시작하였다. 이에 소련은 카다르(János Kádár, 1912-1989, 재직 1956-1988)를 당 서기장에 새롭게

1956년 헝가리 혁명 당시 파괴된 스탈린 동상

임명하고, 사태 수습을 촉구하게 된다. 하지만, 이미 시민군들이 정부 기관을 점거하는 등 정부 통제를 벗어난 상태에 이르고 있었다. 나지는 혁명 세력의 요구를 수용하고, 이를 토대로 사태를 수습할 것을 카다르에게 요구하였다. 더 나아가 나지는 소련군의 헝가리 철수와 함께 국가 보위부 해체, 다당제 부활 등을 토대로 헝가리 개혁을 시도하고자 하였다. 이어 11월 1일에 들어와서는 바르샤바 조약 기구로부터의 탈퇴와 헝가리의 중립국 선언을 단행하였으며, 여러 정치적 계파가 참여한 연립 정부를 발족하는 데까지 이르게 된다.

하지만, 나지와 헝가리 시민들의 바람은 여기까지였다. 헝가리 혁명의 파장이 동유럽 다른 지역들에 미칠 일련의 부정적인 상황을 우려했던 소련은 헝가리에 대한 군사적 개입을 본격적으로 결정하게 된다. 헝가리군과 시민군들의 강력한 저항에도 불구하고 11월 4일, 15만 명의 소련군을 중심으로 한 바르샤바 조약군에 의해 부다페스트 및 헝가리의 주요 도시들은 점령당하였다. 유고슬라비아 대사관으로 피신한 나지는 이후 소련군에 체포되어 1958년 6월 사형에 처해졌고, 헝가리 혁명 또한 그 막을 내리게 되었다. 이후 권력을 확고히 정비한 카다르는 피의 숙청을 단행하게 된다. 이에 따라 헝가리의 자유화를 부르짖거나 이에 동조한 2천여 명이 처형되었고,

탱크 위로 올라가는 헝가리 시민들

헝가리 혁명 당시 시민군의 저항 장면

2만 명가량이 강제 수용소나 감옥으로 투옥되면서 헝가리 혁명의 불씨가 사라지게 되었다.

헝가리 혁명이 남긴 상처는 매우 컸다. 진압군에 의해 3천 명에 가까운 사람들이 희생되어야 했으며, 부상자만도 1만 3천 명에 달하였고 20만 명 이상이 조국을 버리고 망명길을 선택해야 했었다. 더불어, 당시 기준으로 연간 국민총생산의 1/5에 해당하는 국내 자산이 파괴되면서 헝가리는 이후 한동안 경제회복을 하는 데 상당한 어려움을 겪게 되었다. 하지만, 그럼에도 불구하고 헝가리 혁명이 가져다준 역사적 의미는 매우 크다 하겠다. 무엇보다도 동유럽 철의 장막이 지닌 무자비함과 사회주의 체제의 문제점 그리고 동유럽 국가들의 자유화, 민주화를 향한 열망을 전 세계에 최초로 알리는 계기를 마련해 주었고, 이후 1968년 프라하의 봄과 1980년대 폴란드의 자유 연대 노조 운동으로의 확대로 이어지는 동유럽 민주화의 서막을 장식하였다고 할 수 있다. 오늘날까지 헝가리 혁명은 '부다페스트의 봄'으로 불리며, 혁명이 시작되었던 매년 10월 23일부터 11월 4일까지 부다페스트 영웅 광장을 비롯해 헝가리 전역에서 이를 기념하는 다채로운 행사들이 열리고 있다.

소련군의 진격으로 파괴된 부다페스트 시내의 모습

쉬어가기

헝가리 음식 문화의 대표 주자, 굴라쉬와 토카이

유럽의 한 가운데 자리하면서도 아시아에 뿌리를 둔 헝가리에는 서양과 동양의 여러 음식들이 혼재된 다양한 음식 문화를 만끽할 수 있는 곳으로 유명하다. 이 중 대표적인 전통 음식으로는 세계적으로 그 이름이 알려진 '굴라쉬(gulyás/ Goulash)'를 들 수 있을 것이다. 유럽 대륙의 전역에 걸쳐 대중적 음식으로 자리 잡은 굴라쉬는 음식 재료와 양에 따라 소고기를 주요 재료로 해서 만든 수프, 혹은 두꺼운 소고기 덩어리로 만든 스튜 등의 종류가 있다. 소고기가 없을 경우엔 돼지고기나 양고기 등도 또한 자주 사용되고 있다. 굴라쉬는 그 제작 방법이 매우 간단하여 인기가 좋은데, 주요 재료인 소고기와 양파, 고추(기호에 따라 매운 것과 덜 매운 것)를 기초로 해서, 여기에 마늘, 색깔

굴라쉬 (Goulash)

을 내기 위한 약간의 토마토와 계절 야채들을 첨가하여 그냥 끓이면 완성된다. 육개장과도 비슷하고 다소 매운맛이 우리 입맛에 잘 맞아 우리나라에도 많이 알려진 음식이라 할 수 있다.

대중적 음식인 굴라쉬와 더불어, 헝가리를 대표하는 대중적 와인으로는 토카이(Tokaj)를 들 수 있다. 토카이의 주요 원산지는 헝가리 동북부에 자리한 토카이 지방이며, 1067년부터 이 지역 와인의 명칭을 토카이로 명명하였던 것으로 알려지고 있다. 토카이 와인이 유명세를 얻게 된 계기는 이곳이 마챠슈 1세 시기인 1450년 이후로 왕가의 영지가 되면서부터라 할 수 있다. 눈을 맞은 이후 포도의 당도가 가장 높을 때 수확하여 포도주를 만드는 토카이는 특히, 17세기 이후로는 프랑스 왕실에서도 즐겨 마셨던 것으로 전해지고 있다. 이후 유럽에서 보다 많은 명성을 얻게 되지만, 두 차례의 세계대전과 사회주의 과정을 거치면서 그 제조기법과 명성이 쇠퇴의 길을 가게 된다. 하지만 1986년에 들어와 헝가리 정부의 주요 수출품이자 민족 주로써 자리매김됨으로써 오늘날 많은 이들의 사랑을 다시 받고 있는 중이다. 엄격한 관리를 통해 토카이의 품질을 계속 유지하려 노력하고 있는 헝가리 정부는 품질에 따라 3-6등급(Puttonyos(당도를 의미함) 3-6)까지 등급을 매기고 있으며, 높은 등급일수록 오래 숙성되어 당도가 높아 애주가들의 인기를 얻고 있다.

토카이(Tokaj)

역사와 인물로 동유럽 들여다보기

VII

보헤미아, 모라비아의 전통과 음악의 나라, 체코와 슬로바키아

제7장_ 보헤미아, 모라비아의 전통과 음악의 나라, 체코와 슬로바키아

가. 보헤미아, 모라비아의 역사적 기원과 성 바츨라프

역사 문헌에 따르자면 고대 이래로 오늘날 체코와 슬로바키아 땅에는 게르만족의 일파라 할 수 있는 켈트족들이 오랫동안 거주해 왔던 것으로 기록되어 있다. 이들 중 가장 강력한 종족은 보이(Boii)족이었으며, 로마인들은 오랫동안 이들이 사는 지역을 통상 보헤미아(Čechy/ Bohemia)라 불러왔다. 훈족과 아바르족(Avar, 6-8세기 말까지 유럽 약탈) 등 아시아 유목 민족들의 유럽 약탈과 게르만족의 로마 영내로의 진입은 유럽 내 민족 간 대이동을 낳았다. 이 당시 체코인(Cech)과 슬로바키아인(Slovak)들을 비롯해 다른 슬라브족 또한 러시아에서 유럽 내로 이주해 들어오게 된다. 이후, 프라하(Praha)를 중심

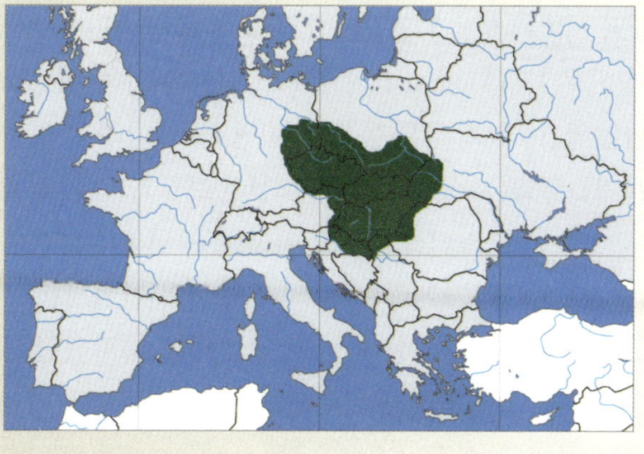

9세기 모라비아 왕국의 최대 전성기 당시 영토

성 바츨라프가 모셔져 있는 프라하의 성 비트 대성당

으로 한 체코의 서쪽 지역은 보헤미아 지역으로, 그리고 브르노(Brno)를 중심으로 한 체코 동부 지역과 슬로바키아 지역은 모라비아(Morava/ Moravia) 지역으로 불리게 되었다.

7세기 한 때, 프랑크족의 상인으로 아바르족을 물리친 사모(Samo, 재위 623-658)의 사모 제국 하로 편입된 체코와 슬로바키아 지역은 제국의 붕괴 이후 약 150년 동안 역사적 기록에서 그 흔적이 사라지게 된다. 이들 지역의 슬라브족들이 다시 역사에 언급된 시기는 9세기 모라비아 왕국이 성립되면서부터이다. 모라비아 왕국은 모이미르 1세(Mojmir I, 재위 833-846)에 의해 비로소 왕국의 기틀을 마련하게 되는데, 이후 왕국은 동로마(비잔틴) 제국과의 협력 관계를 기초로 문자(키릴 문자), 종교(콘스탄티노플 교회)의 보급과 행정 틀을 통해 제국의 발전을 꾀하고자 했던 로스티슬라브(Rostislav, 재위 846-870)와 그의 아들 스바토플루크(Svatopluk, 재위 870-894) 시기에 들어와 전성기를 누리게 된다. 하지만, 로마 교회(가톨릭으로 발전)의 수호 국가임을 자처했던 동프랑크와 헝가리 왕국 등은 비잔틴 제국의 영향력과 콘스탄티노플 교회(정교로 발전)의 세력이 중부 유럽으로까지 확대되는 것을 우려하였고, 결국 907년 헝가리 왕국의 공격에 의해 모라비아 왕국은 멸망하게 되었다.

슬로바키아 지역의 대부분을 차지했던 모라비아 왕국의 멸망 이후 약 200여년에 걸쳐 이 지역의 귀족들은 점차 헝가리인으로 대체되었으며, 그 결과 12세기에 들어와서는 완전한 헝가리 영토로 인정되게 되었다. 하지만, 이후 헝가리 귀족들의 지나친 착취가 확대되고 19세기 민족주의 여파가 슬로바키아인들에게도 미치게 되면서 대규모 농민반란이 일어나기도 했다.

모라비아 왕국의 멸망 이후 체코 지방엔 또 다른 왕국 수립을 위한 슬라브족들의 움직임이 확대되고 있었다. 그 결과 프라하에 수도를 정한 체코인들은 브라티슬라프 1세(Vratislav I, 888-921, 재위 915-921)와 성 바츨라프(Sv. Václav, 재위 921-929) 기간 중 보헤미아 왕국 발전의 기틀이 마련되게 되었다. 하지만, 할머니 성 루드밀라와 아버지 브라티슬라프 1세의 영향에 따라 크리스트교 신

성 바츨라프 동상

성 바츨라프 동상과 바츨라프 광장

앙이 강하였던 바츨라프는 그때까지 비(非)크리스트교 국가였던 보헤미아 왕국을 크리스트교 국가로 개종하고자 했다. 하지만, 다소 무리하게 추진된 그의 정책은 어머니 드라호미라(Drahomira)와 그의 동생 볼레슬라프(Voleslav)를 비롯한 비(非)크리스트교도들에 의한 저항을 낳게 하였다. 이런 가운데, 929년 이교도 지역 정복과 크리스트교화를 내건 동프랑크의 압력이 본격화되자, 바츨라프는 귀족들의 저항 요구에도 불구하고 동프랑크와의 선린 우호 관계를 지속해 나가려 했다. 그 결과 가톨릭 미사에 참석하러 가던 바츨라프는 크리스트교화를 반대하던 귀족들에 의해 암살되게 된다.

932년 그의 시신이 성 비트 대성당(Katedrála sv. Vita/ St. Vitus's Cathedral)에 모셔진 이후, 이 성당은 중세 가톨릭 성직자들의 주요 순례지 중 하나로 자리하게 되었으며, 체코 땅의 수호성자로써 후세 사람들에게 성인으로 봉축되게 되었다. 훗날 체코인들은 보헤미아 왕국의 기초를 다지고 크리스트교화를 위해 순교한 그를 기념하여 성 루드밀라를 비롯한 성인 4명이 수호하는 듯한 바츨라프 동상과 함께 동상이 자리한 이곳은 '바츨라프 광장(Vaclavske namesti)'이라 명명하였고, 이후 바츨라프 광장은 1968년 프라하의 봄과 1989년 이후 민주화를 위한 주요 상징 광장으로써 체코인들에게 가슴속에 자리하게 되었다. 더불어, 그가 사망한 것으로 추정되는 9월 28일은 2000년 이후부터 국가 공휴일로 지정되었고, 현재까지도 체코인들의 사랑 속에 다양한 추모 행사 등이 진행 중에 있다.

나. 카를 4세의 고귀한 선물, 프라하

오늘날 세계에서도 손꼽히는 대표적인 관광지이자 유럽 문화유산의 꽃으로써 프라하가 세계인들의 사랑을 받게 된 데는 카를 4세(Karel IV/Charles IV, 1316-1378, 왕 재위 1347-1378, 제국 황제 재위 1355-1378)의 프라하에 대한 사랑과 업적이 매우 크다 하겠다. 1316년 프라하에서 태어난 카를 4세는 1347년 독일 왕 및 오늘날 체코 지방인 보헤미아의 왕에 오른 데 이어, 1355년엔 신성 로마 제국의 황제에 즉위하였다. 역사 속에 비친 그의 모습은 뛰어난 외교 능력의 소유자이자, 재위 동안 다양한 분야에서 제국의 태평스러운 치세를 많이 남긴 왕으로 평가받고 있다. 사실상 그의 재위 시절 동안 프라하는 신성 로마 제국의 수도로써 정치, 경제, 사회, 문화의 중심지 역할을 하였다.

카를 대교 입구에 자리한 카를 4세의 동상

카를 4세는 어린 시절부터 유럽 전역을 돌며 여러 지배 왕실들과 긴밀한 관계를 맺었으며, 저명한 가톨릭 사제 및 학자들과의 조우를 통해 학식을 폭넓게 수양할 수 있었다.

1323년 프랑스 왕 필리프 6세의

누이 블랑슈와 결혼한 그는 이후 룩셈부르크와 북부 이탈리아 등 보헤미아의 여러 영지들에서 행정과 군사 지휘 경험을 수행하게 된다. 1343년 이후로 본격적인 국가 행정을 맡게 된, 카를 4세는 1344년에는 과거 프랑스에서 인연을 맺은 교황 클레멘스 6세(Pope Clement VI, 1291-1352, 재위 1342-1352)를 설득하여 프라하 가톨릭교회를 대주교구로 승격시키는 데 성공하였고, 그 결과 보헤미아는 종교적 자율권을 보장받게 되었다. 이어, 1346년에는 교황에 의해 파문당한 독일 왕 루트비히 4세(Ludwig IV, 1282-1347, 왕 재위 1314-1347, 황제 재위 1328-1347)를 대신해 독일 왕으로 선출되게 된다. 루트비히 4세가 반발하였지만, 그의 죽음 이후 카를 4세는 독일 도시들에 대한 특권 인정과 자치권을 보장해주는 조건으로 선제후(제국 황제 선출의 투표권을 가진 제후)들의 의해 독일의 진정한 왕으로 추대되게 되었다. 이어, 1347년에 보헤미아 왕관을 부여받은 카를 4세는 그다음 해인 1348년에는 당대 유럽의 최고 대학인 프랑스의 파리 대학과 이탈리아의 볼로냐 대학 그리고 영국의 옥스퍼드 대학교와 비교될 만큼의 명성을 얻게 된 '카를 대학교'를 프라하에 설립하게

프라하 성과 카를교의 야경

카를교 위에서 내려다 본 프라하 성과 카를교의 전체 조망

된다. 설립 초기 카를 대학교는 신학, 법률학, 의학, 예술 등 4개 분야로 구성되었는데, 당초 목적은 보헤미아 인들이 외국에 나가지 않아도 당대의 최고 학문을 수학할 수 있도록 하려는 이유에서 출발하였다. 하지만, 점차 그 명성이 커지면서 유럽 각지에서 수많은 학생들과 학자들 그리고 성직자들이 이곳으로 모여들었고, 이후 카를 대학교는 프라하가 유럽 학문과 예술의 중심지로 부상하는 데 큰 밑거름이 되게 하였다. 1355년 부활절, 로마에서 신성 로마제국의 황제로 추대된 카를 4세는 이후에도 제국 법령인 '금인칙서(Golden Bull)'[16]를 공표하는 등 여러 업적을 남기었으며, 후계 문제가 정리된 1378년 사망할 때까지 프라하에 수많은 건축물과 유물들을 남기게 된다.

카를 4세가 프라하에 남긴 유산은 실로 거대하였다. 그 어떤 황제보다도 과학과 예술을 사랑하였던 그는 프라하 곳곳에 수많은 예술작품들과 건축물들을 유산으로 남겨주었으며, 다양한 예술 공연 또한 강력히 지원하여, 오늘날 프라하가 예술과 문화의 도시로 성장할 수 있는 배경을 만들어 주었다. 그가 프라하에 남긴 여러 유산 가운데 예술, 문화를 대표하는 것으로는 무엇보다도 우리들의 귀에 익숙한 '프라하 성(Pražský hrad/Prague Castle)'과 '카를교(Karlův most/ Charles Bridge)'를 들 수 있을 것이다. 9세기 중반에 건축된 프라하 성은 카를 4세 시기에 들어와 거대한 왕궁으로써 그 위용을 갖추게 되었고, 성안의 다양한 건축물 대부분이 이 당시 세워진 문화적 유산들이라 할 수 있다. 성 내부 유산들 중 대표적인 것으로는 카를 4세 시기에 증축이 시작되어 최근에서야 최종적으로 완성을 이룬 '성 비트 대성당'을 들 수 있다. 여기에는 카를 4세의 무덤부터 역대 보헤미아 왕조 및 주요 성인들의 무덤들이 자리하고 있다. 프라하의 대표적인 명소인 카를교는 잦은 홍수로 인해 다리가 자주 유실되는 것을 방지하는 차원에서 튼튼한 돌다리를 건설하라는 카를 4세의 명에 따라 1357년에 재건이 시작되었다. 이후 카를교는 1402년 그의 아들인 바츨라프 4세(Václav IV, 1361-1419, 왕 재위 1378-1419, 황제 재위 1378-1400) 시기에 520m의 길이로 완공되게 된다. 고딕양식의 카를교 다리 위에는 17세기부터 19세기까지 제작된 역사적 영웅들과 성인들이 주제인 30개의 바로크 양식 조각상이 자리하고 있는데, 이 중 성 얀 네포무츠키(Sv. Jan Nepomucky/ St. John Nepomuk) 기념물 아래의 조각 내용이 다이내믹한 그 역사적 소재만큼 가장 큰 인기를 얻고 있다.

동유럽 역사와 인물 속 한 마디

바츨라프 4세와 성 얀 네포무츠키

내려오는 이야기에 따르자면, 바츨라프 4세 당시 대주교였던 성 얀 네포무츠키는 황후의 부도덕한 행위와 관련된 고해성사를 듣게 되었다. 이를 알게 된 바츨라프 4세는 고해성사 내용에 대해 말해줄 것을 강력히 요구하였지만, 성 얀 네포무츠키는 이

카를교에 자리한 성 얀 네포무츠키 조각상

를 거절하게 된다. 성 얀 네포무츠키는 이에 대한 벌로 카를교 위에서 혀가 잘린 채 블타바(Vltava, 몰다우강으로도 불림)강 아래로 던져지게 되었다. 이후 그의 시신은 성 비트 대성당에 안치되었고, 훗날 성인으로 봉축되어 수많은 신도들의 방문과 함께 체코인들의 사랑을 받는 인물이 되게 된다.

하지만, 일부 학자들의 주장에 따르자면, 당시 로마 교황과의 관계가 좋지 못했던 바츨라프 4세 황제는 종교 개혁을 추진하던 후스파를 은연중에 지원하였으며, 이에 따라 제국 내 가톨릭 사제들에 대한 통제의 본보기로써 성 얀 네포무츠키를 사형하게 되었다고 주장하기도 한다. 그의 죽음 당시 하늘에서 별이 다섯 개가 떠올랐다 하여 그의 머리 위에 다섯 개의 별이 상징적으로 조각되어 있으며, 카를교에 자리한 그의 조각상 아래 왼편에는 황후가 고해성사를 하는 장면이, 그리고 오른편에는 성 얀 네포무츠키가 다리 아래로 떨어트려지는 모습이 묘사되어 있다.

카를교에 자리한
성 얀 네포무츠키 부조물

다. 종교 개혁의 아버지, 얀 후스

체코의 신학자이자 종교 개혁의 아버지로 알려져 있는 얀 후스(Jan Hus, 1369-1415)는 1393년 체코 카를 대학교에서 철학과 신학을 공부한 후, 일련의 과정을 거친 뒤 1400년 이후로는 카를 대학교 교수와 가톨릭 사제로 재직하였다. 그리고 1409년엔 프라하 카를 대학 총장에 오르게 된다. 무엇보다도 그가 역사 속에 남긴 족적은 가톨릭의 문제점을 공개적으로 비판하고, 이를 위한 대안으로 성서 중심의 종교 개혁 운동의 필요성을 역설했다는 점을 들 수 있다. 그는 성서가 크리스트교 믿음을 위한 유일한 권위라는 복음주의적 종교관을 바탕으로 종교 개혁 운동을 단행하였으며, 특히 당시 유럽에서의 절대적 권위를 바탕으로 여러 부패상을 보여 왔던 로마 교황청과 가톨릭 사제들을 강력히 비판하였다. 그의 사상에 실질적인 영향을 준 인물로는 당시 영국 옥스퍼드 대학교의 교수로 재직하고 있었던 위클리프(John Wycliffe, 1324-1384)라 할 수 있다. 당시 영국에 유학 중이던 후스는 위클리프가 내세우고 있던 성경 지상주의, 즉 사제가 아닌 성경에 입각한 하나님과의 소통 강조와 기존 가톨릭 교회의 일련의 문제점에 공감하였다. 그리고 얀 후스는 무엇보다도 이전까지 사제들만의 소유물이었던 라틴어로 된 성경을 영어로 번역(1382년에 완성)해 영국의 일반 대중들이 쉽게 성경을 읽고 이해할 수 있도록 노력하려는 위클리프의 노력에 공감하게 된다.

당시 그가 활동하던 보헤미아 지역은 신성 로마 제국의 카를 4세와 그의 아들 바츨라프 4세에 의한 게르만어와 게르만 문화 확산이 만연해 있었다. 이와 함께 이 시기 동안 프라하는 신성 로마 제국의 수도로써 최고의 전성기를 맞이하고 있었다. 이런 상황 속에서, 그는 프라하에서 가톨릭 사제로 봉직하는 동안 독일어가 아닌 체코어로 신학을 강연하고 설교를 이끌어나갔다. 특히, 날로 심해져 가던 가톨릭교회 및 사제들의 부패와 착복으로 인해 고통을 받고 있었던 체코인들은 성경을 통해서도 하나님의 나라로 갈 수 있다는 후스의 주장에 크게 고무되었고, 특히 모국어로 이어지는 설교와 성경 번역에 열광적인 지지를 보내주었다. 하지만, 후스가 더 나아가 가톨릭계의 아킬레스건이라 할 수 있었던 면죄부 판매 문제를 본격적으로 제기하면서, 로마 교황을 비롯해 귀족 등 여러 기득권층과의 갈등이 더욱 심해지게 된다. 이어 그에게는 체코의 모든 교회 내에서 설교가 금지당하는 벌이 주어졌다. 하지만, 후스는 이에 굴하지 않고 역이나 광장, 들판 등 야외에서 그의 주장과 설교를 계속 이어갔다. 특히, 1410년 로마 교황청이 위클리프의 일부 주장들이 이단이라 규정하게 되자, 이에 대해 후스는 교황청 주장이 지닌 모순과 가톨릭교회의 부패에 대해 강력히 비판하였다. 로마 교황청은 후스를 파문함과 동시에 면죄부 판매에 대한 반발이 심하였던 프라하시 전체를 교황청 재판부에 소송을 걸게 된다.

교황청은 후스에게, 과거 자신의 사상적 스승이었던 위클리프가 무덤에서 꺼내어져 부관 화형이 결정된 장소인, 독일 남서부의 콘스탄츠(Konstanz)로 와 공의회에 참석하라 명령하였다. 주변 사람들의 만류에도 불구하고 후스는 공의회에 참석하여 그의 이상과 가톨릭교회 개혁의 필요성을 전달하고자 하였다. 하지만, 콘스탄츠에 온 그에게, 공의회는 교회에 대한 그의 모든 비판을 철회하고 교황에게 용서를 구하라는 일방적 요구만이 주어지게 된다. 후스는 이를 거부하였고, 결국 1415년 화형에 처해지게 되었다. 하지만, 그의 사상과 종교관은 훗날 후스 운동 등 종교 개혁의 밑거름이 되었으며, 체코 지역이 종교 개혁 운동의 주요 진원지 중 하나가 되는 계기를 마련해 주었다고 할 수 있다.

1415년 콘스탄츠에서의 얀 후스 화형식을 묘사한 그림 (상,하)

보헤미아를 이단 지역으로 규정한 공의회의 결정에 체코인들은 분노하였고, 얀 후스의 죽음을 계기로 종교 개혁의 필요성에 강력히 공감하게 된 후스파들은 1420년 종교 개혁 운동을 본격적으로 전개하게 된다. 곧이어 프라하의 거의 모든 교회가 후스파에 의해 장악되었고, 이미 걷잡을 수 없을 정도로 확대된 종교적 감정 폭발은 거의 모든 보헤미아 지역을 비롯해 모라비아 일부 지역에까지 가톨릭 성직자들의 추방과 추종자들에 대한 대량 학살 그리고 교회의 파괴를 가져왔다. 유럽 각지에서 가톨릭 십자군들이 보헤미아로 진격해 들어왔고, 후스파와 이들 간의 수차례의 종교 전쟁이 이어지게 된다. 체코와 슬로바키아 지역을 중심으로 오랜 기간 확대된 종교 전쟁은 14세기 말 유행했던 흑사병의 피해와 더불어 한동안 체코의 경제와 사회를 극도로 피폐하게 만들었다.

프라하 구시가지 광장에 자리한 얀 후스 동상

하지만 마침내 후스파들의 계속된 승리가 이어지면서 양측 간의 합의 속에 유럽 내에선 최초로 보헤미아 지역에서만큼은 신교 사상이 받아들여지는, 즉 종교의 자유가 법으로 보장되는 계기를 마련하게 된다.

하지만, 한편으로 당시 거의 모든 유럽 지역이 가톨릭을 신봉하고 있던 상황 속에서, 보헤미아 지역만이 신교 사상을 수용한 결과는 이후 16세기 루터에 의한 종교 개혁 움직임이 전개되기 이전까지 약 100여 년간 보헤미아를 유럽에서 고립되게 만드는 결과를 초래하였다고 할 수 있다.

그럼에도 불구하고, 얀 후스의 종교적 신념과 종교 개혁에 대한 주장은 이후 유럽에서의 종교 개혁가들에게 심대한 영향을 미쳤으며, 유럽 변혁의 중요한 동인을 제공했다고 할 수 있다. 1915년 후스 사망 500주년을 맞이한 가운데, 프라하 구시가지에 후스를 기리는 청동상이 새겨졌으며, 오늘날 이곳은 체코인은 물론 프라하를 찾는 세계 관광객들에게 종교의 참 의미가 무엇인지에 대한 생각을 되새겨져 주고 있다.

동유럽 역사와 인물 속 한 마디

30년 종교 전쟁의 시작, 프라하 성 투척 사건

기나긴 종교 전쟁의 결과 1555년 아우크스부르크(Augsburg) 평화협정이 맺어졌고, 세속 군주들이 선택한 종교에 따라 백성들은 신교와 구교를 믿을 수 있게 되었다. 하지만, 이러한 결정은 양쪽 어느 편에도 완전한 만족을 주지 못했고, 이후로도 계속 양측 세력 간의 종교적 영향권을 확대하고자 했던 일련의 갈등들이 지속되게 된다. 이러한 갈등의 폭발은 17세기 초 오늘날 체코 지역인 보헤미아 지방에서 가장 먼저 발생하였다. 당시 보헤미아 지방의 귀족들은 1609년 신성 로마 제국의 루돌프 2세(Rudolf II, 1552-1612, 보헤미아 왕 1575-1612, 황제 1576-1612)의 허락에 따라 종교 선택권의 자유를 확보해 놓고 있었다. 하지만, 로마 교황의 지원을 받아 신성 로마 제국의 황제에 오르고자 했던 페르디난트 2세(Ferdinand II, 1578-1637, 보헤미아 왕 1617-1637, 황제 1619-1637)는 1617년 보헤미아 지방에서의 종교 선택권을 박탈하고, 가톨릭 확산에 주력하게 된다. 이를 위해 페르디난트 2세는 보헤미아 내에 가톨릭교도가 압도적인 수를 차지하는 섭정 위원회를 설립하게 된다. 이후 신교로의 종교 개종 및 금지령 등 본격적인 압박이 확산되는 가운데, 이에 대한 불만으로 1619년 여름 보헤미아 의회에선 신교도들이 가톨릭교도 위원 2명을 성 밖으로 내던져지는 사건이 발생하게 된다.

당시 신성 로마 제국의 황제 자리는 합스부르크 가문 중에 배출된 후보를 두고 투표권을 지닌 선제후들에 의해 황제가 선출되는 형식을 취하고 있었는데, 제국 내 중요 영지를 많이 차지하고 있어야만 투표권 행사에 유리하였다. 당시 제국 내 여러 지역 중 보헤미아와 헝가리(모라비아 지역 포함) 영지는 투표권 행사에 매우 중요한 비중을 차지하고 있었다. 황제 즉위를 준비하는 도중에 터진 프라하에서의 투척 사건은 페르디난트 2세에게 심각한 정치적 위기를 안겨주게 된다. 특히, 당시까지 가톨릭 지지 제후들과 신교 지지 제후들 간의 표차가 1표에 불과하였으며, 따라서 보헤미아의 선택은 곧 바로 황제 선출이 무효로 돌아가고, 이어 신교 출신의 황제가 배출될 수도 있다는 가능성을 충분히 내포해 주고 있었다.

프라하 투척 사건 이후, 1619년 보헤미아의 귀족들은 페르디난트 2세를 대신해 당시 신교 파이자 독일의 라인란트-팔츠 지역의 선제후였던 프리드리히 5세(Friedrich V, 1596-1632, 보헤미아 왕 1619-1620)를 자신들의 왕으로 인정하는 선언문을 발표하게 된다. 하지만, 프리드리히 5세는 이 소식을 늦게 접했고, 전략적 계산에 따라 페르디난트 2세를 이미 황제로 인정해 준 상태였다. 황제로 선출된 직후 페르디난트 2세는 보헤미아에서 일어난 투척 사건과 왕위를 프리드리히 5세에게 넘기겠다는 보헤미아 의회의 뜻을 듣게 된다. 페르디난트 2세는 곧바로 바이에른 등 가톨릭 제후들을 결집해 '가톨릭 연합군'을 결성하였다. 이에 대해 프리드리히 5세 또한 '신교 연합군'을 급하게 결성해 전투에 임하게 되지만, 1620년 11월 프라하 인근에서 패배하게 된다. 이후 독일과 보헤미아 전역에선 가톨릭에 의한 종교적 학살이 자행되었으며, 이렇게 해서 30년 종교 전쟁이 시작되게 되었다.

이후, 종교 전쟁은 덴마크, 스웨덴, 프랑스 등 유럽 각국들이 참전하면서 유럽 전역으로 확산되었고, 결국 1648년 신성 로마 제국은 베스트팔렌(Westfalen) 조약을 통해 많은 것을 양보해야만 했었다. 이 조약에 따라, 지방 군주들의 자율권이 향상되었으며, 이후 신교는 제국 내에서 신앙의 자유를 공식적으로 인정받을 수 있게 되었다.

라. 프라하가 사랑한 연인, 모차르트

프라하의 연인이자 천재 음악가, 모차르트

하이든, 베토벤과 함께 고전 음악을 대표하는 3대 작곡가이자, 우리에게 천재 음악가로 알려져 있는 모차르트(Wolfgang Amadeus Mozart, 1756-1791)는 1756년 오스트리아의 잘츠부르크(Salzburg)에서 태어났다. 하지만 그에게 있어 프라하는 제2의 고향과도 같은 곳이다.

궁중 음악가이자 당대 유명한 음악 교육자로서 자식 교육에 헌신적이었던 아버지의 영향에 따라, 모차르트는 어린 시절부터 음악과 여러 학문을 쉽게 접할 수 있었고, 그만큼 일찍부터 그의 천재적인 음악 재능이 발휘될 수 있었다. 기록에 따르자면 4살 때부터 이미 악곡을 들으면 피아노로 옮길 수 있는 재능을 보였고, 5살 때부터 작곡을 시작한 것으로 알려져 있다. 특히, 많은 것을 직접 눈으로 보고 몸으로 익히기를 원했던 아버지의 교육 철학에 따라 6살 이후로 시작된 약 10여 년간의 유럽 여행과 여러 음악가들과의 만남은 그의 음악적 감성과 소재를 보다 풍족하게 만드는 밑거름이 되었다고 할 수 있다. 더불어, 여행 동안 비엔나의 쇤브룬(Schönbrunn) 궁전의 마리아 테레지아(Maria Theresia, 1717-1780, 황후 재위 1745-1765) 여제 앞에서, 그리고 베르사이유 궁전에서 공연 기회를 얻었고, 이를 통해 그의 음악에 대한 천재성이 알려지면서, 점차 유럽 음악계의 신동으로 자리매김을 하게 된다.

25세 이후 비엔나에서 음악가로서 본격적인 활동을 시작한 모차르트는 그의 음악 세계가 비엔나의 청중들에게서 점차 외면을 받기 시작했을 무렵인 30대 이후부터 프라하와 인연을 맺게 된다. 그는 한때 천재적인 음악가로서 재능을 발휘하여 비엔나에서 커다란 인기를 얻기도 했지만, 괴팍한 성격과 사생활에서의 여러 문제점으로 인해 점차 비엔나의 청중들과 지인들로부터 외면을 받기 시작하였다. 실망감에 빠진 그의 천재성을 다시 한번 확인하고 이를 뜨겁게 안아준 곳이 바로 프라하였다. 1787년 1월, 그가 프라하에서 공연한 가극 <피가로의 결혼, Le nozze di Figaro>은 상류 귀족층을 조롱하고 있다는 이유로 비엔나에서 금지되었지만, 프라하 청중들은 높은 찬사와 갈채를 보내주었다. 이후 모차르트는 그와 친분이 있었던 지인을 통해 프라하에 방문할 때마다 프라하 시내에 자리한 '베르트램카(Bertramka, 현재 모차르트 기념관)' 숙소에 머무르면서 그의 음악 세계를 구상할 수 있었다. 그리고 1787년 여름 여기서 그의 최대 역작 중 하나인 <돈 지오반니, Don Giovanni>가 완성되게 된다. <돈 지오반니>를 완성한 모차르트는 이 작품을 빈이 아닌 프라하 국립 극장에서 초연하였고, 이 작품 또한 엄청난 성공을 거두게 됨으로써, 그가 말년에 비엔나에서 느껴야 했던 여러 아픔과 음악적 수모를 깨끗이 치유할 수 있었다.

현재는 모차르트 기념관으로 모차르트가 프라하에 오면 묵었다는 베르트램카 숙소

하지만, 규칙적이지 못한 사생활로 인해 생긴 가난과 갖은 병마에 시달려야 했던 모차르트는 1791년 12월 장티푸스에 걸려 결국 35세라는 젊은 나이로 사망하게 된다. 하지만, <마술피리>, <터키 행진곡>, <주피터 교향곡>, <피가로의 결혼>, <프라하>, <돈 지오반니> 등 그가 남긴 1,000여 곡에 달하는 곡들은 여전히 세계 음악인들의 사랑을 한 몸에 받고 있다 하겠다.

동유럽 역사와 인물 속 한 마디

〈돈 지오반니〉

모차르트의 오페라 <피가로의 결혼>이 프라하에서 대성공을 거둔 후, 프라하시는 모차르트에게 새로운 작품을 의뢰하였고, 이렇게 해서 탄생한 것이 바로 오페라 <돈 지오반니>이다. <돈 지오반니>는 스페인의 유명한 전설적 여색가이자 바람둥이인 귀족 돈 주안(Don Juan)의 행적을 다룬 작품으로 희극과 비극적 요소를 적절히게 섞어 만든 수작으로 손꼽히는 작품이다.

1787년 비엔나에서 작품을 준비하던 그는 거의 완성된 그의 대본을 들고 그해 여름 빈의 더위를 피해 프라하로 휴식을 취하러 오게 된다. 프라하 관객들의 자신에 대한 애정과 기대를 알고 있던 그는 프라하에서 이 오페라를 초연하고자 했다. 하지만, 공연 일자를 잡아 둔 전날 저녁까지도 악보를 완성치 못하고 있었는데, 이때 그의 천재적 재능이 여기에서 또 한 번 발휘되었다고 전해진다. 이야기에 따르자면, 완성되지 못하던 <돈 지오반니>의 서곡 부분은 공연 전날 자신의 부인과 나눈 대화 내용을 기초로 하룻밤 사이에 작곡되었고, 10월 28일 공연 날 아침 악보 담당자에게 넘겨줄 수 있었다. 프라하 국립 극장에서 가진 그의 초연은 큰 성공을 거두었고, 모두들 그의 천재적 음악 재능에 다시 한번 감탄하는 계기가 된다. 실제, 극적인 요소뿐만 아니라 흥행적 요소 또한 충분히 지니고 있는 <돈 지오반니>는 이후 로시니, 바그너 등 여러 대작가들에게서조차 커다란 호평을 받았으며, 그의 죽음 이후 많은 사람들이 그의 죽음을 애통하게 여기게 된 중요 배경 중 하나가 되었다고 할 수 있다.

오늘날 체코에서 <돈 지오반니>는 전통 오페라 외에도 '마리오네트(Marionette)' 형식에 따라 각색한 인형극을 통해서도 어린아이들로부터 어른들까지 많은 사랑을 받고 있다. 마리오네트는 성모 마리아에서 유래된 어원으로, 르네상스 때부터 19세기까지 유럽 전역에서 널리 퍼진 '줄 인형극'을 총칭하는 말이다. 특히 줄 인형극인 마리오네트는 체코에서 더욱 발달하여 오늘날까지 많은 이들의 사랑을 받고 있다.

<돈 지오반니> 인형극의 서울 공연 홍보 포스터 장면

마. 체코 음악의 살아있는 신화, 스메타나와 드보르작

체코 출신인 스메타나(Bedřich Smetana, 1824-1884)는 어린 시절 맥주 양조 업자였던 아버지를 따라 보헤미아의 여러 지역을 여행할 수 있었고, 이때 느꼈던 감성과 경험을 통해 그의 음악적 싹을 키울 수 있었다. 6세 때 이미 공개 피아노 연주회를 가진 스메타나는 8세부터 작곡을 할 정도로 어린 시절부터 음악적 재능을 발휘하였다. 이러한 재능을 바탕으로 스메타나는 한때 비엔나에서 활동하기도 했지만, 체코로 돌아와서는 음악을 통해 체코의 독립과 민족부흥운동에 정열을 쏟게 된다. 특히 1859년 체코를 지배하고 있던 오스트리아의 합스부르크 제국군이 이탈리아와의 독립 전쟁에서 패전하고, 이어 1866년 프로이센 공국 등 독일과의 전투에서조차 패하게 되자, 헝가리를 비롯한 거의 모든 식민지 지역에선 제국으로부터의 독립 움직임이 본격화되게 된다. 이에 따라 오스트리아는 체코 지역을 비롯해 자신의 식민지 지역들에 대한 통제를 느슨하게 할 수 밖에 없었고, 이를 계기로 스메타나는 국민 가극을 통한 민족 음악 활동을 본격적으로 전개해 나갈 수 있었다.

체코의 사랑 <나의 조국>을 탄생시킨 스메타나

1866년 프라하 국민 극장의 지휘자가 된 그는 <팔려간 신부>를 초연하여 대중들의 폭발적인 반응을 얻는 데 성공하였다. 스메타나는 평소 체코인의 생명 속에는 항상 음악이 살아있음을 확신하였으며, 이러한 확신을 바탕으로 뒤이어 수 편의 작품들을 무대에 올릴 수 있었다. 이 중 1872년에 작곡된 <리부셰>는 체코 민족을 기리는 작품으로 호평을 받고 있다. 이어 청각을 상실해 가고 있던 스메타나는 1874년 오페라 곡인 <두 사람의 미망인>의 지휘를 마지막으로 은퇴를 선언하게 된다.

하지만, 1874년 여름 스메타나는 숲속에서 아름다운 플루트 소리가 들리는 환청을 느꼈고, 이를 기초로 자신의 대표작인 <나의 조국, Ma vlast>을 탄생시키게 된다. 6개의 교향시로 되어있는 <나의 조국>은 무엇보다도 보헤미아의 민족 음악과 애국주의에 뿌리를 두고 있었다. 이 중 '높은 성'이란 뜻을 지니고 있으며 과거 프라하의 옛 성으로 일컬어지고 있는 제1곡인 <비셰흐라드>와 우리들의 귀에 가장 익숙하면서도 유명한 제2곡 <몰다우>는 창작에 들어간 지 두 달 만에 완성되어 그의 천재성을 회자시킨 작품이기도 하다. 제1곡 <비셰흐라드>에 내포된 음악적 감흥은 과거 보헤미아 왕국의 영광과 쇠퇴 등 전설들을 그리고 있으며, 현재 프라하 시민들의 휴식을 위한 공원으로 꾸며진 비셰흐라드 안에는 스메타나와 드보르작 등 여러 유명 예술가들의 무덤들이 자리하고 있다. 제2곡 <몰다우>에서 몰다우강은 체코의 남쪽 고원 지대에

프라하의 옛 성으로 알려지고 있는 비셰흐라드와 성 초입의 모습 (상,하)

서 원하여 프라하 시내를 관통하는 강으로 체코어로는 블타바강으로 불리고 있다. 스메타나는 평소 몰다우강을 프라하의 모태로써 인식하고 있었다. 따라서 <나의 조국>의 여섯 곡 중에서 이 부분은 마치 귓가에서 물결이 흘러가듯 음악적 멜로디가 흐르는 아름답고도 정겨운 기법 때문에 대중들의 가장 큰 사랑을 받고 있는 곡이기도 하다. 실제, 이 곡을 연주할 때 쓰이는 악기 사용에 있어서도 이러한 감성이 그대로 반영되고 있음을 확인할 수 있다. 처음 음악의 시작은 몰다우강의 두 개의 수원을 상징하는 오보에와 바이올린 연주로부터 시작되어, 호른을 통해 숲속에서의 사냥 모습을 보여주고 있으며, 현을 통해선 강이 흐르는 소리들을 묘사해 내고 있다. 이후 달빛 아래에서의 요정들의 춤 잔치와 급류를 만나는 장면이 묘사되고, 마침내 프라하 시내에 들어와서는 장엄한 강의 흐름을 상징하는 연주로 탈바꿈되고 있음을 확인 할 수 있다. 이후 나머지 곡들 또한 1879년에 모두 완성해 세상에 내놓게 된다.

만년에 청력을 거의 잃은 상태에서 완성한 <나의 조국>은 어린 시절 그의 마을에서 보아 왔던 풍경을 마음속으로 그려가며 작곡되었다고 전해지며, 음악을 듣는 청중들에게 마치 숲과 강변에서 춤의 음악이 자신들에게 흘러들어 오는 듯한 착각을 일으킬 정도로 섬세한 예술적 세계를 보여주고 있는 수작으로 평가받고 있는 작품이다. 스메타나의 초기 작품들은 낭만주의적 색채가 다분히 내포되어 있지만, <나의 조국>에서 보이듯 점차 체코의 전통적 음악성을 기초로 한 새로운 음악 세계를 구축하였다는 평가를 받고 있다. 따라서 스메타나의 죽음 이후에도 아직까지 그에 대한 체코인들의 추모와 고마움이 이어지고 있다 하겠다.

특히 스메타나의 대표 작품 중 하나인 <나의 조국>은 스메타나의 서거일인 매년 5월 12일에 시작하여 6월 초까지 열리는 음악제 '프라하의 봄'의 오프닝을 장식하고 있으며, 관례에 따라 베토벤의 <합창 교향곡>이 예술제의 피날레로 연주되고 있다. '프라하의 봄' 행사는 현재 프라하에서 가장 아름다운 건축물로 손꼽히는 '스메타나 홀'과 19세기 이래로 체코 민족주의의 상징이 돼버린 예술의 전당이 자리한 '드보르작 홀'에서 열리고 있으며, 이 자리에선 체코의 음악적 수준을 전 세계에 알릴 수 있는 다양한 콘서트와 오페라 등이 펼쳐지고 있다. 그리고 이 행사에는 기존의 세계적 음악 작

아름다운 건축 미학을 자랑하며 프라하 시내에 자리한 스메타나 홀

품 외에도, 현대적이고 실험적인 새로운 작품들 또한 소개되고 있어 우리나라 음악가들의 많은 관심 또한 이어지고 있다.

스메타나와 더불어 체코가 낳은 세계적인 국민 음악가인 드보르작(Antonin Dvořák, 1841-1904)은 여인숙을 경영하던 아버지 밑에서 충분치 못한 경제적 사정으로 인해 독학으로 공부하여 세계적 음악가로 성장한 인물이다.

그의 음악적 감성이 일어나게 된 계기는 마을의 아마추어 악단의 일원으로 바이올린을 연주하게 되면서부터라고 할 수 있다. 이를 통해 드보르작의 음악적 재능을 확인하게 된 주변 사람들은 그의 아버지를 설득하였고, 마침내 1857년 프라하에 있는 오르간 학교에 입학한 그는 체계적인 음악 교육을 받을 수 있게 되었다. 하지만, 그의 음악적 열정과는 달리 여전히 빈약한 경제적 지원은 그로 하여금 극장과 여러 곳에서 아르바이트를 전전하게 하였다. 이후 그의

체코 예술의 전당이 되어 있는 드보르작 홀

명성이 조금씩 알려지게 되면서, 그는 1873년에서야 비로소 결혼과 함께 행복한 가정생활을 누릴 수 있게 된다.

체코가 낳은 세계적인 국민 음악가, 드보르작

1875년에 들어와서는 오스트리아 정부로부터 제국 내 신진 예술가에게 주어지는 정부 장학금 대상자가 되어 안정적 음악 생활을 유지해 나갈 수 있게 되었으며, 특히 이 당시 사귄 브람스(Johannes Brahms, 1833-1897)로부터 얻은 음악적 영감과 지원은 그의 재능을 세계적으로 떨치게 하는 계기를 마련해 주었다고 할 수 있다. 당시 브람스는 민속 음악을 전통 클래식 음악과 접목시키는 작업을 성공적으로 이끌어낸 세계적인 음악가로. 그의 이러한 업적은 <헝가리 무곡> 등 여러 작품들을 통해 확인할 수 있다. 브람스는 드보르작에게 음악적 조언 외에도 영향력 있는 출판업자들을 소개해 주었는데, 이를 통해 1876년 〈모라비아 2중곡>과 <슬라브 무곡〉 등 보헤미아의 정서가 묻어진 여러 곡들이 소개되어 세계적인 관심을 얻을 수 있게 되었다. 특히 <슬라브 무곡>의 경우 보헤미아의 고향에서 느꼈던 여러 정취를 풍부한 리듬과 다양한 악기 적 요소들로 승화시켰다는 평을 받고 있다. 당시 외세 지배하에 있었던 체코인들은 자신들의 정서가 드보르작에 의해 하나의 예술 작품으로 승화되면서 유명해지자 그에 대해 열광하기 시작하였다.

유럽 전역에서 그의 명성이 조금씩 알려지기 시작하였고, 이 당시에 그의 걸작 중 하나로 손꼽히는 〈성모 애가〉(1877) 등이 작곡되어 공연되게 된다. 이어 1890년 차이코프스키의 주선으로 가진 모스크바 연주회를 성공적으로 마친 그는 1890년에는 프라하 대학 그리고 1891년에는 미국 케임브리지 대학에서 명예음악박사 학위를 수여 받게 됨으로써, 체코 내에서뿐만 아니라 세계적인 음악가의 반열에 오르게 되었다. 1892년부터 1895년까지 그는 뉴욕 국립음악원의 원장직을 맡아 수행하였고, 이에 따라 미국에 머무르는 수년 동안 그의 다양한 작품들이 미국인들에게 소개될 수 있었다. 이 당시 미국에서의 느낌과 흑인 음악에서 얻은 감흥 그리고 여기에 보헤미아인들의 고향에 대한 향수를 보태어, 그는 1893년 교향곡 9번 〈신세계로부터〉를 작곡할 수 있었다. 그리고 이와 함께 슬라브적 요소와 미국 민요의 서정성을 섞어 만든 <첼로 협주곡 B단조>, 체코의 민족 정서가 듬뿍 들어가 있는 현악 4중주곡 <아메리카> 등을 작곡하여 세상에 내놓게 된다.

이처럼 드보르작의 음악적 세계에서 체코의 민족 정서와 슬라브족 소재는 빠질 수 없는 중요한 음악적 요소를 차지해 왔던 게 사실이다. 그는 음악을 통해 자신이 강력한 민족주의자임을 표현하고자 했지만, 이러한 표현 또한 정치적이 아닌 예술적 가치로써 승화시키려 했다는 점은 높이 평가받을 만하다 하겠다. 이후 고국에 대한 그리움으로 1895년 체코로 돌아와 음악원 교수로 재직하면서, 그는 <루살카> 등 일련의 작품 활동을 끝으로 1904년 그의 생을 마감하게 된다. 하지만, 그의 음악 세계는 스메타나에 이어 보헤미아의 아름다운 음악적 세계를 전 세계에 각인시키는 계기를 마련해 주었고, 오늘날까지도 체코인들에게 있어 여전히 체코 음악의 살아있는 신화로써 칭송하게 만드는 이유가 되고 있다.

바. 체코가 사랑하는 문학 거장, 프란츠 카프카

20세기 체코 프라하가 세계적인 문학 도시로 명성을 얻게 해 준 인물로는 프란츠 카프카(Franz Kafka, 1883-1924)의 문학 작품과 그 역할을 배제할 수 없다.

체코 프라하에서 태어났지만 민족적으론 유태인계 독일인이었던 카프카는 항상 어디에도 속하지 못하는 주변인으로 살아야만 했었다. 어린 시절 그의 어두운 성장기는 항상 그의 내면세계를 지배했으며, 이것은 또한 그의 작품 세계에도 그대로 나타나고 있다. 그의 아버지는 유대인 율법에 따라 권위적이었고 물질적 성공에만 집착하였으며, 반면 그의 어머니는 감성적이며 남편에 대한 복종을 운명으로써 그대로 받아들이는 여인이었다. 바쁜 생활고에 시달려야

체코의 문학 거장, 카프카의 사진(우)과 프라하에 있을 당시의 모습(좌)

했던 이 둘은 카프카를 보살피는 데 소홀하였고, 더불어 그의 글 쓰는 재주와 천재적 문학 감각을 전혀 이해하지 못했다. 따라서 어린 시절 카프카는 혼자서 자기만의 세계에 빠져 사색하는 시간이 많았다.

1916년 각별한 애정을 보였던 그의 막냇동생 오트라(Ottla)가 거주했던 연금술사들의 거리 이층집에서 6개월간 거주하면서 그의 단편집들이 완성되기 시작하였다. 거리 연금술사들의 기술이 뛰어나 돌도 황금을 만들 수 있을 정도로 유명했다는 황금소로에 자리한 그의 동생 집은 오늘날 프라하를 찾는 관광객들의 명소가 되어 있다. 아버지의 뜻에 따라 프라하 대학의 법학부에 들어간 카프카는 쇼펜하우어(Arthur Schopenhauer, 1788-1860)의 강연과 그의 영원한 동지 막스 브로트(Max Brod, 1884-1968)의 만남을 계기로 문학에 대한 열정을 꿈 키우기 시작한다. 대학을 졸업 후 그는 생활고 해결을 위한 일련의 직장 생활 속에서도 창작 활동을 계속해서 이어나갔다.

특히, 어린 시절 느꼈던 아버지에 대한 분노와 적개심, 그리고 그의 소심함과 내면적 고독은 그의 여러 작품들에서 그대로 나다나게 된다. 그가 살았던 시기인 20세기 초는 과학 문명의 발달 속에서도 인간의 불안과 소외감 등 본질적 문제들에 대한 고민들이 싹트기 시작한 시기로, 다양한 예술작품들에서 표

1916년 카프카가 잠시 머물렀던, 프라하 구시가지 황금소로에 자리한 동생 오트라의 집

현주의 기법이 유행하던 시기였다. 표현주의 기법이 보이는 회화 작품으로는 화가의 광기 어린 흥분 상태를 묘사한 고흐의 <별이 빛나는 밤>, 뭉크의 <절규> 등 여러 작품들을 들 수 있다. 카프카는 이러한 기법을 중심으로 아버지에 대한 감정과 그의 내면적 저항 심리를 <변신>, <판결>, <심판>, <성>, <아메리카> 등 다양한 작품들을 통해 표현하게 된다. 주로 독일어로 쓰인 그의 이러한 작품들은 사실적이고 정확한 묘사들을 환상과 꿈 등과 같은 분위기로 절묘하게 표현하고 있다는 특징을 지니고 있었다. 또한 그의 작품들에서 나타나는 특징 중 하나는 주인공들이 대부분 고독하다는 점과 그들이 살고 있던 세계에서 항상 이방인의 모습을 보이고 있다는 점을 들 수 있다. 어쩌면 이것은 자화상의 표현이라 할 수 있을 것이다. 그러한 한 예로 그가 1919년에 발표한 자서전 성격을 지닌 <아버지에게 보낸 편지>라는 작품에선 자신의 집에서 남들보다 더 남처럼 살고 있는 자신에 대한 비관과 함께, 아버지의 그늘로부터 벗어나기 위해 문학 작품에 몰두해가는 자신의 모습을 그려내고 있다.

1923년 글쓰기에 전념하고자 베를린으로 떠난 카프카는 1924년 겨울 영양

실조로 인한 폐결핵이 악화되어 빈에서 41세라는 짧은 생을 마감하게 된다. 그는 유언을 통해 그의 미완성된 작품들의 소각과 이미 발표된 작품들의 재판 발행 중지를 요청하였다. 하지만, 그의 친구이자 카프카의 천재성을 인식하였던 막스 브로트는 유언과는 달리 그의 작품들을 세상에 알리고자 노력하였고, 그 결과 오늘날 카프카와 프라하가 세계 속에 알려지는 계기를 마련해 주었다고 할 수 있다.

프라하 구시가지의 카프카 광장에 자리한 카프카의 부조물

사. 〈착한 병사 슈베이크〉을 통해 본 체코의 민족성

유럽과 아시아를 잇는 지정학적 위치로, 그리고 강대국들의 끊임없는 세력 확대로 인해 희생양이 되어야 했던 동유럽 민족들은 역사 속에서 많은 아픔과 고통을 겪어온 게 사실이다. 역사를 통해 살펴볼 때 동유럽의 각 민족들은 자신이 처한 현실과 환경 그리고 민족성에 따라 각자에 맞는 역사적 선택들을 하여 왔다. 강대국들의 침략이 있을 때에 어떤 민족은 민족적 자존심과 긍지를 바탕으로 끝없는 항전을 선택하였던 데 반해, 또 어떤 민족은 주로 저항보다는 항복을 통한 실리와 미래를 선택하여 왔다. 역사 속에서 어떠한 선택이 더 나은 선택이었다고 단정 지어 말할 수는 없다. 다만, 동유럽의 민족 중에서 전자의 선택을 주로 한 민족으로 폴란드인과 세르비아인을 들 수 있다면, 후자의 역사적 선택을 주로 한 민족으로는 체코 민족을 들 수 있을 것이다.

영토와 소수 인구라는 태생적 한계와 함께, 지리적으로나 역사적으로 주변 강대국들의 틈바구니 속에서 민족 정체성 유지와 발전에 어려움을 겪어왔던 체코인들은 자민족의 생존과 미래를 위해 강대국으로의 편승 전략을 자주 구사해 왔었다.

체코인들의 유머와 해학성을 세계에 알려준 하셰크

이러한 체코인들의 민족성은 하셰크(Jaroslav Hašek, 1883-1923)가 쓴 <착한 병사 슈베이크, Osudy dobrého vojáka Švejka za světové války>를 통해서도 잘 확인할 수 있다. 실제로 우리는 이를 통해 실용적이고 현실주의적이며 또한 유머와 해학을 사랑하는 체코 민족의 민족성을 간접적이나마 인식할 수 있을 것이다.

프라하에서 태어난 하셰크는 제1차 세계대전 이전까진 주로 합스부르크 제국의 지배하에서 일어났던 일련의 봉건적 사건들을 풍자적으로 그려내곤 하였다. 이러한 그의 풍자성은 이후 제1차 세계대전 당시 대전에서의 자신의 경험을 바탕으로 쓴 그의 대표작 <착한 병사 슈베이크>란 작품을 탄생시키는 밑거름이 되었다. 세계대전 당시 오스트리아군으로 소집되었지만, 오스트리아를 위해 싸우기 싫어했던 그는 일부러 러시아군에 속해 있던 체코슬로바키아 해방군의 포로가 되었고, 러시아 혁명을 전후해서는 볼셰비키 혁명에 가담하여 적군(赤軍)의 종군 기자와 정치위원으로 활동하게 된다.

풍자 문학의 걸작이자 유머 문학의 바이블로 손꼽히고 있는 그의 작품인 <착한 병사 슈베이크>에선 여러 실수를 저질러 혼란을 일으키지만, 결과적으론 제국 군대를 골려주고 자신은 옳은 선택을 하게 되는 주인공 슈베이크(Švejk)를 해학적으로 그리고 있다. 소설 속에서 슈베이크는 제1차 세계대전이 발발하자 오스트리아에 대한 충성을 보이며 주변인들의 전쟁 참여를 독려하지만, 정작 자신은 전쟁터에 나가기 전 부상을 당하여 진장에 끌려가는 대신에

<착한 병사 슈베이크>와 관련된 홍보 포스터 장면

후방에서 장교들의 심부름을 하면서 세월을 보내게 된다. 오스트리아 장교들 앞에선 갖은 아부와 충성을 보이는 그이지만, 뒤에서는 이들의 음식물과 여러 행위들을 통해 장교들을 괴롭히는 장면을 연출하고 있다. 결국 세계대전이 끝나자, 그가 살던 마을 젊은이들의 상당수는 전쟁터에서 희생되어 돌아오지 못하지만, 자신은 고향에 돌아와 새로운 삶을 하게 되는 것으로 이야기는 전개되고 있다. 이러한 작품 내용은 어찌 보면 강대국들의 앞에서 어쩔 수 없는 강요와 선택에 이끌려 가는 듯했지만, 결과적으론 실리를 얻어 왔었던 체코 민족의 역사와 매우 유사하다고 평가할 수 있다. 실제, 하셰크는 자신의 문학 작품을 통해 당시 오스트리아-헝가리 이중 제국 군대의 허상과 여러 민족들을 식민지로 거느린 군대의 실상을 그대로 보여주고자 노력하였다.

현재, 그가 작품의 주요 배경 중 하나로 설정한 선술집 식당(우 칼리하, U Kalicha)은 체코의 자랑인 흑맥주와 라이브로 된 체코 민요들을 즐길 수 있는 맥줏집으로 탈바꿈하였다. 그리고 과거 체코가 자랑하는 많은 작가들이 방문해 문학적 깊이와 해학을 털어놓았던 이곳은 현재에는 하벨 전 대통령을 비롯한 다양한 유명 인사들의 방문과 함께, 체코 문학을 사랑하고 이해하는 수많은 관광객들이 방문해 당시 슈베이크의 유머와 해학을 즐기고 있다.

소설 <착한 병사 슈베이크>의 무대이기도 했던 '우 칼리하' 레스토랑에서의 한 장면

아. 카렐 차페크의 희곡 〈로섬의 만능 로봇〉

1921년 체코 작가 차페크(Karel Čapek, 1890-1938)가 발표한 유토피아적 성향의 희곡 <로섬의 만능 로봇, R.U.R : Rossumovi univerzální roboti>은 세계에서 '로봇(Robot)'이라는 단어가 처음 사용된 작품으로 유명하다. 20세기 체코의 가장 유명한 소설가이자 극작가 중 하나로 평가받고 있는 차페크는 이 소설을 통해 '노동자처럼 일하는 기계'란 의미를 지닌, '로봇'이라는 용어를 탄생시켰다. 실제, 로봇의 단어의 기원은 서슬라브어 중 '노예' 혹은 '힘든 일'을 의미하는 체코어와 슬로바키아어의 '로보타(robota)' 그리고 슬로바키아어에서'노예 상태'를 의미하는 '라보타(rabota)' 등에서 착안한 단어라고 알려져 있다.

차페크의 어린 시절은 체코가 오스트리아의 오랜 지배를 받고 있던 시절로,

로봇 용어의 창시자, 차페크

차페크는 청소년 시절 동유럽의 다른 지식인들이 그러했듯이 자신 민족을 지배하고 있던 제국인 오스트리아에 대한 저항 운동에 심취해 있었다. 이후 프라하에서 철학과를 졸업한 차페크는 베를린과 파리 등 외국에서의 유학 시절 동안에 제1차 세계대전을 맞이하게 된다. 세계대전이 끝난 이후 프라하로 돌아온 차페크는 1921년부터 1923년까지 '비노흐라드 극장(Vinohradské divadlo)'의 극작가로 활동하게 된다. 이때 그의 희곡 <로섬의 만능 로봇>이 무대에 오르게 되었고, 이후 산업화의 확대 속에 로봇이라는 단어는 인간의 일을 대신해주는 기계들을 통칭하는 용어로 전 세계에 퍼지게 되었다. 당시 동유럽에서 유행하던 독일 표현주의 기법에서 힌트를 얻어 제작된 차페크의 희곡 <로섬의 만능 로봇> 작품은 실제에 있어선 당시 날로 심각해져 가고 있던 기술만능주의와 현대 기술 문명의 비인간성을 고발하고자 했으며, 특히 이러한 기계, 기술 문명의 발달이 가져올 비인간화 위협을 간접적으로 알리고자 했던 것으로 이해되고 있다.

소설에 따르자면 로섬은 로봇을 만들어내는 곳이었는데, 이후 사람을 닮은 로봇에게 사람과 같은 생각과 고통을 느끼는 능력을 주게 된 후, 이들 로봇들이 인간에게 반란을 일으켰고, 이후 권력을 잡게 된 로봇들이 인간들을 모두 살해한다는 내용을 담고 있다. 하지만, 차페크는 마지막 내용에서 로봇이 사람처럼 사랑의 감정을 느끼게 되고, 이어 인간들이 부여하지 않았던 생식기 기능이 탄생되는 등 향후 인간 등 새로운 생명체에 대한 희망을 심어주고자 했다. 이처럼 인간에 의한 로봇 통제 및 새로운 등장의 가능성은 이후, 로봇이 지배했던 세계를 다시 인간들이 지배하고, 이를 재건해 나간다는 내용을 담은 차페크의 또 다른 희곡 <창조자 아담>을 1927년 탄생케 하였다.

차페크가 탄생시킨 로봇의 개념과 그 용어는 점차 산업화, 공업화가 심해져 가는 현실 속에서 향후 인간의 일을 대체하게 될 로봇에 대한 두려움을 낳게

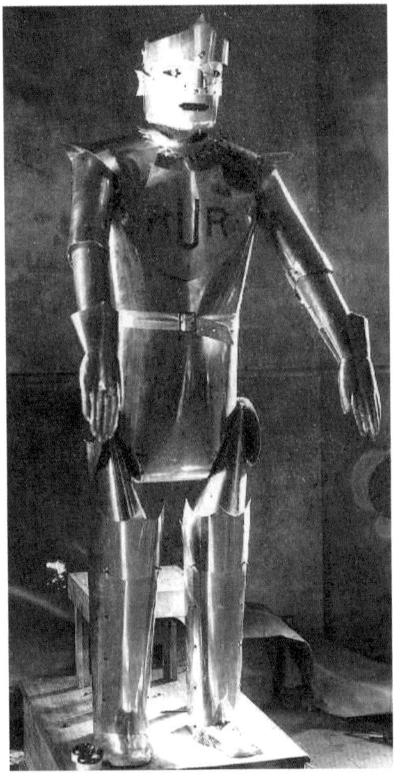

희곡 <로섬의 만능 로봇>에 나오는 로봇

하고 있다. 반면, 로봇에 대한 인간의 통제 필요성과 통제가 주어진 범위 내에서의 보다 인간적이고 친근한 로봇의 등장을 낳게 한 데도 일조하였다고 할 수 있다. 실제, 소련에서 출생했지만 미국으로 넘어와, 미국 과학 소설가로 그리고 다양한 학문 분야의 저술가로 유명세를 떨쳤던 아이작 아시모프(Isaac Asimov, 1920-1992)는 <강철 로봇, The Caves of Steel>(1954)에서 시작하여, 이후 <여명의 로봇, The Robots of Dawn>(1983), <로봇과 제국, Robots and Empire> (1985) 등 다양한 로봇 소설 작품들을 발표하였다. 이런 로봇 소설 작품들의 기초는 바로 1942년 그가 제안한 '로봇 공학 3대 원칙'에 바탕을 두고 있었다. 로봇의 3대 원칙은 첫째, 로봇은 인간에게 해로운 행동을 하지 않으며, 인간이 해를 당하는 것을 그냥 지켜봐서는 안 된다. 둘째, 로봇은 첫 번째 법칙에 어긋나는 경우가 아니면 인간의 명령에 따라야 한다. 셋째, 로봇은 첫 번째와 두 번째 법칙에 어긋나지 않는 범위에서 자신을 보호해야 한다 는 내용을 담고 있다.

이후 한동안 인공 지능을 지닌 로봇과 관련한 다양한 소설들과 영화들이 제작, 상영되었다. 이들 작품들은 가끔은 인간과 로봇이 서로 공존하는 모습들을 보여주기도 했지만, 주로 로봇과 전쟁을 벌이는 인간들의 모습 혹은 이러한 전쟁에 패한 후 지하 혹은 다른 세계에서 숨어 지내는 인간들이 로봇에게 저항하는 모습을 보여주는 모습들이 주요 소재가 되고 있다. 실제로, 소설과 영화 속에서 보여주는 로봇에 의한 인간 살해 사건이 1979년 미국의 한 공장의 조립라인에서 발생하였고, 이 사건은 이후 로봇에 의해 살해된 최초의 사건으로 기록되고 있다.

점차 고도로 발전해가는 로봇 산업에 따라, 머지않은 장래에 우리는 현재 영화에서 보이는 것처럼, 로봇들과 함께 공존하는 세상에 살게될 것으로 보인다. 따라서 무엇보다도 향후 미래 로봇 생산의 원칙에 있어, 앞서 언급한 로봇 공학 3대 법칙을 준수하며 윤리적 감각을 지닌 로봇 생산이 절대적으로 지켜져야 한다는 점이 중요하다 하겠다. 즉, 로봇의 윤리적 기능과 원칙을 연구하는 '기계 윤리(Machine Ethics)' 학문의 발달이 필요하다는 점이다. 이러한 원칙에 맞추어 탄생한 로봇은 인간처럼 목표지향적인 의사결정을 내릴 수도 있을 것이고, 그런 과정 속에서 자신의 목표에 이로운 것과 해로운 것의 가치를 판단하는 능력을 지니게 될 것이다. 로봇 공학과 윤리학이 융합된 이러한 로봇은 현재 '윤리적 로봇(Ethical Robot)'이라 명명되고 있다. 최근에 들어와 이러한 윤리적 원칙이 프로그램화된 지능형 인간 로봇들이 점차 개발되고 있으며, 곧 있으면 우리 주변 가까이에서 우리를 도우며 인간과 함께 생활하게 될 것이다. 20세기 초 체코의 한 극장에서 시작된 로봇의 탄생은 이제는 고도로 산업화 된 미래 세계를 맞이해야 하는 우리에게 절대적인 존재이자 같이 살아가야만 하는 공동체적 인물로 등장하게 된 것이다.

자. 민주화, 자유를 향한 싹, 프라하의 봄과 두프체크

제2차 세계대전 이후 체코슬로바키아는 소련의 영향력 하에서 사회주의 국가로 변모하게 된다. 다른 동유럽 국가들과 마찬가지로 체코슬로바키아에서 또한 권력의 중앙 집중화와 함께 경제적으로는 정부 주도의 국유화와 집단화가 전국 곳곳에서 진행되게 된다. 더불어, 1948년 티토와 스탈린 간의 코민포름 분쟁 이후 재기 된 스탈린주의 강화와 티토주의자들에 대한 숙청 작업으로 공산당원들을 포함해 약 14만 명 가까운 인사들이 처형되거나 감옥에 투옥되어야 했다. 이들 중 상당수는 소련의 일방적이고도 강압적 압력이 몰고 오는 일련의 문제점들을 제기했거나, 혹은 공산당 정책에 의문을 지니고 있다고 판단되는 인물들이 대상이 되었지만, 그들에는 권력 다툼에 의한 희생자들도 다수 있었다. 이러한 숙청작업은 1953년 스탈린이 사망하고, 1955년 후르시쵸프가 새롭게 권력을 장악한 이후에도 한동안 지속되게 된다.

이런 가운데, 제2차 세계대전 이전까지 유럽에서 중공업이 매우 발달한 선진국이었던 체코슬로바키아는 1960년대 들어와 심각한 경제 위기에 직면하게 된다. 생산물의 저하와 농산물 출하량의 감소 그리고 국가 예산의 압박과 국민 소득의 감소가 현저하게 낮아지는 등 1961년부터 시작된 제3차 5개년 계획이 시작부터 완전히 실패로 돌아갔음이 확인되었다. 국유화 경제 체제의 실패가 확인되자, 곧이어 책임자들에 대한 정치적 비판과 함께 과거 스탈린 체제 시기에 수립된 지나친 중앙 집중적 경제 시스템의 문제점에 대한 개선 방안이 논의되어졌다. 개혁적 당 관료들과 함께 '작가 동맹' 등 지식인들 또한 1950년대에 시행된 대규모 숙청작업의 문제점들에 대해 비판하기 시작했고, 상황이 점차 심각해지자 정부에선 스탈린주의 시대에 시행된 정책들의 문제점들에 대해 시인하고, 이 당시 희생되거나 체포되었던 일부 인사들의 명예회복을 단행하였다.

정치, 경제 및 사회 개혁에 대한 계속된 요구가 이어졌고, 이러한 투쟁의 선봉에는 사회주의 체제 수립 이후로 중앙정부에 의해 소외받았다고 생각하고 있던 슬로바키아 지식인들이 자리하고 있었다. 당시 이들은 일련의 개혁뿐만 아니라, 체코와 슬로바키아 간의 동등한 권리 보장을 요구하였다. 1964년 이후로 목표 달성이 아닌 수익성에 기초한 신경제 모델 채택이 발표되었고, 정치 분야에 있어서도 권력과 행정 분권화 작업 등이 단행되게 된다. 하지만, 슬로바키아는 여기에 만족하지 않고 연방제 도입과 경제 정책 수행의 자율권 등을 요구하고 있었다. 그리고 마침내, 1967년 6월 기존의 사회주의 틀을 유지하려던 보수 세력과 새로운 시스템 도입을 통한 민주주의를 구축하고자 했던 개혁 세력 간의 공개적인 충돌이 발생하게 된다. 작가 동맹 대회에서 지식인들은 공산당 검열의 문제점과 일련의 정책들을 강도 높게 비난하였고, 이에 대해 중앙당은 작가 동맹 간부들에 대한 당원 제명과 학술지 발행금지를 통해 이들에게 압력을 행사하려 하였다.

이런 분위기 속에서, '프라하의 봄'의 싹은 조금씩 커져가고 있었다. 1967년 10월 프라하 학생 기숙사의 열악한 거주 조건에 항의하는 학생 운동이 점차

체코 시민들로부터
환영을 받고 있는 두프체크

반(反)정권 운동으로 확대되었고, 이에 대한 경찰 부대의 무리한 진압이 이어지게 된다. 여론과 개혁론자들의 비판 속에 노보트니(Antonín Novotný, 1904-1975, 서기장 1953-1968, 대통령 1957-1968)가 해임되고, 1968년 1월 슬로바키아 출신이자 온건적 개혁 성향이 강했던 두프체크(Alexander Dubček, 1921-1992, 재직 1968-1969)가 당 제1서기로 올랐다. 곧이어 고위 정치 지도부들이 개혁 성향의 인사로 교체되었고, 일부 지식인들과 당 개혁 관료들을 중심으로 시작된 개혁 운동은 점차 대중 운동으로 크게 확대되게 된다. 4월에는 '인간의 얼굴을 가진 사회주의'란 모토가 담긴 '사회주의로 나아가는 체코슬로바키아의 길'이 선언된 이후, 모든 당원들의 자유로운 의사 개진이 보장되었고, 비밀투표에 의한 당 간부 선출 및 모든 조직에의 당의 독단적 개입 억제 등 정치적 민주화의 추진과 함께 경제 분야에 있어서도 기업의 독립성이 강화되었다. 이어 6월 27일에는 유명 작가인 루드비크 바쿨리크(Ludvík Vaculík)에 의해 체코슬로바키아의 투쟁의 역사를 강조하는 '2000어 선언'이 발표되었는데, 이 선언은 이후 노동자를 비롯한 일반 대중들의 자유화 추진과 동참에 큰 공헌을 한 것으로 평가받고 있다.

체코슬로바키아에서의 민주화, 자유화 움직임에 대해 소련은 국내 문제로 치부하고 초기 별다른 반응을 보이지 않았었다. 하지만, 1968년 6월 '2,000어

선언' 이후로 이 지역에서의 개혁 움직임이 지나치게 급진적으로 돌아가고, 향후 동유럽 다른 국가들에게도 유사한 사태를 촉발할 수 있다고 판단한 소련은 체코슬로바키아 영내에서 바르샤바 조약군의 합동 군사 훈련 등 무력시위를 함과 동시에 지도부에게 잇따라 경고를 내리게 된다. 이어 7월 29일부터 8월 2일까지 소련과 체코슬로바키아 지도부는 서로 간에 합의점을 찾기 위한 대화를 나누었고, 8월 3일 슬로바키아의 브라티슬라바(Bratislava)에서 양국을 비롯해 동독, 폴란드, 헝가리, 불가리아 대표들이 참여하여 마르크스-레닌주의의 강화와 사회주의 체제의 불(不)포기 등의 내용이 담긴 '브라티슬라바 선언문'을 발표하였다. 이것은 훗날 사회주의 체제의 고수를 위해서라면 군사적 개입도 불사하겠다는 뜻이 담긴 '브레즈네프 독트린'의 기초를 제공하게 되었다고 할 수 있다.

하지만, 선언문 채택에도 불구하고, 소련은 사전 통보 없이 1968년 8월 20일, 20만 명에 달하는 바르샤바 조약군을 이끌고 체코로 진격해 들어왔다. 체코슬

프라하의 봄 당시 바츨라프 광장으로 진군하는 바르샤바 조약 군대

1968년 프라하의 봄 당시, 프라하로 진군한 바르샤바 군대에게 돌아가라고 외치는 체코인

로바키아 정부는 시민들에게 저항하지 말 것을 요청하였고, 소련은 두프체크를 포함한 개혁 성향의 당 관료들을 체포해 소련으로 압송하게 된다. 이후 국내에 돌아온 두프체크는 소련의 지시를 그대로 따를 수밖에 없는 현실을 눈물로 호소하였고, 1969년 4월 두프체크의 해임을 전후로 개혁파들의 대규모 숙청과 과거 사회주의 체제로의 회귀가 뒤따르게 되었다.이후 체코슬로바키아 정권은 소련과의 관계 강화에 모든 초점을 맞추도록 강요되었고, 이러한 고통은 1989년 체코슬로바키아에서 다당제 선거가 합의되고 민주화가 진행되게 될 때까지 지속되었다. 훗날 두프체크는 1989년 민주화를 향한 일련의 확신을 통해 체코와 슬로바키아 민족에게 희망을 다시 한번 안겨주었으며, 이에 따라 1989년 12월 체제 전환 당시 공산당과 민주 세력 간의 타협에 따른 국정의 최고 지도자로서의 역할을 수행하게 된다.

1968년 비록 소련의 강압적 개입과 군사적 압력으로 민주화와 자유화를 향한 체코슬로바키아인들의 첫 발걸음이 좌절되었지만, 이후 프라하 봄에서의 민주화를 향한 열정과 경험은 1977년 1월에 발표된 '77헌장'[17] 등 지식인들의 또 다른 열정으로 표출되어 체코슬로바키아의 민주주의를 이끄는 중요한 씨앗이 되었다고 할 수 있다.

차. 밀란 쿤데라의 〈참을 수 없는 존재의 가벼움〉과 체코 민주화

20세기 체코 문학의 거장, 밀란 쿤데라

체코슬로바키아의 브르노에서 태어난 밀란 쿤데라(Milan Kundera, 1929-)는 어린 시절 음대 교수이자 피아니스트였던 그의 아버지의 영향에 따라 음악적 재능을 발휘하였다. 프라하 카를 대학교의 예술학부에 입학한 후, 1년 뒤에는 프라하 영화 예술 아카데미(FAMU)로 전학하여 이곳에서 영화 기획 및 희곡 창작에 대한 열정을 꽃피우게 된다. 한때 공산당 당원이기도 했던 그는, 당시 확대되어가던 반(反)체제 인사들의 무자비한 숙청 과정을 지켜보면서 공산당 독재의 문제점을 조금씩 깨닫기 시작하였다. 그러한 문제점을 풍자적으로 고발한 작품이 바로 1967년에 발표된 <농담>이다. 이후 그는 예술가이자 극작가였던 하벨(Václav Havel, 1936-2011)과 함께, 1968년 프라하의 봄에 참가하게 된다. 하지만, 소련군의 개입으로 민주화 요구가 실패하고 문학 집필이 금지당하게 되자, 그는 1975년 프랑스로 망명길을 선택해야 했었다.

프랑스로 간 그는 1979년 소련 지배하에서 고통받는 체코 시민들의 모습을 그리는 <웃음과 망각의 책>을 발표하였으며, 특히 1984년 그의 대표작인 <참을 수 없는 존재의 가벼움, Nesnesitelná lehkost bytí(The Unbearable Lightness of Being)>이라는 책을 발표하기에 이른다. 무엇보다도 이 작품은 1968년에 일어난 프라하의 봄을 작품으로 형상화하여 체코인들의 민주화를 향한 열기를 전 세계에 알리는 계기를 마련해 주었다고 평가할 수 있다. 처음 책이 출판될 당시 체코어로 써진 그의 작품은 순수 작가로 남기를 바라는 쿤데라의 의지와는 달리, 점차 양대 블록 간의 이념적 대결이 그 끝을 향해 달리고 있던 당시 상황에서 동유럽의 민주화를 상징하고 이를 촉구하는 대표 작품으로 소개되었고, 이에 따라 여러 국가들의 언어로 번역되게 되었다. 이후 동유럽에서 민주화 열기가 점차 고조되어 가던 1988년에는 미국의 영화감독인 필립 카프만(Philip Kaufman, 1936–)에 의해 영화로 제작되면서 전 세계인들의 이목을 집중 받을 수 있었으며, 우리나라에서도 또한 북방정책과 함께 소련과의 외교 관계 구축이 진행되어 가던 1988년 무렵에 이 책이 번역되어 독자들에게 처음으로 소개될 수 있었다. 이후 1989년 베를린 장벽이 붕괴되고 동유럽에서 민주화와 자유화가 폭발적으로 진행됨에 따라 그와 그의 작품에 대한 인기 또한 높아졌고, 체코의 민주화를 상징하는 대표적인 작품으로 인정받게 된다.

1989년 11월 바츨라프 광장에 모여 민주화를 외치는 체코 군중들

그의 대부분의 작품들은 다소 상반되는 소재들의 이분법적 대비를 통해 작품의 완성도를 높여나간다는 특징을 지니고 있다. 즉, 그의 작품 속에는 항상 빛과 어두움, 영혼과 육체 간의 갈등, 따뜻함과 차가움, 느림과 빠름, 우연과 운명 그리고 자유를 향하는 체코슬로바키아와 이를 억압하려는 소련 등 다양한 이분법적 소재가 문학적 재미를 이끌어내고 있다. <참을 수 없는 존재의 가벼움>에서도 또한 바람둥이이자 섹스광인 남자 주인공 토마스(Tomáš)를 등장시키면서, 동시에 지나칠 정도로 전통적이며 고전적인 가치관을 지닌 테레사(Tereza)와 반면 가벼운 쾌락적 사랑을 즐기고 개방적 성의식을 지닌 여성 인물 사비나(Sabina)를 서로 대비시켜가며 극적인 효과를 꾀하고 있음을 확인할 수 있다. 그동안 단순히 육체적 사랑의 가벼움과 섹스의 즐거움에 몰두해 있던 토마스는 지방에 수술 차 내려와 만나게 된 테레사를 통해 그동안 지니고 있던 자신의 무지하고도 일방적인 여성관에 대해 고민을 하게 된다. 또한 그는 프라하의 봄 당시 체코 지식인들의 민주화 열의와 여러 선언에 자신도 지식인으로써 참여하게 되는 과정을 밟게 된다. 하지만, 프라하의 봄은 실패하였고, 이후 유능한 정형외과 의사였던 그는 이 사건으로 인해 유리창 청소부로 전락하게 되었다.

문학 비평가가 아닌 역사 전공자로서의 시각에서 이 작품을 바라본다면, 어쩌면 밀란 쿤데라는 토마스의 입을 통해, 토미스가 그동안 존재의 가벼움의 쾌락에 빠져 있다가 어려움을 겪게 된 자신의 모습을 통해 확인할 수 있듯이, 체코 민주화의 실패는 체코 역사의 참을 수 없는 존재의 가벼움에서 비롯되었다고 역설하면서, 다시 한번 체코 민중들이 민주화를 향해 그 존재의 가벼움을 떨쳐버릴 것을 주장하고 있는지도 모른다.

쉬어가기

체코의 맥주 이야기

체코를 대표하는 주류를 들라고 한다면 지구상에서 가장 맛있는 것으로 소문 난 맥주를 손에 꼽을 것이다. 체코는 연간 개인 소비량이 평균 160리터에 이를 정도로 세계 최고를 자랑하고 있다.

여러 종류 가운데서도 체코 맥주를 대표하는 것으로는 필젠(Plzeň) 지방에서 약 1840년대부터 생산된 황금빛깔의 라거 맥주가 단연 손꼽히며, 이 중 '필젠 지방의 오리지널'이란 뜻을 지닌 '필스너 우르켈(Plzeňský Prazdroj/ Pilsner Urquell)'은 이제 우리 주변에서도 흔하게 마실 수 있는 친숙한 맥주가 되어 있다. 19세기 중반 이후로 체코 맥주 맛의 명성이 알려지게 되면서, 유럽과 미국 등 세계 곳곳에서 이와 유사한 상표들이 남발하였고, 그 결과 체코에선 오리지널을 의미하는 우르켈이란 용어를 특허 내어 사용함으로써 차별화를 꾀하고 있는 중이다. 필스너 우르켈 맛의 특징은 맥주의 탄산 맛이 되도록 천천히 빠져나가도록 하기 위해 거품이 풍성하다는 특징과 함께, 첫맛은 부드러우면서도 끝맛은 단맛과 쓴맛이 교차하는 다양한 맛을 내고 있다는 특징을 지니고 있다.

이외에도 체코 맥주의 또 다른 대명사로는 우리에게는 통상 미국 맥주로 알려져 있는 '버드와이저 부드바르(Budweiser Budvar)'를 들 수 있다. 유럽에선 체코를 오랫동안 지배하였던 게르만 권의 영향에 따라 '부드바이저'로 그리고 미국과 북미를 중심으로 세계 여러 곳에선 '버드와이저'로 불리고 있지만, 정확한 체코식 맥주 이름은 '부제요비츠키 부드바르(Budějovický Budvar)'로, 현재 체코를 비롯해 유럽 상당 지역에서 맥주 애호가들의 인기를 얻고 있다. 체코의 부제요비체(Budějovice) 지방이 원산지이자 그 지방 명을 딴 이 맥주는 발효가 뛰어나 걸쭉하고 냄새가 다소 강하다는 특징을 지니고 있으며, 한때 체코와 미국 간의 일련의 상표권 분쟁이 진행되면서 화제가 되기도 했다.

›››

쉬어가기

동유럽 음식 문화의 특징 그리고 로흘릭과 크네들릭

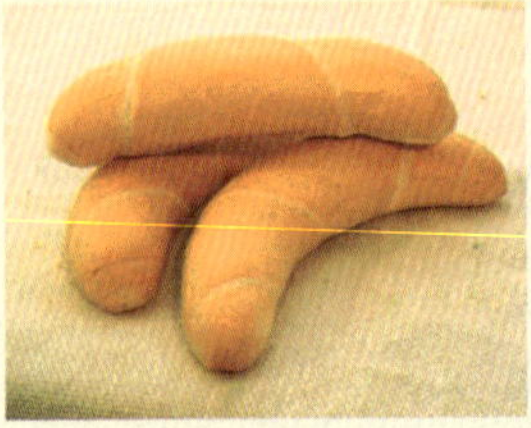
로흘릭

동유럽 민족들의 음식 문화 특징을 살펴본다면, 우선 자신들을 오랫동안 지배해 왔던 주변 제국들의 영향을 상당수 받아들이면서도, 동시에 자신들이 처한 환경과 여건에 따라 오랫동안 보존해 왔던 자체적인 음식 문화를 서로 결합시켜 다채로운 음식들을 선보이고 있다는 점을 들 수 있다. 실제, 역사적 배경에 따라, 보스니아-헤르체고비나를 경계로 발칸 유럽 남부 지역의 음식 문화는 약 400년 넘게 자신을 지배하여 왔던 터키식 음식 문화가 하나의 중요한 요소를 차지하고 있다. 반면, 오랫동안 신성 로마 제국과 합스부르크 제국의 지배하에 있었던 발칸 유럽의 크로아티아나 슬로베니아를 비롯해 중부 유럽권의 상당수 동유럽 민족들은 다른 동유럽 지역과는 또 다른 음식 문화를 선보이고 있다 하겠다.

크네들릭

체코 지역의 음식과 그 음식 문화 또한 자신을 오랫동안 지배하여 왔던 오스트리아나 독일 등의 영향이 매우 크다고 할 수 있으며, 슬로바키아의 경우는 헝가리 음식 문화에 일련의 영향을 받았다고 할 수 있다. 따라서 이들 지역의 음식 문화를 살펴볼 때, 우리나라의 불고기나 김치처럼 그들만의 독창적이고 독특한 음식을 찾아내는 것은 그리 쉬운 일이 아니다. 하지만, 이들 지역을 여행할 때 간단히 접해 볼 수 있는 대중적 대표 음식들을 소개한다면, 바로 로흘릭(Rohlík)과 크네들릭(Knedlíky) 등을 들 수 있다. 다소 기다란 밀가루 빵처럼 생긴 로흘릭은 우리의 길거리 음식처럼 체코와 슬로바키아인들이 매우 흔하게 먹는 음식으로 기다란 빵에 소시지와 소스를 넣어 먹거나, 아니면 꿀이나 다양한 잼을 발라 가볍게 한 끼 식사를 때울 수 있는, 값이 싸면서도 여행 중 유용한 음식이라 할 수 있다. 크네들릭은 주로 우리나라의 약간 긴 찐빵이나 롤케이크 모양처럼 생겼는데, 이 지역 사람들이 매우 흔하게 애용하는 대중 음식 중 하나라 할 수 있다. 크네들릭은 삶은 감자나 갈은 생감자를 밀가루 반죽에 섞어 끓는 소금물에 10분 이상 담근 후 만들어 내는 것으로, 지방에 따라 다양한 맛과 형태로 만들어지고 있다.

VIII

천혜의 관광 자원과
역사적 유물이 공존하는 곳
크로아티아

제8장_천혜의 관광 자원과 역사적 유물이 공존하는 곳, 크로아티아

가. 크로아티아에 남겨진 로마 제국의 유산

크로아티아 지역, 이 중에서 과거 로마 제국의 직접적인 통치 하에 있었던 아드리아(Adria) 해안 지역에는 오늘날까지 수많은 고대 로마의 유적물들이 잘 보존되어 수많은 관광객들의 찬사를 받고 있다. 과거 로마가 이 지역을 지배하기 이전, 아드리아해의 여러 섬들을 비롯한 달마티아(Dalmcija/ Dalmtia) 지역은 고대 일리리아인(Illyrian) 부족들의 주요 활동 무대였다고 할 수 있다. 하지만, 아드리아해를 중심으로 지중해 상권을 장악하며 번성하였던 일리리안 부족들은 BC 168년 마지막 수도였던 쉬코드라(Shkodër/ Scodra, 오늘날 알바니아에 위치)가 로마군에게 함락됨으로써 역사 속으로 사라지게 된다. 이후 로마 제국의 지배하로 들어간 아드리아해 연안과 달마티아 지역에는 로마의 수많은 역사적 유물과 건축물들이 세워지게 된다. 로마 제국의 분열 이후, 이들 지역은 한동안 동로마 제국의 영향권 하에 들어갔지만, 중세 시대를 거치면서 베네치아 공국과 오스트리아의 영향권이 확대되었고, 19세기 초에 들어와서는 나폴레옹의 유럽원정에 따라 프랑스의 영향권 하에 편입되기도 하였다. 제2차 세계대전 이후 사회주의 유고슬라비아 연방 하로 영토가 편입되기 이전까지, 아드리아 해안 지역은 이탈리아의 영향권 하에서 르네상스 및 여러 문화적 경험을 만끽하였던 곳으로, 오늘날에는 1992년 연방에서 독립을 선언한 크로아티아의 영토가 되어 있다.

크로아티아는 유럽에서 대표적인 관광 국가로 손꼽히고 있는 곳이지만, 우리에게 아직은 낯설고 알려지지 않은 미지의 지역이라 할 수 있다. 특히, 과거 로마 제국의 지배하에서 다양한 유물들과 건축물들이 원형 그대로 잘 보존되어 있는 아드리아 해안 지역의 주요 도시들은 그 천혜의 아름다운 자연환경과 더불어, 크로아티아를 세계적인 관광지로 알리는 데 일조하고 있다 하겠다. 고대 로마가 크로아티아에 남긴 여러 유물 중 대표적인 것으로는 바로 스플리트(Split)에 건설된 로마 황제 '디오클레티아누스(Diocletian, 244-311, 재위 285-305)의 궁전'과 아드리아해 북부의 이스트라(Istra/ Istria) 반도에 자리한 풀라(Pula)의 로마식 원형 극장인 '풀라 아레나(Pula Arena)' 그리고 포레취(Poreč)에 자리한 '유프라시아 바실리카 수도원(Eufrazijeva bazilika/ Euphrasian Basilica)'을 들 수 있다.

우선, 디오클레티아누스가 자신의 병 치료와 은퇴를 위해 건축한 스쁠리트 궁전은 그 당시 로마 제국의 대규모 건축술을 보여주는 대표적인 사례라 할 수 있다. 군인황제 출신으로 권력을 장악한 디오클레티아누스는 점차 기울어져 가던 제국 통치의 효율성을 위해 자신을 비롯한 4명의 황제를 두는 '4누 성치 체세(네트라키아, Tetrarchia)'를 단행하였으며, 이것은 훗날 군인황제 시기를 마감시킨 콘스탄티누스에 의한 로마 제국의 분열과 동로마 제국의 탄생을 낳는 역사적 배경을 형성케 하였다. 오랜 질병으로 고생하였던 디오클레티아누스는, 사후에 황제권을 넘겨주었던 다른 황제들과 달리, 305년 5월 황제를 스스로 사임한 후 313년 사망할 때까지 스플리트 궁전에 들어가 여생을 마감하게 된다.

디오클레티아누스의 조각상

고대는 물론 특히 중세시대 이후로 중요한 해양 무역 도시이자, 오늘날 아드리아해의 주요 국제 무역항인 스플리트 도시 안에 자리한 '디오클레티아누스 궁전'은 295년 건축이 시작되어 305년 디오클레티아누스가 황제에서 물러날 때를 맞추어 완공되었다. 전해지는 자료들에 의하자면, 건설 초기 궁전 성벽의 한쪽은 약 215m, 다른 한쪽은 180m로 거의 직사각형 모양의 형태를 띠었으며, 4개의 성문과 16개의 탑이 있었지만, 현재는 3개의 탑만이 보존되어 남아 있다. 궁전의 벽 중 한 면은 바다를 향하도록 되어 있었고, 바닷가와 접한 성문 밖에는 작은 항구들이 만들어져 수시로 여러 선박들이 정박할 수 있도록 설계되어 있었다. 따라서 파도와 폭풍을 고려해 바닷가 쪽 벽의 두께는 2미터, 높이는 22미터로 내륙 지역의 두께와 높이보다 다소 높게 설계되었던 것으로 보인다. 현재는 여러 차례의 보수와 산책로 개발에 따라 궁전 성벽까지 파도가 밀려오지는 않고 있다.

고대 로마시대의 궁전 건축물 중 가장 크고 가장 잘 보존된 것으로 평가받고 있는 디오클레티아누스 궁전은 건축 양식에 있어서도 그리스 양식과 비잔틴 양식이 반씩 섞인 당시 건축술에 있어서 다소 과도기적인 양식을 대표하는 건축물이라 할 수 있다. 정사각형에 가깝게 설계된 궁전 안에는 각 성문에서부터

스플리트에 자리한 디오클레티아누스 궁전의 상상 조감도

이어진 4개의 길이 정 중앙에서 만나도록 설계되었으며, 중앙까지 오는 길마다 거대한 성 기둥들이 늘어서 있다. 북쪽 성벽 끝에는 당시 노예와 하인 그리고 성 수비대를 위한 숙소들이 있었던 것으로 추정되며, 남쪽 성벽 끝에는 웅장한 아치형태의 황실 거처와 여러 집무실들이 자리했던 것으로 보인다.

궁전의 여러 유적 중 현재까지 남아 있는 가장 대표적인 것들로는 653년 대성당으로 탈바꿈한 디오클레티아누스의 묘를 들 수 있는데, 성당 안에는 당대와 이후를 대표할 만한 다양한 프레스코 벽화들과 함께, 대리석 설교단 그리고 로마네스크 양식의 다양한 조각물들이 자리하고 있다. 로마 제국에서 크리스트교를 박해했던 마지막 황제인 디오클레티아누스는 전통적인 로마 신전 건축에도 많은 관심을 보였고, 그의 궁전 안에 주피터 신전을 세우기도 하였다. 하지만, 뒤를 이은 콘스탄티누스에 의해 크리스트교가 공인되고, 이후 제국 말기에 국교로 인정되게 되자, 주피터 신전은 이후 크리스트교 신자들의 세례 장소로 변경되었으며, 14세기 이후로는 로마네스크 양식의 종탑이 추가로 건설되게 된다. 디오클레티아누스 궁전 외에도 현재 스플리트에는 다양한 지

스플리트에 있는 디오클레티아누스 궁전의 현재 모습

도, 사진, 조형물, 축소된 모형 등이 전시되어 있는 해양 박물관과 함께, 크로아티아에서는 물론 세계적인 조각가로 명성을 떨친 이반 메쉬트로비치(Ivan Meštrović, 1883-1962)의 작품들을 전문적으로 소장한 박물관이 관광객들의 흥미를 자극하고 있다.

궁전의 항공사진 모습과 궁전 안에 자리한 17세기 로마네스크 양식의 종탑

크로아티아에 보존되어 있는 또 다른 대표적인 로마 유적 물로는 풀라에 있는 로마식 원형 극장인 '풀라 아레나'를 들 수 있다. 풀라를 비롯한 이스트라 반도 지역은 BC 177년 이후로 로마 제국의 지배하에 들어갔으며, BC 46년 시저(Gaius Julius Caesar, BC 100-BC 44) 통치 하에서 이들 지역에 일련의 도시들이 세워져 로마인들의 정착이 본격화되게 된다. 이후 풀라 아레나는 BC 27년부터 AD 68년까지 오랜 시기를 거치며 증축되었으며, 오늘날까지 세계에서 현존하고 있는 로마 원형 극장 중 6번째의 규모를 자랑하고 있다(최대 관객 23,000명까지 수용).

이 지역에서 추출되고 있는 단단한 석회석을 기초로 건축된 풀라 아레나는 바깥쪽 벽면의 가장 높은 곳이 29.40미터에 해당하며, 3개의 층 중 첫 번째와 두 번째 층에는 각각 72개의 아치형이 그리고 가장 높은 층에는 직사각형의 오픈 된 기둥들이 64개가 자리하고 있다. 또한 풀라 아레나는 모두 15개의 문을 지니고 있는데, 그 아레에 자리한 여러 개의 지하 통로를 따라 동물들과 검투사들의 통행 그리고 다양한 상점들이 자리했던 것으로 추정되고 있다. 더불어,

풀라에 자리한 로마식 원형 극장 모습

두 개의 물탱크를 비롯한 우물 시설 또한 잘 정비되어 있어 당시 로마의 우수한 건축술과 로마인들의 선진화 된 문화상을 확인할 수 있는 중요한 자료가 되고 있기도 하다. 로마 제국 지배 당시 다양한 경기 외에도 연극 및 공연을 위한 원형 극장으로도 활용되었던 이곳은, 이후 풀라가 계속해서 이스트라 반도의 주요한 행정 중심 도시로써의 역할을 하게 한 중요 원동력을 제공하였다.

이들 유적들과 함께, 크로아티아에 남겨진 로마 문화의 또 다른 대표적인 유산으로는 아드리아해의 포레취에 자리한 동로마(비잔티) 제국의 아름다운 건축물인 '유프라시아 바실리카 수도원'을 들 수 있다. 포레취의 대표적인 관광물이자 3개의 본당으로 구성되어 있는 유프라시아 바실리카 수도원은 지중해 연안에 자리한 초기 비잔틴 문화의 흔적을 확인할 수 있는 최고의 건축물 중 하나로 손꼽히고 있다. 초기 수도원의 흔적은 4세기 후반까지로 거슬러 올라가며, 3세기 후반 포레취가 자리한 이스트라 지역 내 주교 관구의 초대 주교였지만 제국의 박해로 순교했던 성 마우루스(St. Maurus)를 기념하기 위해 세워진 것으로 알려지고 있다. 당시 건설된 경배 장소를 비롯해 로마식 집 구조물

풀라의 로마식 원형 극장에서 매년 여름마다
열리는 음악 페스티벌의 모습

현대적 넥타이의 고향인 크로아티아,
기네스북에 오른 세계에서 가장 큰 넥타이

초기 비잔틴 문화의 최고작 중 하나로 손꼽히는 포레취의 유프라시아 바실리카 수도원

들이 잘 보존되어 왔으며, 같은 시기에 로마네스크 양식에 따라 보다 넓게 확장된 형태로 남아 오늘날 많은 관광객들의 찬사를 자아내게 하고 있다.

고대 로마 시절 크리스트교를 상징하는 물고기 그림이 그려있는 복도의 모자이크를 통해서, 그리고 형인 발렌티니아누스(Falvius Valentinianus, 321-375, 재임 364-375)로부터 동로마 제국의 통치권을 넘겨받은 발렌스(Flavius Julius Valens, 328–378, 재위 기간 364-378) 황제의 기념주화 발굴을 통해서 또한 당시의 시대상을 확인할 수 있는 곳이다. 오늘날 수도원의 모습은 서기 6세기경인 553년부터 이 지역 주교였던 유프라시아 주교에 의해 약 10년에 걸쳐 재건설된 것이며, 건설 당시 본래 수도원 자리에 있었던 기초물들의 상당 부분이 재사용되었음을 확인할 수 있다. 유프라시아 바실리카 수도원은 이후 오랜 역사 속에서 일어난 일련의 사고들과 화재 그리고 지진 등으로 일부 세밀한 부분들이 파손되기도 했지만, 여러 차례의 보수와 다양한 건축 양식들이 보완되면서 오늘날 크로아티아에서 로마 문화의 흔적을 매우 잘 보여주고 있는 대표적인 건축물 중 하나로 자리 잡고 있다.

동유럽 역사와 인물 속 한 마디

크로아티아 관광 산업의 특징

앨빈 토플러를 비롯해 미래를 진단하고 있는 여러 학자들은 향후 21세기를 이끌어갈 대표적 핵심 전략산업으로 '정보통신 산업', '환경 산업'과 더불어 '관광 산업'을 꼽고 있다. 이에 따라 우리나라를 비롯해 세계 여러 국가들은 이들 분야의 활성화를 위해 부단한 노력을 기울이고 있는 실정이다. 동유럽의 여러 국가들 중에서 크로아티아는 지중해와 연결된 약 930여km의 아드리아 해안선을 따라 고대 및 중세 유적과 깨끗한 자연환경을 보유하고 있는 관광 대국 발전의 무한한 잠재력을 지니고 있는 국가이다.

크로아티아 관광 산업의 특징을 살펴보자면, 첫째, 인간에 의해 창조된 역사적 유물 자원이 자연 그 자체와 함께 서로 상호 존립할 수 있으며, 훌륭한 경제적 가치를 창출해 낼 수 있다는 것을 보여주는 대표적인 '환경친화적 관광 산업'을 추진하고 있다는 점이다. 둘째, 1,246개의 섬과 함께 지중해와 연결된 아드리아해 등으로 지리적으로 외국 관광객들이 들어오기 편한 '관광 최적의 입지조건'을 들 수 있다. 셋째, 자연의 아름다움에 대한 시각적 즐거움 외에도 고대 그리스와 로마 유적 그리고 중세 시대의 건축물과 민속 유산들이 현재까지도 잘 보존되어 있어, 관광객들에게 '고대, 중세 문화 탐방의 즐거움'을 하나 더 제공해 줄 수 있다는 점이다. 넷째, 크로아티아에서의 '다양한 민속, 전통 축제' 그리고 아드리아해에서만 맛볼 수 있는 '다양한 해물 요리'는 크로아티아 관광의 매력을 보다 돋보이게 하고 있다 하겠다.

나. 크로아티아인들의 발칸 유럽 정착과 최초의 왕 토미슬라브

로마 제국 말기 이후로 진행된 아시아 유목 민족들의 유럽 침공과 함께 6-7세기를 거치며 진행된 아바르족의 동로마 제국 침공을 전후로, 여타 다른 남슬라브 부족들처럼 크로아티아인들 또한 우크라이나를 거쳐 발칸반도로 이주하여 들어오게 된다. 이후 크로아티아인들은 5형제 공동체로 나누어져 발칸반도의 주요 강인 사바강과 드라바강 사이 크로아티아 동부에 자리한 현 슬라보니아(Slavonija/ Slavonia)지방과 아드리아 해안가인 달마티아 지역 등에 거주하였다는 것이 정설로 알려져 왔다. 하지만, 오늘날 크로아티아 역사가들 가운데 일부 다른 주장들이 제기되고 있는데, 이들의 주장에 따르자면 원시 크로아티아인들의 조상은 다른 남슬라브족들과는 달리 중앙아시아와 흑해 인근에서 세력을 형성하고 있던 샤르마냔(Sarmatian)인들이었으며, 유럽으로 들어 온 이후로, 한때 보헤미아 지방과 폴란느 남부지역을 정복하였다고 말하고 있다. 또한 이들 지역에 정착한 크로아티아인들이 오늘날 폴란드의 크라코프 인근 지역에 당시 '백크로아티아(White Croatia)'라 불리던 작은 나라를 건설하였다고 주장하고 있다. 이후 이들 크로아티아인들이 이 지역의 다수민족이었던 슬라브 민족들과 섞이게 되면서, 슬라브 언어와 문화를 받아들이게 되었고, 그 결과 슬라브화가 진행되었다는 주장이다.

이를 둘러싼 논쟁들은 여전히 진행 중이지만, 확실한 것은 7세기경에 크로아티아인들이 이미 아드리아 해안 지역을 중심으로 발칸지역에 거주하였다는 점이다. 실제, 10세기에 써진 비잔틴 제국의 기록에 따르자면, 7세기에 비잔틴 제국의 헤라클리우스(Heraclius, 575-641, 재위 기간 610-641) 황제가 비잔틴 영토로 몰려온 아바르 인들을 몰아내기 위해 크로아티아인들을 비잔틴군에 편입시켰고, 이를 기초로 아바르족을 물리쳤다는 내용이 담겨있다는 점에서 이를 확인할 수 있다. 이후, 비잔틴 제국의 영향력 하에서 콘스탄티노플 교회(훗날, 정교로 발전)를 받아들였던 크로아티아인들은 8세기 이후로 약화된 비잔틴 제국을 대신해, 점차 세력을 확대해가던 로마 교회(훗날, 가톨릭으로 발전) 추종자인 프랑크 왕국의 지배하로 넘어가게 된다. 이후 프랑크 왕국을 발전시켜 신성 로마 제국을 건설한 카를 대제(카를 1세, 샤를마뉴 대제 Charlemagne/ Charles the Great, 742-814, 왕 768-814, 황제 800-814)에 의해 803년 크로아티아인들의 가톨릭 개종이 본격화되게 된다. 이에 따라 아드리아 해안 도시인 닌(Nin)에 최초 크로아티아 가톨릭 교구가 수립되었고, 이후 닌은 중세 크로아티아에서 가장 중요한 중심 지역으로 발전하게 되었다.

910년 이후로 닌의 영주가 된 토미슬라브(Tomislav, ?-928, 영주 910-925, 왕 925-928)는 계속해서 남하해 오던 마자르족의 공격을 잘 막아내었고, 이후 드라바강을 경계로 달마티아 지역과 남부 파노니안 평원 지대 등 영토를 확

크로아티아 최초의 왕, 토미슬라브의 925년 왕위 대관식 장면

보함으로써 크로아티아 독립 왕국 건설의 기초를 다지게 된다. 이 당시 크로아티아는, 이웃한 세르비아인 거주지와 비잔틴 제국 영토를 장악해가며, 발칸 유럽의 거대 제국으로 부상하고 있던 제1불가리아 제국의 위협에도 직면해 있었다. 923년 비잔틴 제국의 콘스탄티노플 교회는 당시 로마 교황인 존 10세(John Ⅹ, 재위 914-928)에게 로마 교회와 콘스탄티노플 교회의 해당 관구들을 공동으로 관리하여 불가리아인들의 공격을 막아낼 것을 제안하였다. 이에 대해 존 10세는 그동안 비잔틴 제국의 관할 하에 있던 달마티아 도시들의 관구들을 로마 교회에 귀속시킬 것을 요구하게 된다. 이에 비잔틴 황제는 달마티아의 해양 도시들인 스플리트, 자다르(Zadar), 트로기르(Trogir) 등 상당 도시들의 관할권을 크로아티아의 토미슬라브에게 넘겨주어야만 했었다. 당시 비잔틴 제국은 921년부터 924년까지 이어진 불가리아 제국의 라쉬카(Raška, 세르비아 중세 왕국의 전신) 공국 침공으로 발칸반도에서 자신의 영향력을 급격히 상실해 가고 있었고, 따라서 오랫동안 영향권 하에 있었지만 상대적으로 멀리 떨어져 있던 달마티아 지역에까지 관심을 가질 수가 없었다. 924년 라쉬카 공국이 불가리아 제국의 공격에 의해 무너졌고, 이를 피해 세르비아인들이 크로아티아 영내로 피신해 들어오게 되면서 크로아티아는 불가리아 제국과의 본격적인 전쟁에 직면하게 된다. 이런 상황 속에서 로마 교황 존

자그레브 중앙역 앞에 자리한 토미슬라브 왕의 동상 앞에서

10세는 925년 토미슬라브를 크로아티아 독립 왕국의 왕으로 임명한 후, 불가리아 제국과의 본격적인 싸움에 임할 것을 명하게 된다. 수 차례의 전쟁 속에 마침내 927년 오늘날 보스니아 북동부 지역에서 치른 대전투에서 크로아티아는 결정적인 승리를 거두었고, 이에 따라 그는 독립 왕국의 본격적인 기틀을 마련할 수 있게 되었다.

더불어, 그가 사용한 왕실 문장은 오늘날 크로아티아 국기로 활용되면서 그 역사적 의미를 되새기게 하고 있다. 세계 여러 나라의 국기들 가운데 독특한 무늬로 관심을 끌고 있는 크로아티아 국기는 빨간색-흰색-파란색의 삼색과 체크무늬의 문장(25개의 빨간색, 흰색 바탕) 그리고 각 지방의 문장(두브로브니크 공국, 크로아티아, 달마티아, 이스트라, 슬라보니아)이 새겨있는 다섯 개의 작은 방패로 고안된 왕관으로 구성되어 있다. 특히, 크로아티아 국기의 바탕이 되는 빨강-흰색의 체크무늬 문장은 중세 크로아티아 왕국을 건설한 토미슬라브 왕의 문장으로 이후로 지금까지 계속해서 크로아티아 국가 지위의 상징이 되고 있다.

크로아티아 국기가 형상화된 축구복을 입고 응원하는 크로아티아인의 모습

크로아티아 중세 왕국의 몰락과 헝가리

토미슬라브 왕에 의해 독립 왕국을 건설한 크로아티아는 이후로 비약적인 발전을 이루게 되지만, 슬라보니아 지방 영주 출신인 즈보니미르(Dmitar Zvonimir, ?-1089, 영주 1064-1075, 왕 1075-1089)왕의 사망 이후 발생한 왕위 계승권을 둘러싼 귀족들 간의 치열한 다툼으로 인해 국력이 급격히 쇠락하게 된다. 이후, 헝가리 공주 출신이자 즈보니미르의 처였던 리예파(Jelena Lijepa, 여왕 1075-1091)의 설득으로 인해 귀족들은 헝가리 왕에게 왕위 계승권을 넘길 것을 약속하였고, 그리고 1102년 크로아티아 왕국의 영토가 헝가리 왕국의 영향력 하로 완전히 넘어가는 상황에 이르게 되었다.

이후 16세기 헝가리가 오스만 터키에 의해 멸망함에 따라, 크로아티아 내륙지역은 합스부르크 제국의 지배하로 들어갔으며, 아드리아 해안의 상당 지역은 베네치아 공국의 영향력 하에 한동안 편입되게 된다. 1867년 '오스트리아-헝가리 이중 제국' 수립 이후에 다시 헝가리 지배하에 들어가게 된 크로아티아는, 19세기 당시 헝가리 민족 정체성 강요를 의미하는 '마자르 화' 정책 확대로 어려운 시기를 맞이해야 했었다. 이후 제1차 세계대전에서 헝가리 등 구축군이 패전함에 따라 비로소 크로아티아는 헝가리의 영향력에서 완전히 벗어날 수 있게 된다.

즈보니미르와 헝가리 공주이자 그의 부인이 리예파의 약혼식 장면

토미슬라브 왕에 의해 수립된 독립 왕국이 상실된 이후, 크로아티아는 20세기 초까지도 계속된 외세의 지배 속에서 다양한 문화들을 접해야 했으며 일련의 어려운 시기를 견디어야만 했었다. 이후 양차 세계대전을 거치며 형성된 사회주의 유고슬라비아 연방 하에서 구성 공화국 중 하나로 발전하다가, 1990년대에 들어와 연방 붕괴과정 속에서 내전을 거치며 다시 한번 독립 국가를 이루는 데 성공하게 된다.

다. 마르코 폴로의 〈동방견문록〉

우리에게 <동방견문록, The Travels of Marco Polo>이란 책의 저자로 잘 알려져 있는 마르코 폴로(Marko Polo, 1254-1324)는 당시 베네치아 공국의 영토였던 크로아티아 아드리아해 달마티아 지역의 코르출라(Korčula) 섬에서 태어났다. 베네치아의 유명 무역상이었던 그의 아버지 니콜라(Nikola)는 중앙아시아 및 아시아 전역을 돌아다니며 무역업을 하였으며, 세계 여러 지역에 대한 견문을 넓히고자 했던 마르코 폴로 또한 17세였던 1271년부터 아버지를 따라 중앙아시아를 거쳐 중국 원나라에 가게 되었다. 힘든 여정 끝에 1275년 마침내 중국에 도착한 마르코 폴로 일행은 당시 몽고의 뒤를 잇는 원제국의 황제이자 칭기즈 칸의 손자로 몽고의 다섯 번째 칸이 된 쿠빌라이 칸(Kublai Khan, 1215-1294, 재위 1260-1294)을 만나게 된다. 당시 쿠빌라이 칸은 과거 선조들의 역사를 통해 전해 들었던 유럽 세계의 문화와 더불어 이들과의 교류에 관심이 많았으며, 따라서 유럽 문화의 핵심이라 할 수 있는 크리스트교 문화에 대해서도 높은 흥미를 지녔던 것으로 알려지고 있다. 쿠빌라이 칸의 요청에 따라 마르코 폴로 일행은 예수의 성수와 함께 가톨릭 사제(가톨릭 수도회 중 하나인 도미니코 수도회의 수사)들을 원나라로 데려오고자 했고, 여행 도중 사제들은 돌아갔지만 성수만은 쿠빌라이 칸에게 바칠 수 있었다. 이후 쿠빌라이 칸의 신임을 얻은 마르코 폴로는 황제의 명에 따라, 약 17년 동안 중국 전역은 물론 동남아시아 여러 지역을 돌아다니면서

마르코 폴로의 고향, 코르출라섬의 전경

코르출라에 있는 마르코 폴로 기념관 입구

베네치아에서 떠나는 마르코 폴로와 원 황제 쿠빌라이 칸에게 인사하는 모습 상상도

아시아의 새로운 세계와 문화를 경험할 수 있게 된다.

1292년 고향으로 돌아온 그는 한때 베네치아와 더불어 동방 무역을 경쟁하였던 이탈리아 북부의 제노바(Genoa) 공국과의 해전에서 포로로 잡히어, 1298년부터 약 1년간 감옥에 투옥되게 된다. 이때 그가 들려준 아시아의 여러 이야기는 감옥의 같은 방 동료였던 소설가 루스티겔로(Rustichello da Pisa)에 의해 <세계의 서술, Divisament dou monde/ Description of the World>이란 제목으로 세상에 알려졌다. 초기 라틴어로 써진 이 작품은 훗날 <밀리언, Il Milione/ The Million> 외에 여러 제목으로 그리고 유럽 내 다양한 언어들로 출간되게 된다. 1271년부터 1291년까지 약 20년에 걸친 마르코 폴로의 여행 이야기를 담은 <동방견문록>의 내용은 여행지에 따라 크게 4부분으로 나눌 수 있다. 첫 부분은 중국으로 가기 전 들렸던 중동과 중앙아시아에 관한 이야기

동방견문록에 수록된 내용

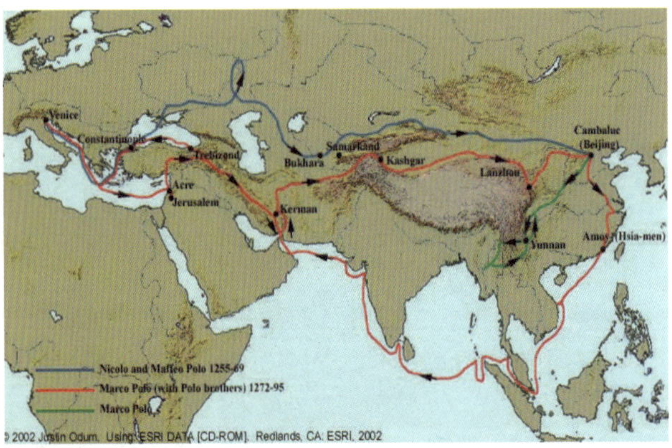

마르코 폴로의 동방 원정로

이며, 두 번째 부분은 중국과 쿠빌라이 칸의 궁전 모습을, 세 번째 부분은 인도, 일본, 스리랑카를 비롯한 동남아시아와 아프리카의 동부 해안에 대해 그리고 마지막 부분에서는 중국 북부에 자리한 몽고와 러시아 일부 지역들에 대해 묘사하고 있다.

마르코 폴로의 아시아 여행담을 담은 <동방견문록>은 오늘날 일부 역사가들을 중심으로 책 내용의 진위 여부를 둘러싸고 그 신빙성 논쟁에 휩싸여 있는 게 사실이다. 하지만, 출간 초기 유럽인들의 비웃음을 받아야 했던 그의 책들은 이후 콜럼버스를 비롯한 수많은 탐험가들의 도전 정신을 자극시켰고, 16세기 이후로 유럽의 신대륙 발견과 아시아로의 동방 원정에 주요한 동기를 제공해 주었다고 할 수 있다. 또한 국내에 <동방견문록>이란 이름으로 소개된 마르코 폴로의 여행 경험담을 담은 이 책은 유럽에 아시아를 최초로 소개한 책이라는 점에서 또 다른 역사적 의미를 지닌다고 하겠다.

라. 아드리아해의 진주, 두브로브니크

아드리아해의 진주, 두브로브니크와 수호성인 성 블라이셰

발칸 유럽 남단 아드리아 해안에 자리한 크리스트교 전통의 중세 도시인 두브로브니크(Dubrovnik)는 아일랜드의 극작가이자 소설가로 1925년 노벨 문학상을 수여받은 버나드 쇼(George Bernard Shaw, 1856- 1950)가 1929년 이곳을 방문한 후 그 아름다움에 감탄해 "만약 지상의 낙원을 보고 싶다면 두브로브니크로 오라!("If you want to see heaven on earth, comc to Dubrovnik!")"고 극찬했을 정도로 세계적인 관광지이자 역사

적 유산이라 할 수 있다. 실제, 두브로브니크는 천혜의 아름다운 관광지인 아드리아해안 가에 접해 있어, 통상 '아드리아해의 진주'란 별칭을 지니고 있다. 아직까지도 성내에 거주민들이 생활하면서 중세 도시의 특징을 고스란히 간직하고 있는 두브로브니크는 1979년 도시 전체가 UNESCO에 의해 세계 문화유산으로 지정되면서 세계인의 많은 관심을 받게 된다. 중세 시절 '라구사(Ragusa) 공국'으로 불렸던 두브로브니크는 아시아와 유럽을 잇는 중요한 도시로써 급성장하였으며, 당시 거두어들인 부를 활용해 주변 지역들로의 계속된 영토 확장을 추진하여, 15-16세기에는 베네치아와 어깨를 견줄 수 있는 '해양 무역 공국(Maritime Republic)'으로 발전할 수 있었다.

역사 기록에 따르자면, 아드리아해의 작은 돌섬에 불과하였던 두브로브니크는 7세기 슬라브족의 침공을 피해 달아난 로마 시민들의 피난처로 처음 알

성벽 위에서 찍은 두브로브니크 성내의 모습

려졌고, 도시 내 성벽 일부 등 여러 유물과 역사적 흔적에 따라, 8세기 이후로 한동안 동로마 제국의 영향 하에서 초기 문화와 도시의 발전을 진행해 갔음을 확인할 수 있다. 하지만, 크로아티아에서의 최근 연구에 따르자면 이 도시의 역사는 더 거슬러 올라가, 몬테네그로의 부드바(Budva) 그리고 마르코 폴로의 고향인 크로아티아의 코르출라와 함께 고대 그리스인들의 해양 도시였음이 주장되고 있다. 십자군 전쟁 이후 1205년부터 1358년까지 베네치아 공국의 영토 하로 편입된 두브로브니크는 이후 한동안 헝가리 영향력 하로 들어갔다가, 15세기 이후로는 베네치아 공국 등 이탈리아의 다른 해양 공국들과 견줄 만큼 그 세력이 확대되게 된다. 이후로도 한동안 서유럽 국가들과 오스만 터키 사이에서 아시아와 유럽을 잇는 중개 무역을 통해 부를 축적해 나갔지만, 16세기 이후로 확대된 신대륙 발견과 새로운 항로 개발, 특히 1667년 대규모 지진으로 인해 인구의 1/5이 사망하고 도시 대부분이 파괴되면서 무역 도시로써의 명성이 점차 쇠퇴하게 되었다. 이후, 20세기 중반에 들어와 유럽의 대표적 관광지 중 하나로 부상하게 된 두브로브니크는 아름다운 자연과 함께 중세의 웅장한 건축물들을 보존한 채 점차 그 명성을 다시 한번 확대시켜 갈 수 있었다. 하지만, 1991년 사회주의 유고슬라비아 연방의 붕괴 과정

성 블라이셰 교회 앞에서 진행되는 여름 축제 모습

두브로브니크 여름 축제의 장면

속에서 발생한 약 7개월간의 세르비아군 포위와 포격으로 인해 도시 건물의 약 56%가 피해를 입는 아픈 역사를 지니고 있기도 하다. 이후 UNESCO와 여러 국제적 기관들의 지원에 따라 2005년 거의 모든 파괴의 흔적들이 완전히 치유되었으며, 오늘날 두브로브니크는 세계적인 여러 관광 협회들에서 모두 인정하는 21세기 세계 최고 관광지 중 하나로 다시 한번 급부상하고 있다.

무엇보다도 두브로브니크의 매력은 중세의 여러 유적물들이 자연과 함께 그대로 살아 숨 쉬고 있다는 점이다. 우윳빛 대리석이 깔린 광장과 중앙 도로,

두브로브니크 성내에 자리한 성 블라이세 교회

경사가 가파른 골목길, 중세 수도원과 교회 외에도 잘 보존된 중세 고성의 내외부와 지중해의 쾌적한 기후 그리고 푸른 숲이 한데 어우러져 아름다운 장관을 만들어내고 있다. 이와 함께 1949년 이래로 매년 여름 45일간(7월 10일-8월 25일)에 걸쳐 열리고 있는 '두브로브니크 여름 축제(Dubrovačke ljetne igre/ Dubrovnik Summer Festival)'에선 세계적 수준의 클래식 연주회, 다양한 연극과 오페라 그리고 크로아티아 전통 민속 무용 등이 아름나운 에메랄드빛의 자연 환경과 중세 건축물과 잘 어울리며 관광객들에게 즐거움과 함께 두브로브니크의 매력을 보다 느끼게 하고 있다.

두브로브니크 성 내부의 대표적인 역사 관광지로는 '성 블라이셰 교회(Crkva Svetoga Vlaha/ St. Blaise Church)'와 여러 중세 수도원, 중세 시대의 약국 및 도시를 감싸고 있는 웅장한 성벽을 들 수 있다. 우선, 성 블라이셰(Sveti Vlaho/ St. Blaise, ? - 316)를 수호성인으로 하고 있는 두브로브니크 성내에는 성의 광장에 자리한 18세기 아름다운 이탈리아 바로크 풍의 '성 블라이셰 교

에메랄드빛 아드리아 해안가에 접한 두브로브니크 성곽의 모습

회'를 들 수 있으며, 오늘날 박물관이 된 1441년에 세워진 고딕-로마네스크 양식의 수도원장 관저 또한 많은 사랑을 받고 있다. 또한 관광객들의 성 출입을 위한 주요 문인 '필레 게이트(Pile Gate, 고대 그리스어로 Pile는 Gate란 뜻을 지님)' 인근에 자리한 프란체스코 수도원에는 1317년 이래 운영되어온 유럽에서 세 번째로 오래된 약국이 자리하고 있으며, 오래된 약국들 중에서 오늘날까지 운영 중인 유일한 약국으로도 유명하다. 이 외에도 1528년에 완공된 후 1667년 두브로브니크 대지진에도 무너지지 않고 그대로 보존되어 문화적 가치가 매우 높은 '성 세이비어 교회(Crkva Svetog Spasa/ St Saviour Church)'와 더불어 고딕 양식과 로마네스크 그리고 르네상스 양식 등이 절묘하게 결합 된 다양한 중세 건축물들이 관광객들의 시선을 끌고 있기도 하다.

이와 함께 두브로브니크의 웅장한 성벽 또한 즐거운 볼거리를 제공하고 있는데, 두브로브니크 성벽은 13세기에서 16세기 사이에 건설되었으며 아직도 원상 그대로 보존되어 있어 관광객들의 찬사를 받고 있는 곳이기 하다. 일부 논쟁의 여지는 있지만 중세 때 지어져 오늘날까지 보존된 유럽 최고의 성벽 중 하나로 평가받고 있으며, 그 길이는 기존 2km에서 오늘날 더 확장되어 5km에 이르고 있다. 성벽의 두께는 보통 4-6미터 사이이며 가장 두꺼운 곳이 거의 7m에 이르고 있으며, 높이는 25m이며 16개의 탑이 있는 거대한 구조물이다. 특히 도시 내부 쪽 가장 높은 전망 탑에서 바라보는 아드리아해와 성 내외부의 전망은 매우 아름다우며, 성벽을 따라 걷는 것은 두브로브니크 방문객들 사이에서 최고의 추억이 되고 있다.

마. 천재 발명가, 니콜라 테슬라의 생애와 업적

에디슨(Thomas Alva Edison, 1847-1931)의 동료이자 특히 전기 분야에 있어 천재적인 발명가로 알려져 있는 니콜라 테슬라(Nikola Tesla, 1856-1943)는 오늘날 크로아티아 고스피치(Gospić) 지방의 스밀리얀(Smiljan) 마을에서 태어났다. 테슬라가 출생한 이 지역은 크로아티아와 세르비아 양 민족의 역사에서 매우 중요한 의미를 지니고 있는 곳이다. 오스만 터키는 1683년 제2

차 비엔나 전투에서 패배한 이후, 1699년에 들어와 합스부르크 제국과 스렘스키 카를로브찌 조약을 맺게 되는데, 이에 따라 양 제국 간에는 새로운 국경선이 그어지게 된다. 당시 터키의 또 다른 침략을 우려하였던 합스부르크 제국은 발칸 유럽에서 터키의 공격을 피해 도망쳐 온 세르비아인 등 남슬라브족을 한데 모아, 이들을 위한 정착촌 건설 및 종교 자유, 세제 혜택 등을 제공해 주는 대신에, 이들에게 터키 침략 시 이것을 1차적으로 방어하는 국경 수비대(Vojna granica)의 임무를 맡겼었다.

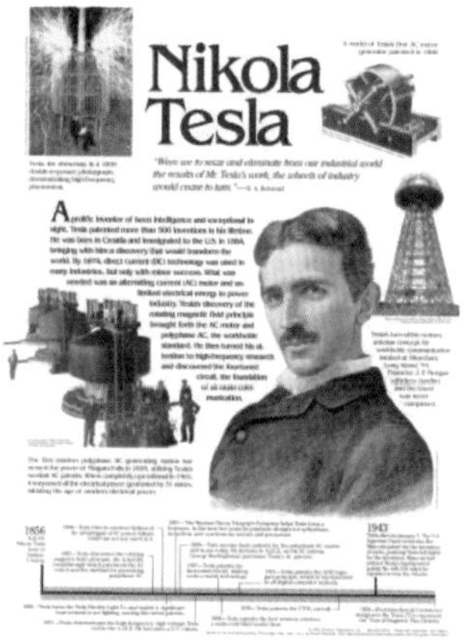

세계적인 천재 발명가, 니콜라 테슬라

테슬라가 태어난 스밀리얀 마을은 당시 이러한 정착촌 건설을 목적으로 세워진 곳으로, 비록 크로아티아 영토 안에 거주하고 있지만 민족적으로 테슬라를 비롯한 이들 마을 주민들의 대다수는 세르비아인이라고 할 수 있다. 실제 니콜라 테슬라의 아버지 밀루틴 테슬라(Milutin Tesla)는 세르비아 정교회의 사제이기도 했으며, 그의 어머니 또한 세르비아인이었다. 이러한 이유로 인해 세르비아는 수도 베오그라드의 공항을 '니콜라 테슬라 공항'으로 명명하고 화폐에 그의 인물을 그려 넣고 있으며, 이에 대해 크로아티아는 자그레브(Zagreb)에 '니콜라 테슬라 거리'를 명명하고 그가 태어난 마을과 고향집을 기념관으로 세우는 등 오늘날까지 테슬라의 민족성을 둘러싸고 크로아티아와 세르비아 간의 일련의 갈등이 존재한다 하겠다.

테슬라의 발명가적 자질은 그의 어머니로부터 물려받은 것으로 알려지고 있다. 훗날 테슬라가 회상했듯이, 비록 그의 어머니는 정규 학교를 다니지 못해 문맹이었지만, 높은 호기심으로 농사나 가정 내 편리한 도구들을 직접 발명하여 실생활에 활용할 정도로 발명가적 재주가 많았고, 이러한 재능이 테슬라에게도 그대로 전달되었던 것으로 보인다. 세르비아 정교 성직자가 되기를 바라는 아버지의 요청을 뿌리친 테슬라는 1875년 오스트리아 그라쯔(Graz)에 자리한 과학기술 전문학교에 입학하였지만, 이후 대학 과정을 끝까지 마치지는 못하였다. 테슬라는 잠시 슬로베니아의 상공업 도시인 마리보르(Maribor)

크로아티아 자그레브의 테슬라 거리와 세르비아 화폐 속에 도안되어 있는 테슬라

에서 기능공 일을 하면서 모은 돈으로 1880년에는 프라하 카를 대학에 입학할 수 있었지만, 아버지의 사망으로 인해 등록금과 생활비의 어려움이 겹쳐 여기서도 결국 그의 정규 학업을 접어야만 했었다.

1881년 헝가리 부다페스트로 온 그는 한동안 국영 전신 전화국에서 일을 하였고, 이때부터 그의 재능과 재주가 세상에 알려지게 된다. 그는 얼마 뒤 전신 분야 팀장을 맡게 되었는데, 이 당시 획기적 발명품이라 할 수 있는 전화 자동 중개 장치와 전기 증폭기 등 새로운 전기, 전화 시스템을 구축하면서 명성을 떨치게 되었다. 점차 확대되는 유명세에 따라 그는 1882년 파리에 있는 에디슨 회사(Continental Edison Company)의 엔지니어로 근무하게 되는데, 여기서도 또한 여러 새로운 신기술 및 발명품들을 내어놓아 주변 사람들의 주목을 받게 된다.

1884년 당시 영국 출신 발명가로 에디슨의 가까운 동료이기도 했던 배첼러(Charles Batchelor, 1845-1910)의 추천서를 지닌 테슬라는 뉴욕에 도착하였고, 곧바로 에디슨 회사(Edison Machine Works)에 취업하게 되었다. 초기에는 단순한 엔지니어 업무가 그에게 주어졌지만, 점차 나중에는 에디슨이 발명한 직류 발전 기법의 문제점들을 개선한 새로운 모델들을 제안할 정도로 발명가적 자질을 확대시켜 갔다. 오랫동안 직류 발전의 한계와 문제점을 인식하고 이를 대체하기 위한 교류 발전 모터를 연구하고 있었던 테슬라는, 직류 발전을 고집하고 있던 에디슨과의 갈등이 점차 깊어갔고 이에 따라 회사를 나와야만 했다. 그가 발명한 교류 발전 시스템은 전기가 흐르는 방향을 주기적으로 바꾸어, 에디슨이 발명한 직류 시스템에 비해 비교적 적은 손실로 전류를 보낼 수 있다는 장점이 있었다. 에디슨 회사에서 나온 테슬라는 자신의 교류 발전 특허권을 웨스팅하우스사(Westinghouse

나이아가라 폭포 앞에 자리한 테슬라 동상

Company)에 팔았고, 그의 교류 발전 방식이 시카고 세계 박람회와 나이아가라 폭포의 수력 발전소 건립에 채택되게 되면서 에디슨과 치른 소위 '전류 전쟁(War of Currents)' 승리와 함께 세계적인 명성을 얻게 되었다.

여기서 얻은 자신감과 특허권 대금을 바탕으로 테슬라는 1886년 꿈에 그리던 자신의 회사(Tesla Electric Light & Manufacturing)를 수립하였고, 다양한 발명품들을 개발해 내기 시작하였다. 자금력의 한계와 다른 회사들의 견제에도 불구하고, 테슬라는 전기 조명 시스템으로 받은 미국 특허를 비롯해 25개국에서 약 272개 이상의 발명 특허권을 획득하는 등 세계적인 발명가로서의 업적을 쌓을 수 있었다. 독신으로써 평생을 연구와 발명에 생애를 바쳤던 그는 86세의 나이로 1943년 1월 사망하게 된다.

그가 남긴 유명한 일화 중 하나로는 1915년 에디슨과의 노벨상 공동 수상을 거부한 사건을 들 수 있을 것이다. 알려진 바에 의하면 테슬라와 에디슨의 공동 수상 가능성이 보도되자 이 둘은 공동 수상을 거부하였으며, 어느 누구도 자신보다 먼저 수상할 경우 이후 수여되는 노벨상은 받지 않겠다는 자존심 싸움과 논쟁이 벌어지게 된다. 당대 최고의 과학자이자 전기 분야 개발 등 다양한 발명을 통해 인류에게 제2의 산업 혁명을 안겨다 준 것으로 평가받고 있던 이 두 사람 간의 과거 악연과 자존심 경쟁은 결국 둘 모두에게 노벨상이 부여되지 못하는 결과를 낳게 하였다. 이후 테슬라는 1917년 미국 공학협회가 부여하는 에디슨 상을 수차례 거부하다가, 계속된 요청에 결국 수락하면서 일련의 화해가 모

테슬라의 전기 실험 장면

색되기도 했지만, 더 이상의 진전은 이루지 못했던 것으로 알려지고 있다.

발명가이자 물리학자, 그리고 기계 공학자이자 전기공학자이기도 했던 그가 세상에 남긴 업적으로는 교류 전기 시스템과 다상 전기 분배 시스템, 교류 모터, 1891년에 개발한 테슬라 변압기(테슬라 코일), 교류 유도 전동기 등 수많은 발명품들이 있으며, 이것은 오늘날까지도 형광등, 네온사인, 집적회로, 구전번개, 전류 방패막, 무선송전 등 다양한 분야에서 우리의 삶을 윤택하게 하고 있다. 더불어 전기 분야에 뛰어난 실력을 보였던 그의 여러 발명품들은 이후 로봇공학과 탄도학, 컴퓨터공학, 핵물리학, 이론물리학 등 다양한 분야에 기여한 것으로 평가받고 있다. 이후 천재적인 발명가이자 과학자 그리고 전기공학자이기도 했던 그의 이름을 기리기 위하여, 1960년 '테슬라(기호 T)'는 물리학에서 SI 단위 중 자속 밀도(자기장)에 대한 유도단위인 '웨버(기호 Wb)'로 정의되었고, 오늘날까지 그의 명성을 이어가고 있다 하겠다.

무엇보다도 천재적 발명가였던 테슬라의 조국과 민족에 대한 사랑은 1936년 당시, 왕국 내 민족 간 갈등이 고조되고 있던 상황 속에서 유고슬라비아 왕국의 야당인 크로아티아 농민당(HSS : Hrvatska šeljačka stranka) 당수이자 유력 정치가였던 마체크(Vladko Maček, 1879-1964)에게 보낸 그의 전보를 통해서도 확인할 수 있다. 그는 "나는 내가 세르비아인이라는 긍지와 함께 나의 조국 크로아티아에 대한 자부심을 똑같이 지니고 있다. 모든 유고슬라비아인(남슬라브인)들에게 축복이 있기를 빈다."라는 말과 함께 당시 어려운 정국에 휩싸여 있던 유고슬라비아 왕국의 안정과 발전을 위해 기도하였다.

바. 양차 세계대전과 크로아티아 : 역사적 아픔과 비극

19세기 민족주의 시대 이후로 크로아티아의 지식인들은 민족 문화 정체성을 향상시키기 위한 노력을 기울였고, 오랫동안 자신들을 지배하여 왔던 헝가리의 지배에서 벗어나 독자적인 독립 국가를 수립할 것을 강력히 희망하고 있었다. 당시 이를 위한 방법론을 둘러싸고 크게 두 가지 논쟁이 확산되게 된다. 첫째는 크로아티아 자신들만으로 구성된 순수한 민족-국가 수립을 주장하는 극단적 민족주의 성향의 이상주의적 세력이었으며, 둘째는 국가 수립을 위한 자체적인 힘의 부족과 오랜 피지배 생활로 인해 근대적 국가 경험이 없다는 점 그리고 무엇보다도 크로아티아 지역 내에 세르비아인 등 자신과 유사한 남슬라브족 소수 민족들이 존재하여 크로아티아인들만의 순수한 민족-국가 구성이 어렵다는 현실적 이유를 들어 남슬라브족 통합 국가를 구성하자

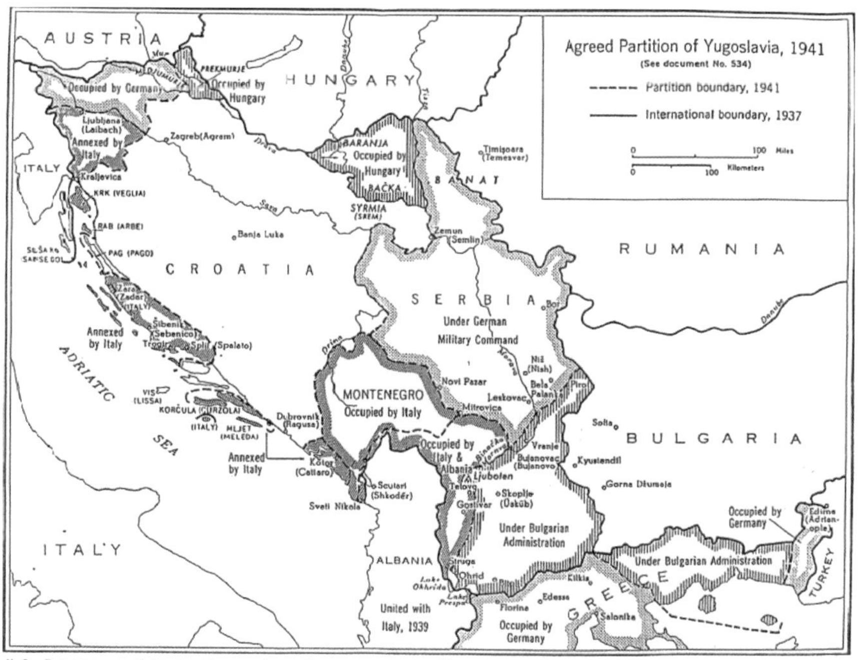

U.S. Department of State, *Documents on German Foreign Policy*. Series D (1937-1945), Vol. XII
Washington, DC: USGPO, 1962

YUGOSLAVIA AFTER AXIS CONQUEST, 1941-1945

제2차 세계대전 당시 구축국의 희생양이 된 유고슬라비아 왕국

는 '일리리즘 운동(Iliriski pokret/ Illyrian Movement)' 세력을 들 수 있다.

제1차 세계대전에서 자신을 지배하여 왔던 헝가리 등 구축군이 패배하자, 크로아티아는 과거 중세 독립 왕국의 영광과 독립 국가 수립을 간절히 열망하였다. 하지만, 오랫동안의 외세 지배로 인해 자체적인 독립 국가 수립이 어려웠던 크로아티아는 연합국들의 요구에 따라 주변 세르비아인, 슬로베니아인과 함께 1918년 최초의 남슬라브족 통합 국가인 '세르비아-크로아티아-슬로베니아 왕국(Kraljevina Srba, Hrvata i Slovenaca/ Kingdom of Serbs, Croats and Slovenes)'을 수립하게 된다. 하지만, 세르비아가 지니고 있던 왕권을 제외하고, 일리리즘 정신에 기초하여 모든 면에서 남슬라브족 간의 동등한 민족 권리와 민주주의 및 의회 정치를 표방하면서 수립된 왕국은, 기존 주도권을 지니고 있었던 세르비아인들의 '세르비아니즘(Srpskizam/ Serbianism)' 확산 노력과 이를 저지하려는 크로아티아인들 간의 갈등으로 인해 계속된 혼란을 겪어야만 했었다. 특히, 1929년 10월 미국에서 발생한 경제 대공황을 계기로 유럽이 혼돈에 빠지고 서유럽 국가들의 관심이 약해지자, 세르비아인들은 중앙집중과 권력 강화를 표방하며 왕국의 명칭을 '유고슬라비아 왕국(Kraljevina Jugoslavija / Kingdom of Yugoslavia)'으로 개칭하였고, 이것은 크로아티아인들의 강한 반발을 불러오게 하였다. 이때 이후로, 크로아티아인들은 왕국 내에서 자신들의 권리를 찾기보다는, 왕국에서 벗어나 자신들만의 독립 국가 건설 꿈을 키우기 시작하게 된다.

1929년에 불어 닥친 경제 대공황은 유럽에서의 심각한 경제 위기 외에도, 독일 히틀러와 나치당의 등장을 불러왔다. 연합국들이 요구한 전쟁 배상금 철폐와 함께, 독일의 재무장 및 군비 증강을 선거 공약으로 내건 히틀러는 집권 이후, 산업 발전과 군사력 확대를 위한 새로운 원료 공급기지 및 판로 확보를 절대적으로 필요로 하였다. 따라서 이를 위해 히틀러 정권은 동유럽 여러 국가들과의 경제 관계 발전 및 정치적 연결을 추진하였으며, 더 나아가 자신의 영향력 내로 편입되기를 주저하는 동유럽 국가들을 압박하기 위해 제1차 세계대전 이후 확대되고 있던 동유럽 각 국가들 내의 복잡한 여러 민족 문제에 깊숙이 개입하고자 했다.

따라서 독일은 전통적으로 프랑스 등 연합국과의 관계가 긴밀하였던 세르비아를 대신해, 역사적인 이유로 게르만 문화권에 대한 거부감이 약하였던 크로아티아에 대해 적극적인 독립 지원 의사를 밝히게 된다. 특히, 1938년 영국과 프랑스가 전쟁 방지를 조건으로 체코의 슈데텐 지방을 독일에게 돌려주기로 약속한 '뮌헨 협정'이 체코의 반대에도 불구하고 일방적으로 체결된 이후, 유고슬라비아 왕국 내에는 프랑스 등 서유럽 국가들에 대한 불신이 팽배해졌고 더불어 국가 분열의 위기 또한 증폭되고 있었다. 이런 위기 속에서 1939년 8월 유고슬라비아 왕국은 크로아티아의 독립을 차단하기 위한 일련의 '대타협(Sporazum/ Agreement)'을 시도하여 왕국 내에 크로아티아 국가를 수립해 주게 된다. 하지만, 1939년 9월 독일의 폴란드 침공으로 시작된 제2차 세계대전은 결과적으로 여러 민족과 종교, 문화로 혼재되어 있던 왕국의 분열을 불러오게 하였다.

1941년 히틀러를 만나고 있는 파벨리치

제2차 세계대전 당시 크로아티아인들은 히틀러의 적극적 지지를 받았던 극우 민족주의자인 파벨리치(Ante Pavelić, 1889-1959, 재직 1941-1945)를 중심으로, 독일의 유고슬라비아 왕국 침공 직후인 1941년 4월, 오늘날 크로아티아 영

세르비아인을 학살하고 있는 우스타샤 요원들

토의 상당 부분과 보스니아를 포함한 '크로아티아 독립 국가(NDH: Nezavisna Država Hrvatska)' 수립을 발표하게 된다. 파벨리치는 크로아티아의 파시스트 추종자라 할 수 있는 우스타샤(Ustaša) 요원들을 중심으로 국가를 이끌어갔으며, 이에 따라 제2차 세계대전 동안 크로아티아에는 극우 민족주의 정권이 수립되었다. 비록 당시 크로아티아가 자체적인 방위군, 경찰 그리고 행정 체제를 지니고 중세 독립왕국 계승을 천명하는 등 외형상 독립 국가의 형태를 띠고 있었지만, 실제 제2차 세계대전 동안 크로아티아는 독일의 전쟁무기를 위한 공급지 역할 외에는 독자적인 자주권을 제대로 행사하지 못하였다.

독일의 전략적 도구로 이용되었던 크로아티아의 우스타샤 정권은 대전 기간 동안 남슬라브 민족들에게 역사적으로 치유되기 어려운 깊은 상처를 남기게 된다. 우스타샤 요원들은 당시 순수한 크로아티아 민족 국가 건설을 목표로 하고 있었으며, 이에 따라 자신들의 지배 관할로 들어 온 크로아티아와 보스니아 지역 내에 거주하고 있던 비(非)크로아티아인들을 대상으로 가톨릭으로의 강제적 종교 개종 및 축출 그리고 대량 학살을 자행하였다. 야세노바츠(Jasenovac)를 비롯한 여러 수용소에서 자행된 이러한 학살은 초기엔 유태인과 집시들을 중심으로 이루어졌지만, 점차 세르비아인들을 대상으로 확대되었으며 이 결과 전쟁이 끝날 무렵까지 약 80만 명의 사람들이 집단 학살되는 참극이 일어나게 된다(세르비아 측 주장 110만 명, 크로아티아 측 주장 10만 명).

제2차 세계대전 당시의 이러한 역사적 아픔과 비극은 훗날 사회주의 기치 아래 티토(Josip Broz Tito, 1892-1980)와 파르티잔(Partizan)을 중심으로 사회주의 유고슬라비아 연방이 구성된 이후에도 계속해서 남아 크로아티아인과 세르비아인 간의 역사적 앙금으로 이어졌다. 특히, 이러한 앙금은 1980년 5월 티토의 사망 이후 1990년대 연방 붕괴 과

크로아티아 극우 정권 행사에 강제 동원된 가톨릭 사제들

정 속에서 발생한 유고 내전과 보스니아 내전에서 크로아티아인에 대한 세르비아인들의 역보복으로 이어지게 되면서 또 다른 역사적 비극을 낳았다고 할 수 있다.

사. 사회주의 유고슬라비아 건국의 아버지, 티토

사회주의 유고슬라비아 건국의 아버지 티토의 사진

제2차 세계대전 당시, 민족과 역사 그리고 문화와 종교적으로 혼재를 보였던 유고슬라비아 지역에서의 전쟁 양상은 다음과 같은 세 가지 형태로 복잡하게 전개되었다. 우선 독일, 이태리 점령군 대(對) 유고슬라비아 지역의 저항군(체트니크와 파르티잔), 두 번째, 세르비아 극우 민족 집단인 체트니크(Četnik/ Chetnik) 대(對) 크로아티아 극우 민족 집단인 우스타샤 간의 갈등 그리고 세 번째, 티토를 중심으로 사회주의 체제를 수립하려는 파르티잔과 이들 극우 집단들 간의 싸움으로 나눌 수 있다. 티토는 이러한 어려운 환경 속에서도 사회주의 이념을 기반으로 유고슬라비아 지역의 민족들을 하나로 통합시켜 나갔고, 제2차 세계대전 이후에는 마침내 동유럽에서는 유일하게 소련의 직접 도움 없이 독자적인 사회주의 국가를 수립할 수 있게 되었다.

사회주의 유고슬라비아 건국의 아버지이자, 훗날 '제3세계(The Third World)'의 아버지로 불리는 티토는 당시 오스트리아-헝가리 이중 제국의 영토 하에 편입되어 있었던 쿰로베츠(Kumrovec) 마을(오늘날 크로아티아 영토)에서 태어났다. 그의 아버지는 크로아티아인인 반면에, 어머니는 슬로베니아인이었다. 어린 시절 학업 진학에 실패한 그는 1907년부터 크로아티아 외에도 독일과 오스트리아에 자리한 여러 회사들을 전전하면서 일찍부터 노

6개 공화국 2개 자치주로 구성된 사회주의 유고슬라비아 연방의 지도

동 운동에 보다 많은 관심을 지니게 되었다. 무엇보다도 그의 인생을 바꾸어 놓았던 계기는 제1차 세계대전의 발발과 이 시기 경험하였던 사회주의 이념의 매력이었다고 할 수 있다. 1913년 이중 제국 군대에 입대하게 된 티토는 1914년 제1차 세계대전이 일어나자 러시아와의 우랄(Ural) 산 전선에 투입되게 된다. 하지만, 1915년 3월 티토는 심각한 부상을 입고 러시아군에 생포되었는데, 그는 이 당시 감옥에서 만난 사회주의 혁명가들에게 깊은 감명을 받았다. 1917년 10월 러시아 볼쉐비키(Bolshevik) 혁명 발발로 감옥 탈출에 성공하게 된 그는 혁명에 적극적으로 가담하였고, 이후 붉은 군대에서 뛰어난 활약을 선보이게 된다. 1920년 9월 크로아티아 자그레브로 돌아온 그는 곧바로 '유고슬라비아 공산당(KPJ : Komunistčka Partija Jugoslavije)'에 가입한 후 1928년에는 자그레브 공산당 지부장에 임명되었으나, 사회주의 세력에 대한 유고슬라비아 왕국의 탄압 정책에 따라 약 5년간 투옥 생활을 해야 했었다. 이후로 그의 명성은 더욱 높아져 훗날 자신과 함께 사회주의 국가 수립에 중요한 역할들을 수행하게 된 에드바르드 카르델리(Edvard Kardelj, 1910-1979), 밀로반 질라스(Milovan Đilas, 1911-1995), 알렉산다르 란코비치(Aleksandar Ranković, 1909-1983) 그리고 보리스 키드리치(Boris Kidrič, 1912-1953) 등 크로아티아인 외에도 남슬라브의 여러 민족을 대표하는 주요 인물들이 그의 동지로 들어오게 된다.

제2차 세계대전이 발발하자 티토는 곧바로 유격 저항 단체인 파르티잔을 결성하여 독일군과의 항쟁을 선포하였다. 이어 '반파시스트 혁명 위원회(AVNOJ : Antifašističko Vijeće Narodnog Oslobođenja Jugoslavije / The Anti-

Fascist Council of the People's Liberation of Yugoslavia)'를 결성하여 대전 이후 수립하게 될 정치적 기반을 다지는 데 주력하게 된다. 제2차 세계대전 당시 수차례에 걸친 독일군과 체트니크 그리고 우스타샤의 대규모 공격들을 물리친 티토는 당시 소련의 지원 아래 사회주의화 된 동유럽 여타 국가들의 경우와는 달리, 파르티잔을 중심으로 소련의 직접적인 군사적 도움 없이 독자적 공산화에 성공하게 된다. 당시 스탈린은 다른 동유럽 국가들의 경우처럼 독자적 공산화를 이룬 유고슬라비아 또한 소련 영향력 하로 편입시키려 노력하였지만, 티토는 이를 거부하였다. 이후 양측 간 갈등은 결국 1948년 '코민포름 분쟁'으로 확대되었고, 유고슬라비아는 소련과 그 위성국들로부터 정치, 경제적 고립은 물론, 심각한 군사적 위협 하에 놓이게 된다. 이런 위기 속에서 1950년 6월, 극동에서 일어난 '한국 전쟁'은 유고슬라비아의 현실적 고통과 어려움을 일시에 해소시켜 주는 계기를 마련해 주었으며, 1950년대 말부터 가시화된 '비동맹주의', 그리고 이후 수립된 '제3세계' 형성에 중요한 영향을 미치게 되었다.

1980년 5월, 88세의 나이로 티토가 사망하기 전까지 사회주의 유고슬라비아는 '티토이즘(Titoizam / Titoism)'의 기치 아래 소련 및 미국 블록 어디에도 흔들리지 않고 독자적인 세계를 구축해 나갈 수 있었으며, 사회주의 유고슬라비아 연방의 정신적 지주로서 유고슬라비아 내 다양한 민족들의 여러 갈등들을 봉합하고 하나로 통합해 나갈 수 있었다. 특히, 그의 생애 동안 유고슬라비아의 국민들은 동유럽 어느 국가들보다도 자유롭고 비약적인 경제 발전을

영국 엘리자베스 여왕과 함께 환담하고 있는 티토

카터 미 대통령의 초대를 받아 백악관을 방문한 티토

동유럽에서 가장 부유한 국가를 만든 티토를 환영하는 티토그라드 시민들

거듭할 수 있었으며, 이를 통해 일련의 국가적 자부심을 지닐 수 있었다. 실제 그는 엄격한 냉전 하에서 사회주의 체제를 고수하면서도 당시 서구와 동구 양 블록 간을 자유롭게 오가며 외교할 수 있었던 거의 유일한 인물이었다. 그의 명성과 업적은 장례식 당시에 전 세계 총 128개국에서 참석한 4명의 왕과 31명의 대통령, 6명의 왕자, 22명의 수상과 47명의 외무부 장관을 통해서도 확인할 수 있다.

1980년 5월 티토의 장례식 장면과 총 128개국에서 참석한 전 세계 내외빈 인사들

하지만, 그의 사망 이후 유고슬라비아 내 구성 공화국들 간에는 문화적 민족주의 양상들과 일련의 갈등들이 확대되었고, 이를 조정할 만한 뚜렷한 정치 권력자가 존재하지 못한 가운데, 1989년 동유럽 민주화와 자유화 바람의 열기 속에서 연방 붕괴 과정을 밟아야만 했었다. 그의 사망 이후 한동안 일련의 티토 격화 운동이 발생하기도 했지만, 연방 붕괴 과정상에서 보였던 민족 간 갈등과 분쟁을 지켜본 유고슬라비아 지역의 상당수 지식인들과 민족들은 티토의 생애와 업적에 대해 긍정적인 평가를 내리게 되었으며, 이를 위한 연구가 활발히 진행 중에 있다.

티토의 죽음에 애통해하는 시민들의 모습

동유럽 역사와 인물 속 한 마디

'티토이즘'의 내용과 그 의미는 무엇인가?

티토가 다양한 민족과 문화, 역사적 상이함과 종교적 다양성을 지닌 사회주의 유고슬라비아 연방을 하나로 결속시키며 동유럽 내 강력한 국가로 발전시킬 수 있었던 기본 바탕에는 '티토이즘'이 자리하고 있다고 할 수 있다.

사회주의 유고슬라비아의 기본 정책은 티토이즘은 크게 3개의 주요 정책으로 구분 지어 설명할 수 있다. 우선 경제, 사회정책으로서의 '자주관리제도(Self-Management)', 민족정책으로서의 '유고슬라비즘(Yugoslavism)' 그리고 외교정책으로서의 '비동맹주의(Non-alignment Policy)'등을 들 수 있다.

티토 하의 유고슬라비아에서 '자주관리제도'는 소련의 스탈린이 제시한 국가 중심의 중앙 집중적 통제체제를 벗어나 경제, 사회의 실질적인 주체들에게 권한과 의무를 대폭 이양하는 것을 골자로 하고 있다. 또한 다양하고 이질적인 문화와 민족으로 구성된 유고슬라비아의 민족들을 이끌어가기 위해 이전의 '문화적 민족주의'를 대체할 '정치적 민족주의'로 '유고슬라비즘'을 추진하게 된다. 이와 함께, 냉전 수립 이후 동·서 양 블록 하에서 어느 블록에도 속하지 않으려 했던 티토는 아시아, 아프리카 국가들과 더불어 '제3세계'를 구축하는 데 주도적인 역할을 수행했고, '비동맹 외교정책'을 기초로 대외적 외교역량을 확대시켜 갈 수 있었다.

쉬어 가기

크로아티아 음식 문화의 특징과 와인

크로아티아 음식 문화의 가장 큰 특징은 각 지역의 독특한 조리법에 따른 음식들이 매우 다양하며 지역별로 독특한 개성들을 지니고 있다는 점이다. 특히, 슬라브족 전통에 따른 음식 문화와 함께 내륙과 해안 지역들에서 서로 간 다양한 음식 문화적 특징들이 보이고 있다. 이러한 이유는 크로아티아의 여러 지역들이 과거 오랜 역사 속에서 서로 나뉘어져 다양한 외세의 지배를 받았던 데서 기인한다 하겠다. 이와 함께 국립공원이자 UNESCO에서 지정한 자연보호 보존 지역인 벨레비트 산(Velebit, 높이 1,757미터)을 비롯해 평균 1,600미터에 이르는 험준한 디나르 알프스산맥으로 인해 내륙과 해안 지역의 교류가 쉽지 않았다는 지리적 환경에서부터 비롯된다 하겠다.

내륙지역의 음식 문화를 우선 살펴보자면, 북부 지역은 주로 헝가리의 영향을 그리고 서부 지역은 오스트리아, 동남부 지역은 터키의 영향이 많이 담긴 음식들이 존재하고 있다. 더불어, 해안지역에선 내륙과는 구별된 고대 일리리안 부족의 음식 문화적 특징과 함께 다양한 해물 요리에 기초한 지중해식의 이탈리아와 프랑스풍, 그리스의 음식 문화 또한 만끽할 수 있는 특징을 지니고 있다. 특히, 북서부와 남동부로 이어진 기다란 아드리아해를 따라 펼쳐져 있는 1,185개의 섬들에서는 각 섬의 고유한 음식 문화에 따른 독특한 음식들이 관광객들의 입맛을 사로잡고 있다. 내륙과 해안 지역의 음식 문화가 서로 혼재되어 있는 지역으로는, 다른 지역에 비해 산악지대가 다소 덜 험하여 내륙과 해안의 소통이 그나마 원활하였던 이스트라 반도와 크바르네르(Kvarner) 지역 등을 들 수 있다.

이처럼 역사적, 지리적 이유로 인해 다양한 음식 문화가 존재하는 만큼, 크로아티아의 와인 또한 오늘날 약 700여 종에 이를 정도로 매우 다양하다. 과거 디나르 알프스 산맥 남쪽의 크로아티아 해안가는 고대 그리스와 로마의 직접적인 문화권 하에 있었던 지역으로, 이때 이후로 여러 종류의 와인들이 생산되어 왔었다. 이에 따른 전통으로 크로아티아는 현재 이탈리아, 프랑스에 이어 유럽에서 매우 큰 와인 대국의 위치를 차지하고 있다. 크로아티아 와인은 달마티아 지역과 코르출라 등 아드리아 해안가와 섬 등에서 재배된 청포도를 재료로 하는 포쉽(Pošip, 평균 도수 12-13도)이 매우 유명하다. 크로아티아 와인은 기존의 포도주 맛에 특유의 열대 과일 맛 등이 가미되어 있다는 특징을 지니고 있으며, 애호가들의 기호에 따라 깊은 맛과 함께 도수를 다소 높이기 위해선 오크통을, 그리고 도수가 낮으면서도 상쾌한 뒷맛을 내기 위해선 스테인리스스틸 통을 활용해 숙성하고 있다.

IX

문화적 충돌과 조화로움의 상징
보스니아-헤르체고비나, 세르비아

제9장_문화적 충돌과 조화로움의 상징, 보스니아-헤르체고비나와 세르비아

가. 종교와 문화의 모자이크, 보스니아

일반적으로 동유럽은 가톨릭과 프로테스탄트 그리고 정교와 이슬람 등 다양한 종교와 이에 따른 문화들이 현존하고 있어 통상 '종교와 문화의 모자이크' 지역이라 불리고 있다. 동유럽 지역 중 발칸반도에 자리한 보스니아-헤르체고비나(Bosna-Hercegovina / Bosnia and Herzegovina, 이후, 보스니아로 약칭)는 가톨릭과 정교 그리고 이슬람이라는 세계 3대 종교가 복잡하게 얽혀진 종교와 문화의 모자이크 중에서도 가장 복잡하고도 혼재된 '모자이크 중의 모자이크 지역'이다.

세계적인 종교와 문화의 모자이크 지역이란 측면에서 보스니아의 국제적 중요성은 냉전 이후 세계질서의 특징을 주제로 <문명의 충돌, Clash of Civilizations> (1996)을 집필한 헌틴텅(Samuel Phillips Huntington, 1927-2008)의 주장에서도 확인할 수 있다. 1989년 베를린 장벽 붕괴로 상징되는 냉전 종결 이후 새롭게 변모해가는 국제 질서와 그 속에서 일어나는 일련의 충돌과 갈등들을 지켜본 헌팅턴은, 전 세계를 약 8개의 문명권(서구, 라틴 아메리카, 이슬람, 중국, 인도, 정교, 일본과 아프리카)으로 분류하게 된다. 그리고 이러한 문명권 간의 충돌이 국제적 분쟁을 일으키고 있으며, 냉전 이후의 무력 충돌이 주요 요인 또한 바로 이러한 문화 간 종교 간 차이에서 비롯된다고 언급하였다. 또한 그는 자신의 저서에서 주요 문명 간 충돌의 대표적 사례로

종교와 문화의 모자이크 지역인 유고슬라비아 지역과 보스니아

팔레스타인 지역과 더불어 보스니아 지역을 들었다.

본래, 보스니아라는 용어의 기원은 보스니아 북부에서 사라예보(Sarajevo)를 통과하는 보스나(Bosna)강에서 유래하였으며, 6-7세기에 내려온 남슬라브족들이 이 강을 중심으로 형성된 오늘날 보스니아 지역의 주요 거주민이 된 것으로 보고 있다. 더불어, 헤르체고비나란 용어는 1482년 오스만 터키의 침공 당시 오늘날 보스니아 남부 지역의 주요 도시인 모스타르(Mostar)와 도시를 관통하는 네레트바(Neretva) 강 유역을 지배하고 있던 헤르쩨그(Stefan Herceg) 가문의 이름에서 처음 유래하였으며, 이후 오스만 터키의 지배하에서 행정 구역 중 하나인 '헤르체고비나 구역(Herzegovina Sanjak)'으로 명명되면서 오늘날까지 이어지게 되었다.

보스니아인들은 초기에 작은 부족단위로 정착하였으며, 여기에는 같은 남슬라브족 일파인 세르비아인과 크로아티아인 또한 상호 거주하였던 것으로 추측되고 있다. 이들 민족들은 중앙 집중적 국가 형태를 띠기보다는 족장인 쥬판(Župan)의 지도 아래 쥬파(Župa)라 불리는 작은 국가단위체들을 한데 묶은 연합체 성격을 지녔으며, 이를 다스리는 대족장을 통상, '벨리키 쥬판(Veliki Župan)'이라 불렀다. 지정학적으로 로마 교회(가톨릭)와 콘스탄티노플 교회(정교)의 교차지점에 자리한 보스니아는 13세기까지 대부분의 역사를 가톨릭과 정교 간 세력 다툼의 희생양이 되어야 했으며, 더불어 주변의 크로아티아, 불가리아, 세르비아, 헝가리 등 외세의 지배하에 있어야만 했다. 이후 트브르트코 1세(Stjepan Tvrtko I, 1338-1391, 재위 1377-1391)시기 중세 왕국이 수립된 이후에야 비로소 본격적인 왕국의 면모를 마련할 수 있게 된다. 하지만 15

세기 중엽부터 확대된 오스만 터키의 공격으로, 1451년 왕국의 최대 전략적 요충지였던 브르흐보스나(Vrhbosna, 오늘날 '사라예보')가 점령되자, 1463년 보스니아 중세 왕국은 항복을 선언해야만 했다. 1481년 보스니아 지역 중 가장 강력하게 저항하였던 훔(Hum, 오늘날 헤르체고비나) 지역마저 오스만 터키에게 정복됨으로써, 이후 1878년 오스트리아로 지배권이 넘어갈 때까지 보스니아에는 약 400년간의 오스만 터키의 지배가 시작되게 되었다.

중세 시절 유럽에서의 영토 확장은 자신이 지닌 종교 세계관의 확장을 또한 의미하였다. 하지만, 보스니아의 경우에는 독립 왕국 수립 전까지 오랫동안 외세의 지배와 함께 종교적 강요가 이루어져 왔음에도 불구하고, 어떠한 지배 민족도 자신의 왕국과 지배 종교에 대한 보스니아인들의 충성심을 유도해 내지는 못하였다. 그러한 배경은 보스니아 지역의 지정학적 요인에서 찾아볼 수 있다. 보스니아의 지리적 위치를 분석하자면, 고대 로마 시절 보스니아는 동·서로마의 분기점에 위치해 있었으며, 이후에는 가톨릭의 로마 교회와 정교의 콘스탄티노플 교회 간의 교차 지점에 자리하게 된다. 따라서 주변 국가들에게 있어 보스니아 지역은 다른 종교적 영역으로 자신의 종교 세력을 확장하기 위한 중요한 전초기지이자 전략적 중요 지역이었다. 따라서 주변 국가들은 이 지역을 둘러싼 지루한 힘겨루기를 지속하였고, 그만큼 주변 국가들의 지배 기간 또한 짧았었다고 할 수 있다. 더불어, 이러한 지배 국가와 지배 종교가 너무 빈번히 바뀜에 따라, 보스니아인들의 지배 왕국에 대한 충성심과 그들의 종교 확대

트브르트코 1세와 보스니아 포치텔리(Počitelj)에 자리한 트브르트코의 요새

를 유도할 충분한 시간을 지니지 못하였다고 할 수 있다.

실제, 가톨릭으로 발전되는 로마 교회 세력은 보스니아의 서부와 남부 지역인 크로아티아와 달마티아 대부분 지역에 퍼져있었고, 정교로 이어지는 콘스탄티노플 교회 세력은 보스니아의 동부인 불가리아, 마케도니아, 세르비아 지역에 그 세력권을 유지하고 있었다. 보스니아는 이러한 양대 동·서 교회의 접합 점에 위치하여 있었다. 따라서 9세기 이후 로마와 콘스탄티노플로부터 온 선교사들에 의해 보스니아로 전파된 크리스트교는 로마 교회와 콘스탄티노플 교회의 관할권 논쟁에도 불구하고, 11세기 중엽까지는 적어도 이들 양 교회의 특징과 의식을 인정한 연합교회가 존재했던 것으로 보인다. 하지만 이후 정교를 신봉하는 비잔틴 제국의 세력 약화와 더불어 로마 교회의 영향력이 증대됨에 따라, 보스니아인들 사이에선 로마 가톨릭의 영향력이 확대되어갔다. 기록에 따르자면 적어도 보스니아 중세 왕국이 형성되기 이전 보스니아의 북부와 중부 지역은 헝가리 영향력 하에서 가톨릭 영향력으로 들어갔으며, 반면에 보스니아 남동부인 헤르체고비나 지역은 세르비아 지배하에서 정교 영향권으로 편입되게 되었다. 하지만 외세의 빈번한 침략과 세력권 교체로 인해 당시 중세 보스니아인들과 귀족들의 신앙심은 그리 깊지 못했으며, 오히려 보스니아 귀족들은 세력 변화에 따라 종교적 신앙을 수시로 바꿔가며 자신들의 기득권을 지키려는 데 노력하고 있었다.

이러한 현실을 인식하고 있던 보스니아의 실권자들은 종교적 믿음을 저버리면 곧바로 죽음으로 이어졌던 주변 국가들과 다르게, 종교적 관용과 함께 종교 개종에 대해서도 비교적 관대한 정책을 폈었다. 하지만, 이러한 보스니아의 종교적 관용 정책은 다음과 같은 결과를 불러오게 하였다. 그 첫째는 양대 교회의 특징이 결합된 보스니아의 교회들이 훗날 주변 국가들에 의해 이단으로 치부되며, 이들 국가들의 영토적 야심에 악용되는 결과를 초래하게 되었다는 점이다. 가톨릭 신봉 국가인 헝가리와 정교를 믿는 세르비아 등 주변 국가들은 보스니아에서 독특한 형태로 자생되고 있던 보스니아 교회(Crkva Bosanska)를 당시 유럽에서 유행하던 파타네리(Patareni)교 혹은 보고밀(Bogumil/Bogomil)교 등과 같은 이단으로 치부하였고, 이러한 압력을 통해 보스니아로의 영토 확장을 추진하고자 하였다. 두 번째 특징으로는 상대적으로 종교 개종이 쉬었던 보스니아의 종교적 관용 정책과 주변 국가들의 박해는 보스니아인들의 이슬람으로의 대규모 종교 개종을 보다 쉽게 낳았다고 할 수 있다. 15세기 이후 보스니아 왕국을 점령한 오스만 터키는 이슬람으로 개종할 경우 왕족과 귀족들에겐 기존의 특권과 토지를 소유할 수 있는 권리를, 그리고 평민들 또한 토지와 부의 확대 기회를 제공하겠다고 약속하였다. 이에 보스니아의 상당수 귀족들과 평민들은 이슬람으로 개종하게 된다. 결과적으로 주변 크리스트교 국가들의 보스니아로의 지배 영역 확대 추진과 보스니아 교회 배척은 보스니아인들의 약한 종교적 신념과 더불어 오스만 터키의 보스니아 지배를 계기로 이들 신도들이 상당수 무슬림으로 개종하는 데 많은 영향을 미쳤다고 할 수 있다. 그리고 이것은 오늘날 유럽 내에 무슬림이 다수인 보스니아가 존재하게 되는 주요한 역사적 배경을 형성케 하였다고 할 수 있다.

동유럽 역사와 인물 속 한 마디

보스니아 중세 교회에 대한 논쟁

라딤례(Radimlje)에 자리한 보고밀교도들의 무덤

중세 보스니아 무슬림들의 기원과 관련하여 여러 상반되는 주장들이 있는데 이러한 이유는 당시 시대적 배경과 보스니아의 지정학적 위치, 그리고 보스니아 지역에 퍼져있던 보스니아 교회의 모호한 정체성에서 비롯된다 하겠다. 보스니아는 가톨릭의 로마 교회와 정교의 콘스탄티노플 교회 세력의 경계선이 관통하는 지역으로서 양 지역의 문화나 종교 중 어느 하나가 주도적인 세력으로 성장할 수 없었던 곳이었다.

19세기 말부터 시작된 중세 보스니아 교회와 관련된 논쟁은 크게 두 가지 학설로 나누어 볼 수 있는데, 우선 하나는 보스니아 교회를 이원론적이거나 신 마니교도적, 혹은 보고밀교와 파타네리교라 주장하고 이를 크리스트교의 이단으로 규정하고 있는 주장이다. 이들의 주장에 따르자면, 보고밀은 3세기 메소포타미아 지역에서 발생한 마니교(Manichaeism)로부터 13세기 프랑스 남부인 알비(Albi)지방의 알비주의파(Albigenism)까지 그 맥을 같이 하고 있으며, 불가리아에서 처음 발생했으나, 10세기를 전후로 불가리아와 이웃 세르비아에서 박해를 받다가 이후 보스니아로 전파된 후 정착에 성공하여 보스니아에 만연하게 되었다는 것이다.

또 다른 의견으로는 신마니교나 파타네리교와는 다르게 보스니아 교회가 성신과 삼위일체, 교회건물, 십자가, 성인예배, 종교예술, 구약성경 등을 중시하였다는 점을 들어, 기본적으론 가톨릭의 일파였을 것이라는 주장이다. 그리고 보스니아에 대한 종주권을 확보하고자 했던 헝가리와 세르비아가 의도적으로 양대 교회의 형식이 혼합된 보스니아 교회를 이단으로 몰아세웠다는 것이다. 특히, 1235-1241년에 있었던 헝가리의 보스니아에 대한 십자군 파견은 가톨릭에 대한 보스니아인들의 반감을 확대하였으며, 이후 가톨릭교와의 공식적인 관계 단절로 체계적인 교육을 받지 못한 성직자들이 양성되었고, 이들에 의해 비(非)가톨릭적인 여러 의식들이 행해지게 되면서 일련의 악순환이 이어지게 되었다고 주장하고 있다.

나. 세르비아 민족의 최대 전성기를 이룬 인물, 두샨 황제

세르비아인들 사이에 있어 역사상 가장 위대하다고 칭송받는 인물로는 14세기에 등장한 두샨(Stefan Uroš IV Dušan, 1308-1355, 왕 1331-1355, 황제 1346-1355)을 들 수 있다. 이 시기 세르비아는 과거 서로마 지역과 비잔틴 제국, 소아시아 간의 중개 무역을 통해 부를 축적하였고, 안정된 정치력과 강력한 군사력을 바탕으로 발칸 유럽 대부분을 장악하면서 역사상 최대의 전성기를 맞이하게 된다.

두샨은 1308년 아버지 데찬스키(Stefan Uroš III Dečanski, 1285-1331, 재위 1321-1331)와 어머니로는 불가리아 공주였던 스밀레츠(Teodora Smilec) 사이에서 장남으로 태어났다. 1314년부터 약 7년 동안 콘스탄티노플에서 유학한 그는 여기서 그리스어와 함께 비잔틴 제국의 사회 문화상 등을 익히게 된다. 이후 1331년 9월 자신의 아버지를 몰아내고 왕위를 차지한 두샨은 이후 불가리아와 헝가리, 크로아티아 왕국과의 싸움을 통하여 영토를 계속 확장하여

세르비아 역사상 가장 위대한 인물로 칭송받는 두샨 황제와 당시 제국의 영토

갔고, 뒤이어 1342년에는 비잔틴 제국의 내분과 왕위 계승권 싸움에 따른 혼란을 이용하여 비잔틴을 공격해 서부 발칸 지역의 거의 대부분을 장악하는 데 성공하게 된다. 이를 계기로 그는 1345년 스스로 황제라 칭하였고, 1346년 4월에는 스코프예(Skopje, 오늘날 마케도니아 수도)에서 세르비아 대교구에 의해 '세르비아와 로마 제국의 황제'로 추대되었다. 또한 그는 콘스탄티노플 교회 하에 있던 그리스 교구들과 더불어, 과거 세르비아 중세 왕국의 시조인 네마냐(성 시메온, Stefan Nemanja, St. Simeon, 1113-1199 영주 재위 1166-1196)와 성 사바(St. Sava, 1175-1235)가 세운 그리스 아토스(Athos)산의 힐란다르(Hilandar) 정교 사원 관할권을 자신의 영향력 하로 완전히 편입하게 된다.

이어 두샨 황제가 해군력을 통해 비잔틴 제국의 남은 지역을 완전히 장악하고자 로마 교황에게 협조를 요청하자, 위기에 직면하게 된 비잔틴 제국은 당시 소아시아에서 성장하고 있던 오스만 터키족을 용병으로 불러와야만 했다. 1344년 이후로 세르비아와 오스만 터키 간의 계속된 전쟁이 이어졌고, 강력한 십자군 구성을 위해 노력하던 두샨이 1355년 12월 독살로 추정되는 요인에 의해 갑자기 사망하게 된다. 이후 그의 제국은 유일한 아들이자 세르비아 역사상 가장 무능한 왕으로 평가받고 있는 우로쉬 5세(Stefan Uroš V,

1346년 스코프예에서 황제 대관식을 치르고 있는 두샨 황제

1336-1371, 재위 1355-1371) 시기를 거치며 여러 봉건 지역으로 쪼개졌고, 결과적으로 1389년 코소보 전투에서의 패배와 함께 오스만 터키 하로 편입되는 아픔을 겪어야만 했다.

14세기 동안 유럽에서 가상 강력한 인물 중 한 명으로 평가받고 있는 두샨 황제의 업적은 다음과 같다. 첫째, 그는 발칸의 전 지역을 관할하는 총대교구로써 세르비아 정교회를 발전시키려는 야심에 따라 세르비아 교구의 영향력을 확대하는 한편, 코소보의 쥐짜(Žica)에 있던 세르비아 독립 정교회 교구를 코소보의 뻬치(Peć)로 옮겼다. 두 번째로는 1354년 세르비아 민족의 전통과 관습을 가미시킨 독자적인 '두샨 법전(Dušanov zakonik/ Dušan's Code)'을 최종 완성시킴으로써 중세 세르비아 왕국의 위상을 드높일 수 있었다. 총 201개 항목으로 이루어진 두샨 법전은 당시 비잔틴 제국의 법전 내용 외에도, 로마법에 기초한 시민법과 바티칸 공의회에 기초한 교회법 등이 서로 편집되어 1219년 성 사바에 의해 실행된 최초의 세르비아 법전에 상당 부분 그 기초를 두고 있었다. 세르비아 민족의 역사적 자부심이라 할 수 있는 두샨 법전의 원본은 안타깝게도 현재 남아있지 않고, 14세기부터 18세기 사이에 제작된 사

그리스 힐란다르 사원의 전경과 내부의 프레스코 벽화

본 20여 종만이 남아있는 상태이다. 무엇보다도 그의 가장 큰 업적이라 한다면, 세르비아 역사상 가장 드넓은 영토의 확장과 함께 '세르비아니즘'의 토대를 구축했다는 점을 들 수 있다. 두샨 황제 시절 당시의 세르비아 영광은 1844년 세르비아니즘의 이론 구축에 기여하였던 가라샤닌(Ilija Garašanin, 1812-1874)에 의해 다시 제창되었고, 그는 세르비아 근대국가의 모델로서 중세 두샨 황제 시절의 영토적 당위성을 기초로 한 '대(大)세르비아 국가' 건설을 세르비아니즘의 이론적 기틀로 삼았다. 두샨 황제 이후로 세르비아인들은 스스로가 발칸 유럽의 맹주 국가였다는 자부심과 함께 영토적 확대에 기초한 문화적 민족주의인 세르비아니즘의 확산을 위해 노력하게 되었다고 볼 수 있다.

베오그라드 마르코 교회와 교회에 안치된 두샨 황제의 유골

세르비아 왕조와 독립 정교의 뿌리, 성 시메온과 성 사바

세르비아 중세 왕국의 시작은 스테판 네마냐(성 시메온) 시기 때부터로 거슬러 올라간다. 발칸 유럽에서 크리스트교가 계속 확대되는 가운데, 스테판 네마냐는 세르비아 중세 왕국의 전신인 라쉬카 공국의 안정과 지속적인 발전을 위해서라도 정교를 받아들일 필요성을 느끼고 있었다. 따라서 1196년 대족장 자리를 그의 둘째 아들인 스테판 네마니치(Stefan Nemanjić, 1196-1228, 대족장 1196-1217, 왕 1217-1228)에게 넘겨준 후, 자신은 세르비아의 스투데니짜(Studenica, 1986년 UNESCO 지정) 사원과 오늘날 그리스 힐란다르 사원을 건립하는 등 정교의 발전과 확대에 주력하게 된다. 네마냐의 노력 결과, 스테판 네마니치는 1202년에 들어와 당시 로마 교황인 이노센트 3세(Innocent Ⅲ, 1160-1216, 재위 1198-1216)로부터 왕위를 부여받은 후, 1217년에 세르비아 중세 왕국을 선포할 수 있었다.

더불어, 네마냐의 막내아들인 사바 네마니치(성 사바)는 아버지를 따라 정교에 입문하여 독립 정교회 수립에 전념하였고, 1219년 콘스탄티노플 교회의 명령에 따라 마침내 그 꿈을 이룰 수 있게 되었다. 이어 최초의 세르비아 독립교구가 세워졌고, 이후로 사바는 세르비아 정교회와 수도원을 개축, 보수하고 교회서적을 번역하는 등 세르비아 중세 왕조의 정신적 버팀목으로써 세르비아 정교의 기틀을 마련하는 데 한평생을 바치게 된다.

이러한 교회의 역할과 의미들은 이후에도 사바 주교와 그의 후계자들의 노력에 의해 세르비아 일반 민중들에게 계속해서 유입되게 된다. 이후 네마냐와 사바는 세르비아인들에 의해 성인으로 봉축되었고, 오늘날까지 세르비아인들의 가슴속에 중요한 자리를 차지하게 되었다.

세르비아 민족정신의 요람, 스투데니짜 수도원

세르비아 정교의 뿌리, 성 사바와 그의 아버지 성 시메온의 프레스코 벽화

다. 세르비아어의 아버지, 부크 카라쥐치

두샨 황제 사후 계속된 분열과 1389년 코소보 전투 패배로 인해 세르비아 중세 왕국은 몰락하였고, 결과적으로 이후 1878년까지 오스만 터키의 직접적인 지배하로 들어가야만 했다. 19세기 민족주의 시대, 세르비아와 보스니아 및 발칸 유럽에 거주하고 있던 세르비아인들은 외세 하에 있던 다른 동유럽 민족들처럼 선민의식 속에 과거 자신들의 화려한 중세 시절의 영광을 재현시키고자 하는 문화적 민족주의 움직임을 확대시켜 나가게 된다. 이와 함께, 지식인들은 발칸 전역에 흩어져 있던 세르비아 민족의 단결을 위해서라도 민족의식을 고취하고 민족 정체성을 일깨우고자 했으며, 이를 위한 일환으로 근대 언어의 발굴과 문어 개발에 열정을 쏟아붓고자 했다. 이러한 의식 확대에 가장 중요한 영향을 미쳤던 인물 중 하나가 바로 '세르비아어의 아버지'라 불리는 부크 카라쥐치(Vuk Stefanović Karadžić, 1787-1864)라 할 수 있다.

세르비아의 트르쉬츠(Tršć)라는 작은 마을에서 태어난 그는 오스만 터키 지배하에 있던 어린 시절 지독한 가난과 배고픔에 시달려야만 했었다. 인근 트로노샤(Tronoša) 정교 사원(1317년 건립)에서 세르비아어 교육을 받은 그는, 이후 세르비아의 최초 중등학교인 스렘스키 카를로브찌의 중등학교 입학을 시도하였지만, 19세라는 많은 나이로 인해 실패해야만 했다. 하지만 학문

부크 카라쥐치와 오늘날 기념관으로 변모한 트르쉬츠에 있는 그의 생가

카라쥐치가 어린 시절 수학했으며 카라쥐치 박물관이 자리한 트로노샤 정교 사원과 사원 입구

에 대한 열정은 계속 이어져 마침내 베오그라드에서 중등 과정을 마칠 수 있게 된다. 한때 부크 카라쥐치는 부다페스트와 노비사드(Novi Sad)에서 의학 관련 분야 일을 하기도 했지만, 비엔나에서 '슬로베니아어의 아버지'로 불리는 코피타르(Jernej Bartol Kopitar, 1780-1844)를 만난 이후, 세르비아어의 발전과 남슬라브 민족 간의 공통어 확대에 깊은 관심을 지니게 되었다.

하지만, 그의 언어 체계 수립 노력은 당시 오스만 터키의 영향력에 의존해야만 했던 세르비아의 밀로쉬 오브레노비치(Miloš Obrenović, 1780-1860, 영주 1815-1839, 1858-1860)에 의해 그리 환영받지 못한 채, 오히려 발칸 유럽에서 터키 지배권을 약화시키는 잠재적 위험 요소로 취급받아야만 했다. 이에 반해, 당시 슬라브주의 확산과 발칸 유럽 진출에 높은 관심을 지녔던 러시아는 부크 카라쥐치의 주장들을 높게 평가하였고 그에게 연금 등 다양한 지원책을 내림과 동시에, 그의 주장을 동유럽 슬라브 인들에게 확대하여 러시아의 영향력을 확대하고자 했었다. 근대 표준어 개발이라는 그의 높은 업적에도 불구하고, 당시 민족의 운명을 주변 외세에 의존해야만 했던 국내 사정에 따라, 부크 카라쥐치의 활동 반경은 제약받을 수밖에 없었다. 1864년 비엔나에 묻힌 그의 유골은, 세르비아가 오스만 터키의 지배로부터 완전히 벗어난 이후인 1897년에 들어와 고국의 수도인 베오그라드에 묻힐 수 있었다. 현재 그의 묘는 베오그라드 국립 대학교(1808년 설립)의 창시자이자, 세르비아 근대 공국 초기 최대 계몽주의 문학가이며 철학자, 언어학자로 왕국의 최초 교

가운데 유고 보그단(Jug Bogdan)을 비롯해 코소보 전투로 향하는 유고비치(Jugovič)형제들을 묘사한 모자이크 분수, 트로노샤 사원 입구에 위치

육부 장관을 역임했던 오브라도비치(Dositej Obradović, 1742-1811)의 묘 옆에 안치되어 있다.

오늘날 부크 카라쥐치는 근대 세르비아어 개혁은 물론, 농민 문화를 대변할 수 있는 민속 문학의 토대를 구축하는 데도 커다란 역할을 하였다고 평가받고 있다. 그는 특히, 세르비아 농민들의 민요, 이야기, 속담 등이 담긴 모음집을 통해 농민들의 구전 문학을 보다 현대적으로 발전시켰으며, 농민들의 어려운 현실을 외면하고 미화하기보다는 이를 세르비아 농민 문화의 현실적 주요 요소들 중 하나로 인식하고자 하였다. 그는 이 외에도 어린 시절 들었거나 기억에 남아 있던 약 100여 편의 서정시와 서사시가 포함된 여러 권의 세르비아 민속 산문시집과 함께 최초의 세르비아어 사전을 발간하기

베오그라드 구시가지의 한 가운데인 '학생 광장'에 자리한 도시테이 오브라도비치 동상

도 하였다. 세르비아 민족 정체성 형성과 근대 세르비아어 발전에 절대적인 기여를 한 것으로 알려진 카라취치와 그의 정신적 스승이기도 했던 오브라도비치의 여러 업적 그리고 이들에 대한 세르비아인들의 애정은 1949년에 설립된 베오그라드의 '부크와 도시테이 박물관(Muzej Vuka i Dositeja)'을 통해서도 또한 확인할 수 있다.

라. 제1차 세계대전의 진원지, 사라예보

오늘날 보스니아의 수도인 사라예보는 1461년 오스만 터키가 도시를 건설한 이래로 발칸 유럽의 중요 전략적 상업 도시이자 유럽 내 대표적인 이슬람 도시로써 발전하여 왔다. 과거 역사 속에서 보스니아는 동유럽은 물론 유럽 내에서도 대표적인 '종교와 문화의 모자이크 중 모자이크 지역'으로 불려 왔으며, 사라예보는 이슬람을 믿는 보스니아 무슬림 외에도 정교를 믿는 세르비아인, 가톨릭을 믿는 크로아티아인 그리고 그 외 유대인 등이 서로 복잡하게 혼재되어 거주하면서 '유럽의 예루살렘'이란 별칭을 얻기도 하였다. 하지만, 20세기 말 유럽 최대의 민족 분쟁이라 일컬어지는 보스니아 내전을 거치면서 보스니아는 1국가 2세제, 즉 '보스니아-헤르체고비나 공화국' 안에 세르비아계가 장악하고 있는 '스르프스카 공화국(RS : Republika Srpska)'(영토의 49%) 그리고 보스니아 무슬림과 크로아티아계가 차지하고 있는 사라예보를 비롯한 영토 51%의 '보스니아-헤르체고비나 연방(Federacija Bosne i Hercegovine)'으로 나뉘어 졌으며, 사라예보는 오늘날 전형적인 이슬람 도시로 변모해 가고 있는 중이다.

사라예보가 세계 역사 속에 그 이름을 알리게 된 계기는 무엇보다도 1914년 6월 세르비아 민족주의 청년인 프린찌프(Gavrilo Princip, 1894-1918)가 오스트리아 제국의 페르디난드 황태자 부처를 암살한 사건을 통해서라 할 수 있다. 암살 사건은 이후 제1차 세계대전의 단초를 제공하게 되었고, 그 결과 사라예보는 '제1차 세계대전의 진원지'란 이름으로 역사 속에 기록되게 된다.

제1차 세계대전 발발 이전, 당시 보스니아와 발칸 유럽을 둘러싼 국제 정세는 러시아와 오스트리아 등 강대국들의 영향력 확보 다툼과 함께 영토 확대를 위한 발칸 유럽 내 국가들 간의 잦은 전쟁 등으로 매우 복잡하고 혼미한 상태였다. 당시 이 지역에서 보인 국제적 양상은 우선, 오스트리아의 발칸 유럽으로의 '동진(東進) 정책'을 들 수 있을 것이다. 당시 국제적 흐름은 식민지 확대 경쟁 그리고 이를 통한 원활한 원자재 공급 및 생산품의 수출 시장 확보가 대세를 이루고 있었다. 과거 합스부르크 제국의 후신인 오스트리아 제국은 1866년 프로이센과의 전쟁에서 패한 이후 오랫동안 자신의 영향력 하에 있었던 독일 지역 등 서부의 기득권을 포기해야 했으며, 북으로는 러시아, 남으로는 이탈리아 등으로 인해 식민지 및 영토 확장을 꾀할 수 있는 지역이 용이치 않은 상황에서, 남은 지역은 오스만 터키가 지배하고 있었던 동부인 발칸반도밖에 없었다. 따라서 당시 오스트리아는 국가 운명의 사활을 걸고 발칸 유럽으로의 진출과 영향력 확대를 추진해 나가야만 했었다.

페르디난드 황태자 암살 직후 체포되는 프린찌프

두 번째, 러시아의 발칸 유럽으로의 '남진(南進) 정책'과 '부동항(不凍港) 획득 정책'을 들 수 있다. 표토르 1세(Пётр I Алексеевич / Peter the Great, 1672-1725, 재위 1682-1725) 이후로 러시아는 과거 후진적 사회를 벗어나기 위한 서구주의 정책과 계몽주의 그리고 산업혁명 도입을 통해 제국으로서의 면모를 갖추어 나가기 시작하였다. 아시아와 유럽에 걸친 광활한 지역을 아우르고 있는 러시아는 제국으로의 발전을 위해서라도 계절적 요인에 따른 얼지 않은 부동항의 획득과 함께 전략적 함대기지 구축이 절실히 요구되고 있었다. 따라서 러시아에게 있어서, 크림(Crimea) 반도 및 흑해(Black Sea) 연안을 둘러싸고 있는 발칸 유럽의 이해 영역(Interest Sphere) 설정과 영향력 확보는 제국 발전을 위한 필수적인 요소이기도 했다.

선고를 기다리고 있는 프린찌프와 그의 동료들

마지막 주요 양상 중 하나는 발칸 유럽 국가들 간의 치열한 영토 확보 전쟁이라 할 수 있다. 과거 발칸반도는 14세기 이래로 오랫동안 오스만 터키의 지배하에 놓여 있었으나, 19세기 민족주의 시대 이후로 특히 1877년 러시아와 터키 간의 전쟁 이후 대부분 독립 국가를 이루게 된다. 이때 독립한 이들 발칸 유럽 국가들과 이제는 유럽의 종이호랑이로 쇠락해 버린 터키는 서로 간의 치열한 영토 확보 노력과 세력 확대 경쟁을 치러야만 했고, 이것은 제1, 2차 발칸전쟁(1912, 1913)을 낳게 하였다.

실제로, 19세기 중엽 민족주의에 고무된 발칸 유럽의 여러 민족들은 터키의 폭정에 저항하는 독립 운동을 전개하였고, 터키는 무자비한 진압으로 이를 견제하려 하였다. 이에 대해 러시아는 같은 슬라브 민족이자 정교도인 발칸 유럽의 민족들을 이슬람 제국으로부터 구원해 낸다는 미명 아래, 1877년 터키에 전쟁을 선포하게 된다. 이후 터키의 항복 속에 1878년 러시아는 불가리아의 영토를 크게 확대시켜 주는 등 발칸 유럽의 상당 민족들을 독립시켜 줌으로써 자신의 영향력을 공고히 하고자 했다(1878년 3월 산스테파노 조약). 하지만, 발칸 유럽으로의 동진정책을 주요 국가 전략으로 추진하고 있었던 오스트리아는, 발칸 유럽에서 터키의 급격한 약화가 러시아의 세력 확대는 물론 유럽의 안정에도 심각한 치명상을 입힐 수 있다며 유럽의 강대국들을 설득하였고, 마침내 러시아와 터키를 베를린으로 불러들여 새로운 조약을 맺는 데 성공하게 된다(1878년 6월 베를린 조약). 이를 통해 오스트리아는 친(親)러시아 성향의 불가리아의 상당 영토를 터키에게 다시 돌려주었으며, 이에 대한 대가로 터키로부터 보스니아의 행정권을 넘겨받을 수 있게 되었다.

이 결과 보스니아는 약 400년 동안 자신을 지배하였던 오스만 터키의 지배를 벗어나, 이제는 오스트리아라는 또 다른 지배 제국 하로 편입되는 운명에 처하게 된 것이다.

이후 보스니아를 발칸 유럽을 향한 동진 정책의 전초 기지로 활용하고자 했던 오스트리아는 이 지역에 대한 확실한 지배권을 구축하고자 했으며, 이에 따라 1908년 보스니아를 합방시키게 된다. 이것은 당시 보스니아 내 세르비아 민족주의를 크게 자극하였으며, 세르비아인들을 중심으로 새로운 독립 운동의 단초를 제공하는 계기를 형성케 하였다. 이후 보스니아에는 '젊은 보스니아(Mlada Bosna)'를 비롯한 여러 비밀 결사단체 등이 수립되었으며, 이들은 세르비아인이 다수 거주하고 있던 보스니아를 이웃 세르비아 왕국으로 편입시킬 것을 주장하면서, 오스트리아 관료 암살 및 폭탄 테러 등의 임무를 수행하게 된다. 1914년 6월 페르디난드 황태자 부처를 암살한 프린찌프 또한 '젊은 보스니아'의 비밀 단원이었다.

1914년 6월 28일, 페르디난드 황태자 부처는 근위대 열병식에 참관 차 사라예보를 방문하게 된다. 이날은 세르비아의 성령 축일(비도브단, Vidov dan/ St. Vitus' day)이자 과거 1389년 오스만 터키와의 코소보 전투 패배로 세르비아 중세 왕국의 실질적 몰락을 가져온, 세르비아인에게 있어선 잊을 수 없는 역사적 아픔이 담긴 날이기도 했다. 페르디난

프린찌프 다리 [illegible] 황태자 암살이 있었던 [illegible]

드 황태자 부처가 암살되자, 오스트리아 제국은 사건의 배후에 당시 러시아와 밀접한 관계를 지니고 있던 이웃 세르비아가 존재하고 있다고 판단하였다. 따라서 독일의 빌헬름 2세(Wihelm II, 1859-1941, 재위 1888-1918)에게 군사 협조를 요청해 수락을 받은 오스트리아는 7월 23일 세르비아에게 책임자 처벌과 반(反)오스트리아 단체 해산, 그리고 오스트리아 관료들의 세르비아 직접 방문 조사 등이 담긴 요구서를 보내게 된다. 오스트리아는 48시간 이내에 답을 줄 것을 요청했지만, 심각한 주권 침해를 의미하는 이러한 요구서에 세르비아는 응할 수가 없었다. 이에 따라 7월 28일 오스트리아는 세르비아에 선전포고를 단행하게 된다. 세르비아 지원을 약속했던 러시아에 7월 29일 총동원령이 내려졌고, 8월 1일엔 독일이 러시아에 선전포고를, 뒤이어 여러 군사 협약으로 맺어져 있던 프랑스 등 유럽 국가들이 전쟁에 참여하게 되면서 제1차 세계대전이 발발하게 된다. 이처럼 발칸 유럽의 작은 도시 사라예보에서 발생한 총격 사건은 전 세계를 전쟁의 화염과 비극 속으로 몰아넣게 되었다.

마. 이보 안드리치와 〈드리나강의 다리〉

오늘날 보스니아를 대표하는 문화가로는 1892년 보스니아 트라브니크(Travnik)에서 출생한 이보 안드리치(Ivo Andrić, 1892-1975)를 들 수 있다. 어린 시절 가난한 집안 형편 때문에 비쉐그라드(Višegrad, 안드리치그라드 Andrićgrad로도 불림)의 친척 집에 기거해야 했던 안드리치는 사라예보에서 중등 과정을 마친 이후, 크로아티아의 자그레브, 그리고 이후엔 오스트리아의 비엔나와 폴란드의 크라코프 대학에서 철학과 역사학을 전공하였다. 이후 반(反)오스트리아 저항 운동에 가담하였던 그는 제1차 세계대전 동안에는 오스트리아의 형무소에 갇혀 있기도 했다. 그는 제1차 세계대전이 끝난 이후인 1924년 바쁜 외교관 생활 중에서도 오스트리아의 그라쯔(Graz)에서 <터키 지배의 영향 하에서 보스니아 정신생활의 발전, The Development of Spiritual Life in Bosnia under the Influence of Turkish Rule>이란 주제로 역사학 박사 학위를 수여받게 된다.

제1차 세계대전이 끝난 1918년, 최초의 남슬라브족 통합 국가인 '세르비아-크로아티아-슬로베니아 왕국'이 수립되자, 그는 종교부 장관에 이어 외무부 장관 그리고 독일을 비롯해 유럽 여러 국가의 대사직은 물론 국제 연맹의 왕국 대사로도 수차례 활동하면서 외교적 능력을 과시하게 된다. 정치적으로 그는 당시 확대되고 있었던 왕국 분열 및 왕권 약화에 반대하였으며, 제2차 세계대전 동안에는 조용히 기거하면서 1961년 노벨 문학상의 영광을 안겨준 <드리나강의 다리, Na Drini Ćuprija>란 작품을 비롯한 여러 작품을 완성하였다. 이후 그는 1975년 베오그라드에서 사망할 때까지 보스니아 및 유고슬라비아의 여러 지역과 역사를 배경으로 한 <트라브니크 연대기, Travinčka hronika>, <아가씨, Gospođica>등 약 100여 편의 수많은 명작들을 발표하였다.

특히, 그의 대표작인 <드리나강의 다리>는 보스니아의 다양한 종교와 문화의 공간 속에서 기다란 역사 속에 비친 인간의 삶과 사람들과의 관계를 '다리'에 빗대어 만들어 낸 역사 소설의 대작이라 할 수 있다. 작품의 시대 배경은 15세기 오스만 터키가 보스니아를 지배해 드리나강에 다리를 세운 이후부터 시작되어, 1914년 제1차 세계대전이 일어나 오스트리아 군대가 다리를 건너 세르비아로 진격해 들어가는 것으로 끝나는 약 400년이 넘는 역사를 다리를 주인공으로 해서 소설을 이어가고 있다. 이 작품에서 이보 안드리치는 다리를 경계로 서로 다른 종교와 문화 속에 거주하던 보스니아 민중들의 역사적 삶과 복

이보 안드리치와 드리나강의 다리

드리나강의 다리와 건너편의 비쉐그라드 도시

잡하고도 미묘한 관계를 드리나강에 서 있는 다리의 상징성을 통해 잘 묘사하고 있다는 평가를 받고 있다.

안드리치의 유명세만큼 현재 그의 문학 세계를 둘러싸고 세르비아와 크로아티아 간의 갈등 또한 중요한 이슈가 되고 있는 게 사실이다. 크로아티아에서는 안드리치가 비록 보스니아에서 태어났지만 그의 부모가 가톨릭을 믿는 크로아티아인이었다는 점에서 안드리치의 작품들을 크로아티아 작품으로 분류하고 있다. 반면에 세르비아에서는 안드리치의 주요 활동 무대가 베오그라드였으며, 그가 쓴 작품들의 대다수가 세르비아인이 주로 쓰고 있는 '에(ekavski / ekavian) 방언'이고, 무엇보다도 1958년 결혼 당시 그의 민족성을 세르비아인으로 인정했다는 측면에서 그의 작품들을 세르비아 작품으로 인정하고 있는 실정이다. 반면에 보스니아에선 안드리치의 출생지라는 점을 들어 보스니아 문학가로 선전하고 있는 상황이다. 실제 안드리치 자신은 어느 민족에도 속하지 않은 유고슬라비아인(남슬라브족)임을 항상 강조하였으며, 실제 그의 작

현재 박물관으로 쓰이고 있는 보스니아 트라브니크의 이보 안드리치 생가

품들은 사회주의 유고슬라비아 연방의 대표적 언어였던 세르보크로아트어(Srsko-hrvatksi / Serbo-Croat)를 중심으로 초기엔 크로아티아인들이 주로 쓰는 '이에(ijekavski / ijekavian) 방언'으로 써졌지만, 이후엔 세르비아인들이 주로 쓰는 '에 방언'을 활용하였다. 어쩌면 그는 현재는 사라져버린 조국 유고슬라비아를 마지막까지도 사랑했던 대표적인 인물이었는지도 모른다.

동유럽 역사와 인물 속 한 마디

오스만 터키의 독특한 제도, 데브쉬르메

오스만 터키의 지배 기간 동안 보스니아 무슬림들은 제국의 중앙과 지방에서 충실한 공무원과 봉신의 역할을 수행했다고 할 수 있다. 이들은 특히 보스니아가 오스만 터키 제국 서쪽의 가장 변방에 위치했다는 지정학적 중요성에 따라, 자율권을 통해 영토 보존을 위한 자체적인 방어 역할 또한 수행하여 왔다. 오스만 터키가 제국 지배하의 크리스트교인 등 여러 다른 이질적 종교 집단들을 이슬람으로 동화시키고 제국 발전에 끌어들였던 제도로는 무엇보다도 '데브쉬르메(Devşirme/ Devshirme)' 제도를 들 수 있다. 데브쉬르메 제도의 기원은 오스만 터키 제국의 기초를 세웠던 무라드 1세(Murad I, 1326-1389, 재위 1361-1389) 시기로 거슬러 올라간다. 그는 포로로 잡은 크리스트교인들 중에서 무예가 뛰어나고 술탄에게 충성을 맹세한 이들을 중심으로 보병부대를 구성하였고, 여기서부터 데브쉬르메 제도가 시작되었다고 할 수 있다.

세르비아어와 크로아티아어로 데브쉬르메 제도는 '피의 공물(Danak u krvi/ Tribute in Blood)'이란 뜻을 지니고 있다. 이 단어의 의미만큼 제국 지배하의 여러 마을에서 출

데브쉬르메 제도에 의해 끌려 온 아이들과 소콜로비치의 초상화

생한 8세에서 12세 사이의 똑똑한 크리스트교 남자아이들은 오스만 터키의 본토로 강제로 끌려가야 했으며, 이슬람교로의 개종 뒤 술탄과 제국을 위해 희생해야 했었다. 이 아이들은 다양한 훈련과 교육을 받은 뒤 각자의 능력에 따라 제국 내의 하급 공무원인 '카페탄(Kapetan)' 혹은 술탄의 직속 예하의 보병부대인 '야니차르(Yeni Çeri/ Janjičar/ Janissary)'로 편입시킨 제도이다. 이들은 비록 제국에 의해 기술적으로 훈련된 용병들이었지만, 술탄에 대한 절대적인 충성을 통해 그들의 지위와 부를 보장받고자 노력했다. 따라서 적어도 정규병의 필요성이 대두되던 근대 국가 수립 이전까지 이들은, 끊임없는 내부 반란에 시달려야 했던 술탄에게 있어 가장 큰 우군이었다고 할 수 있다.

데브쉬르메 제도를 통해 형성된 이들은 점차 세력을 키워갔고, 제국의 중요한 영향력을 행사하는 자리에까지 오르게 된다. 이들 중 보스니아와 관련된 대표적인 인물로는 소콜로비치(Mehmed-paša Sokolović, 재위 1505/1506-1579)를 들 수 있는데, 보스니아 비쉐그라드 출신인 그는 데브쉬르메 제도에 따라 제국으로 끌려가, 여러 전공을 세운 뒤 술탄의 바로 아래 직급인 '벨리키 베지르(Veliki Vezir)'에까지 오른 인물이다. 그는 자신의 고향에 흐르는 드리나강 위에 아름다운 아치형 석조 다리를 건설하였고, 이 다리는 훗날 노벨 문학상을 받은 이보 안드리치 문학 작품의 주 소재가 되기도 했다.

바. 보스니아 내전의 아픔과 세르비아

제2차 세계대전 이후 티토를 중심으로 탄생한 사회주의 유고슬라비아 연방은 모두 6개 공화국(세르비아, 크로아티아, 슬로베니아, 보스니아-헤르체고비나, 마케도니아, 몬테네그로) 그리고 세르비아 공화국 내에 2개의 자치주(보이보디나와 코소보)로 구성되어 있었다. 사회주의 유고슬라비아 연방은 구성 공화국의 복잡성만큼 2개의 문자(라틴 문자와 키릴 문자)와 3개의 주요 종교(정교, 가톨릭, 이슬람), 그리고 대표 언어인 세르보크로아트어, 슬로베니아어, 마케도니아어를 비롯해 총 27개의 언어를 사용하는 6개의 주요 민족(세르비아인, 크로아티아인, 슬로베니아인, 보스니아 무슬림, 마케도니아인, 몬테네그로인)과 2개 이상의 소수 민족(알바니아인, 헝가리인...) 등이 매우 복잡하게 얽혀있었다.

보스니아는 이러한 복잡하고도 어지러운 사회주의 유고슬라비아 연방의

1993년 11월 보스니아 내전 당시 파괴된 후, 2004년 7월 UNESCO에 의해 재건설된 모스타르 다리

특징들을 하나로 응축시켜 놓은 대표적인 종교와 문화의 모자이크 지역이었다. 따라서 티토는 보스니아의 안정과 조화로움의 중요성을 일찍부터 인식하고 있었고, 보스니아 내에서 타민족 간의 혼혈 결혼을 적극적으로 장려하는 등 여러 민족 간 갈등의 완충 지대로써 보스니아를 활용하고자 하였다. 하지만, 1980년 5월 티토 사망 이후 티토 격하 운동이 발생하고, 뒤이어 각 공화국과 민족들 내에서 서로 간의 이해관계를 둘러싼 일련의 갈등이 일어나자,

보스니아 내전 당시의 사라예보 홀리데이 인 호텔과 파괴된 교회의 모습

보스니아에는 커다란 위기가 찾아오게 된다. 특히, 1989년 이후 동유럽에서의 민주화와 자유화 열기 확산은 연방의 붕괴 위기와 더불어 다양한 민족과 문화, 종교로 복잡하게 얽혀져 있던 보스니아에 큰 고통을 안겨주게 되었다. 1991년 크로아티아와 슬로베니아는 독립을 요구하였고, 이에 대해 연방의 주도권을 장악해 왔던 세르비아는 강제적으로라도 연방을 유지하려 하였다. 결국 양측 간 합의 실패로 슬로베니아와 크로아티아에서 유고 내전이 발생하였고, 이것은 곧바로 보스니아에도 또한 심각한 영향을 미치게 된다.

보스니아 내전 당시 스레브레니짜 학살의 비극

이웃한 크로아티아에서의 내전을 지켜본 보스니아 내 무슬림과 크로아티아인들은 공화국 내 세르비아인들의 반대에도 불구하고, 1992년 3월 세르비아 주도의 연방에서 이탈하여 독립할 것을 선언하게 된다. 이것은 곧바로 보스니아의 내전을 불러왔다. 3년 8개월간의 내전 기간 동안 약 2백 3십만 명의 이재민과 난민이 발생하였으며, 약 10여만 명이 사망하게 되었다. 여러 구성 민족들 중 가장 큰 피해를 입었던 민족은 오스만 터키 지배라는 역사적인

오늘날 보스니아의 1국가 2체제 지도와 이에 따른 민족 구성 분포도

이유로 인해 세르비아인의 증오 대상이었던 보스니아 무슬림에게 집중되었다. 내전 이전 약 190여만 명을 차지하였던 보스니아 무슬림은 내전을 겪으면서 이 중 약 60%가 강제 이주 혹은 난민으로 전락해야만 했으며, 특히 약 8,000명이 학살된 것으로 알려진 UN이 정한 안전지대(Safe zone)인 스레브레니짜(Srebrenica) 지역을 포함해 보스니아 전역에서 최소 약 7만 명 이상이 학살당하는 비극을 맞기도 했다.

전선도 없고, 우군, 적군이 없는 상황 그리고 강대국 간의 이해관계 다툼 속에서 확대된 내전으로 인해, EU와 UN이 제시했던 여러 차례의 평화안 시도는 불발로 끝나야만 했다. 이런 가운데 UN의 제안을 받아들인 미국은 1995년 5월 마침내 보스니아 내전 참전을 선언하였고, 현실주의적 힘(Power)을 바탕으로 1995년 11월 마침내 보스니아 평화안인 '데이턴(Dayton) 합의안'을 이끌어내게 된다. 이 합의안에 따라 보스니아 내전은 종결되었으며, 현재 세르비아인을 중심으로 한 '스르프스카 공화국(영토의 49%)'과 보스니아 무슬림과 크로아티아인으로 이루어진 '보스니아-헤르체고비나 연방(영토의 51%)'으로 구성된 1국가 2체제 국가로 남아있는 상황이다. 하지만, 오늘날 보스니아의 여러 민족들은 합의안의 최종 목표인 다민족, 다문화로 어우러진 1국가 1체제라는 이상을 위해 서로 간의 과거 앙금을 씻고 새로운 보스니아를 향한 통일 작업을 진행 중에 있다.

사. 세르비아인의 아픔, 알바니아인의 비극, 코소보와 밀로쉐비치

1980년 5월 사회주의 유고슬라비아 연방의 구심점이었던 티토의 사망은 연방의 붕괴와 보스니아에서의 내전은 물론 세르비아의 자치주 중 하나인 코소보에서의 급진적 알바니아 민족주의 및 독립 욕구를 증폭시켰다. 1980년대 사회주의 유고슬라비아 연방의 곳곳에선 티토의 카리스마에 그동안 억눌려 잠재되어 왔던 민족주의 열기의 대규모 폭빌을 낳았나. 이 당시 세르비아 민족주의 또한 강력히 확대되는데, 특히 대표적인 인물로는 1987년 코

세르비아인들의 환호를 받고 있는 밀로쉐비치

소보 내 민족 문제 조사차 내려와 세르비아 민중들을 대상으로 강력한 민족주의 발언을 던졌던 밀로쉐비치(Slobodan Milošević, 1941-2006, 세르비아 1989-1997, 유고 연방 1997-2000)를 들 수 있을 것이다.

당시 코소보에선 소수 민족이면서 경제와 정치 주도권을 행사하고 있던 세르비아인들과 다수 민족이면서도 열악한 환경 속에 살고 있던 이슬람 알바니아인들 사이에 갈등과 충돌이 끊이지 않고 있었다. 밀로쉐비치는 코소보 언덕에서 가진 연설을 통해 그동안 공식 석상에서 금기시되어 왔던 민족주의에 대한 공개적 발언과 함께 강력한 세르비아 민족주의 부활을 선언함으로써 세르비아의 새로운 민족 지도자로 급부상하게 된다. 이후 밀로쉐비치는 세르비아 민중들의 지지를 업고 1989년부터 1997년까지 세르비아 공화국의 대통령

헤이그 전범 재판을 받기 위해 재판정에 선 밀로쉐비치와 그의 죽음 이후 시신을 맞이하기 위해 모인 고향 사람들

코소보의 참상과 학살을 피해 피난 가는 코소보 알바니아인들의 모습

을 역임하였으며, 이후 1997년부터 2000년까지는 세르비아와 몬테네그로가 연합해서 형성한 유고슬라비아 연방의 대통령직을 수행하였다. 하지만, 2000년 10월 세르비아에서의 민주화 혁명으로 인해 대통령직에서 물러난 후, '구 유고슬라비아 국제사법 재판소(ICTY : International Criminal Tribunal for the former Yugoslavia)'에서 보스니아 내전과 코소보에서의 범죄 행위에 대한 재판을 받던 도중 2006년 3월 심장마비로 사망하게 된다.

밀로쉐비치의 정치적 운명과 코소보의 운명은 어쩌면 서로 같이하였다고 볼 수 있다. 1989년 세르비아 대통령으로 당선된 밀로쉐비치는 다른 정책보다 우선해서 그동안 보장되어 왔던 코소보의 자치권을 폐기시키고, 이들 지역에 세르비아 민족 정서를 확산시키려는 움직임을 전개하였다. 밀로쉐비치의 무리한 정책들은 결과적으로 코소보 내 다수 민족이었던 알바니아인들의 거센 반발을 불러왔고, 곧이어 코소보 독립을 주장하는 시위와 무장 투쟁이 이어지게 된다. 이에 대해 밀로쉐비치는 알바니아 반군들에 대한 대대적인 소탕과 함께 코소보에 대한 세르비아 영향력 확대를 기도하였다. 세르비아 정부군과 알바니아 반군 간의 교전 속에 '랑부예(Rambouillet) 회담' 등 국제 사회의 중재 노력과 개입 시사가 이어졌다.

당시 국제 사회가 도출한 코소보 평화안의 주요 내용은 첫째, 코소보 독립 문제를 3년 뒤에 논의하는 것, 둘째, 코소보에 NATO군을 중심으로 한 국제 평화유지군을 주둔하는 것 등으로 요약해 볼 수 있다. 하지만, 이에 대해 코소보

코소보 전쟁 당시 NATO의 폭격으로 파괴된 세르비아 민가와 정부 건물

내 알바니아인들은 "코소보의 독립을 더는 미룰 수 없다"며 첫째 안에 반대하였고, 세르비아는 "코소보 문제는 주권의 문제로, 국내에서 발생한 문제를 이유로 자국 영토에 외국 군대를 주둔시킬 수 없다"며 두 번째 안에 반대하였다. 미국의 설득에 따라 알바니아 측은 찬성하였지만, 세르비아는 NATO군이 아닌 UN군 주둔이라는 대안을 제시하였고, 이에 대해 미국과 서방 세계는 실효성 문제를 들어 이를 거부하게 된다. 결국 양측은 합의점을 찾지 못한 채, 마침내 1999년 3월 23일 NATO군의 세르비아와 코소보 공습이 시작되었고, 이후 전쟁은 79일간 이어지게 되었다. 공습 장기화에 따라 미국 등 NATO군은 전쟁 비용 부담의 어려움에 봉착하고 있었고, 반면 세르비아는 계속된 공습에 따른 경제적, 물적, 인명 적 손실을 감내해야만 했었다. 결국, 러시아의 중재로 양측은 1999년 6월 10일 UN에 제시한 평화안에 합의하게 된다.

1999년 3월 코소보에서의 전쟁 발발 전후로 UN안전보장이사회는 이 지역의 지속적인 평화를 구축하기 위한 수차례의 논의를 가졌고, 'SCR 1244(Security Council Resolution 1244) 결의안'을 발표하게 된다. 이를 기초로, UN에서 파견된 UN 임시 행정임무 부서(UNMIK, 현재는 EU 주도의 EULEX로 권한 이양)와 코소보 평화 유지군(KFOR : Kosovo

코소보 세르비아인에게 환영받지 못하는 EULEX

Force)이 행정과 치안을 맡아 코소보 거주민들의 평화적이며 안정적인 삶을 보장할 의무 이행과 더불어, 20여만 명에 달하는 추방자들과 망명자들의 방해 없는 귀환 보장 그리고 코소보의 보다 폭넓은 자치권 부여 임무를 지니고 코소보에 파견되게 된다. 하지만 UN과 국제 사회의 여러 노력에도 불구하고 코소보에선 일련의 민족 간 갈등이 지속되어 왔으며, 2007년 12월 10일 UN이 주도하였던 코소보 최종 지위 협상이 실패로 돌아간 후 2008년 2월 알바니아계에 의한 코소보 독립이 선언되면서 이를 둘러싸고 국제사회의 갈등이 여전히 존재하고 있는 상황이다.

역사 속에 비친 1389년 코소보 전투와 세르비아

세르비아의 성축일인 6월 28일 비도브단에 있었던 1389년 코소보 평원 전투에서 세르비아를 중심으로 한 10만 기독교 연합군이 오스만 터키군이 의해 대패하였다. 코소보는 세르비아 중세 왕국의 발원지이자 세르비아 독립 정교의 핵심지역으로써 역사적 상징성을 지닌 여러 정교 사원들이 존재하고 있는 등 세르비아 민족들에게 있어선 정신적 고향과도 같은 의미를 지니고 있던 곳으로, 코소보 전투에서의 패배는 이후 세르비아 민족의식과 세르비아 민족주의 형성에 큰 영향을 미치게 된다.

오스만 터키와의 코소보 전투 이후 이와 관련된 여러 전설들은 훗날 세르비아 민중들에게 민담과 구전문학을 통해 계속해서 전해 내려왔고, 외세의 침입이 있을 때마다 코소보 전투와 그 신화는 세르비아 민족의 저항정신을 고취시키는 역할을 담당하여 왔다. 실제, 민중 시인들은 코소보에서 세르비아 전사들의 영웅적 행위와 기적을 자주 노래하였고, 이를 통해 코소보에 관한 전설은 빠른 속도로 민중 이야기와 민중시로 흡수되어 갔다. 여러 세기 동안 이러한 민중가요, 서사시, 그리고 시들이 세대를 거쳐 구전되었고, 세르비아 민족은 이러한 것들을 더욱더 아름답게 미화시켜 갔다.

코소보 전설과 이상이 후대를 거치며 계속 미화되고 더욱더 노래된 배경에 대해 세르비아 학자들은, 이러한 전설과 이상이 중세 이후 오랫동안 외세의 지배를 받았던 세르비아 민족에게는 어려움이 닥칠 때마다 민족의 신앙심과 자유, 국가 재건의 투쟁을 일깨워 준 버팀목으로 작용하였기 때문이었다고 분석하고 있다. 1389년의 코소보 전투는 역사가들의 평가와 문학가들의 묘사를 통해 세르비아 역사에서 세르비아 중세왕조의 몰락과 이민족의 세르비아 지배가 시작되는 치욕의 역사로서 기록되어 왔고, 훗날 세르비아 민족의식과 세르비아 민족주의의 출발점으로 인식되고 있다는 평가를 받고 있다.

>>> 쉬어 가기

발칸 유럽의 대표적 대중 음식, 부렉

세르비아와 보스니아 그리고 크로아티아 등 발칸 유럽 지역의 대표적인 대중 음식으로는 바로 '부렉(Burek, 터키어로는 Börek)'을 들 수 있다. 오늘날 발칸 유럽의 거의 모든 지역에서 싸고 흔한 대중 음식으로 자리 잡은 부렉은 실제 14세기 이래로 오스만 터키가 이 지역들을 지배할 때 넘어 온 터키 음식이라 할 수 있다. 부렉은 오스만 터키 제국의 소아시아에 자리한 아나톨리아(Anatolia) 지방에서 유행하던 음식으로, 점차 제국의 확대에 따라 제국이 지배하던 전역으로 확대되게 된다. 이에 따라 오늘날에는 터키는 물론 북아프리카 지역을 비롯해 중동과 중앙아시아, 그리스, 발칸반도의 전역에 걸쳐 대중적인 음식으로 자리 잡았으며, 각 나라별로 고유한 음식 재료와 기법에 따라 독특한 맛과 향을 지니고 있다.

우리가 고기만두와 김치만두 등 재료에 따라 만두의 종류를 구별하듯, 특히 유고슬라비아 지역에서 부렉은 다진 고기나 야채, 감자 혹은 치즈를 중심으로 어떤 재료를 넣느냐에 따라 다양한 맛을 보여주고 있다. 부렉은 고기나 감자, 야채, 치즈 등을 층을 이루며 만든 둥그렇고 넓찍한 파이 형태의 밀전병 속에 집이넣이, 넓은 프리이팬에 얇은 기름과 함께 살짝 구워서 내면 되는데, 유고슬라비아 지역 중 부렉이 가장 맛있게 또 대중적으로 자리 잡은 곳이 바로 보스니아라 할 수 있다. 이 지역에서 시골 치즈로 된 부렉은 시르니짜(sirnica, burek sa sirom), 시금치와 치즈가 섞여서 만들어진 것은 젤랴니짜(zeljanica), 감자가 주재료인 것은 크롬피루샤(krompiruša), 그 외 일반적으로 고기 부렉은 부렉 사 메솜(burek sa mesom) 등으로 불리고 있다. 크로아티아와 세르비아의 부렉은 주로 보스니아내 사람들이 전수해 온 것으로, 따라서 일부 지역에선 부렉을 '사라예보 피타(sarajevska pita)' 혹은 '보스니아 피타(bosanska pita)'로 부르기도 한다.

역사와 인물로 동유럽 들여다보기

X

드라큘라의 꿈과 신화의 나라
루마니아

제10장_드라큘라의 꿈과 신화의 나라, 루마니아

가. 다치아 왕국의 신화, 데체발

고대 그리스와 로마의 기록에 따르자면, 로마 제국이 지배하기 이전 루마니아 지역에는 인도-유럽족 중 하나이자 오늘날 불가리아 지역에 주로 거주했던 것으로 알려진 트라키아인(Thracian) 부족과 깊은 관련을 맺고 있는 다치아(Dacia) 부족이 다치아 왕국을 건설하여 자신들의 문화를 꽃피우며 지내왔던 것으로 기록되고 있다. 이들의 영토는 남부로는 다뉴브강을 경계로 했으며, 카르파티아산맥을 중심으로 서쪽으로는 트란실바니아의 파노니안 평원 지대까지, 동으로는 흑해 연안까지 그리고 북으로는 보헤미아, 우크라이나 접경까지 이르렀다. 기록에 따르자면 다치아 왕국은 BC 82년 부레비스타(Burebista, 재위 BC 82-BC 44) 왕에 의해 수립된 이후, 비약적인 발전을 이루게 된다. 하지만, 106년 카르파티아산맥에 자리한 천연의 요새이자 수도였던 사르미제제투사(Sarmigezetusa)가 로마 제국의 공격으로 무너진 후 왕국은 역사에서 사라지게 된다.

고대 다치아 왕국의 마지막 왕이었던 데체발(Decebal / Decebalus / Diurpaneus, 재위 87-106)은 85년 침공한 로마 제국과의 싸움에서 '용감하다'는 별칭을 얻을 정도로 로마 제국과의 여러 차례 전투에서 놀라운 전공을 세운 인물이다. 트라키안 부족의 최초의 왕이라 불렸던 부레비스타 왕의 사후, 다치아 왕국은 크게 4개의 국가로 갈라졌는데, 이 당시 데체발은 85년부터 시작된 로마군과의 여러 전투에서 놀라운 승전을 거듭하게 된다. 특히, 다치아 왕국의 거듭된 제국 영토 침략에 격분한 로마 황제 도미티아누스(Titus Flavius Domitianus, 51-96, 재위 81-96)가 87년 로마군을 다치아 왕국에 보냈을 때, 데체발은 이 또한 격퇴하였고 이로 인해 그의 명성은 더욱더 크게 알려지게 되었다. 88년 게르만 부족들의 반란으로 인해 다치아 왕국에서 퇴각해야만 했던 로마 제국은 다치아 왕국과의 화친을 요구하였고, 데체발은 로마 제국을 침공하지 않는 조건으로 상당량의 공물을 요구하여 이를 받아내게 된다. 이러한 상황은 로마 제국의 최대 영토 및 최대 전성기를 이룬 트라이아누스(Marcus Ulpius Nerva Traianus, 56-117, 재위 98-117)가 98년 황제로 부임하기 이전까지 이어졌다.

로마 제국의 최대 전성기를 이끈 트라이아누스 황제와 당시 제국의 영토 확장지도

101년 3월 트라이아누스는 다치아 출병을 단행하였고, 데체발은 로마의 제1차 침공에 맞서 용감히 싸웠지만 결국 패하게 된다. 이에 따라 다치아 왕국은 상당량의 영토 상실은 물론 로마 제국의 보호령 하로 들어간다는 치욕적인 평화 문서에 응해야만 했었다. 이후 데체발은 로마 변경 지역의 요새를 담당하는 신세로 전락해야만 했다. 한동안 세력을 구축하며 기회를 엿보고 있던 데체발은 3년 뒤인 105년 다치아에 주둔하고 있던 로마 요새를 공격하였고, 트라이아누스 황제는 이번에는 다치아 왕국을 완전히 복속시킬 목적으로 로마군을 다시 한 번 출병하게 된다. 수도였던 사르미제제투사 성을 중심으로 로마에 오

랫동안 저항하였던 데체발은 패색이 짙어지자 가족과 함께 탈출을 감행하였지만, 로마 기병대에 포로로 잡힐 신세에 처하게 된다. 데체발은 포로로 끌려가 로마의 웃음거리가 되는 대신에 자살을 선택해 장렬한 최후를 맞이하였고, 데체발의 죽음과 더불어, 다치아 왕국 또한 멸망하여 로마 제국의 완전한 속주로 편입되어야 했다. 이후 다치아에는 271년 고트족의 계속된 침략에 따라 아우렐리아누스(Lucius Domitius Aurelianus, 214/215-275, 재위 270-275) 황제의 명에 의해 로마 제국이 물러나기 전까지 로마 제국의 속주로 편입된 약 170년 동안 수많은 토지와 농작지 개발을 위한 로마인의 이주가 이어졌고, 다치아인들의 로마화 또한 급속도로 확산되게 되었다.

오늘날 다치아 왕국은 루마니아 민족의 강인함을 상징하고 있으며, 데체발은 루마니아 민족의 영웅으로서 루마니아인들에게 각인되어 있다. 이러한 명성은 1966년부터 생산되고 있는 루마니아의 대표적인 자동차 회사 이름(다치아)과 함께 1990년대를 거치며 약 40미터의 높이로 이루어진 웅장한 데체발 석상에 그대로 묘사되어 현재까지 전해지고 있다.

다뉴브강가의 절벽에 새겨져 있는 데체발 왕의 석상

다치아 왕국의 멸망을 그린 로마의 '트라이아누스의 기둥'과 루마니아의 '전승 기념비'

다치아 왕국의 멸망사를 기록한 로마의 '트라이아누스의 기둥'

로마 제국의 제13대 황제이자, 제국의 최대 중흥기를 이끌었던 5현제 중의 한 명이었던 트라이아누스는 두 차례(101-102, 105-106)에 걸친 다치아 왕국 원정을 통해 자신에게 끝까지 저항했던 다치아 지역을 완전히 정복하게 된다. 당시 발칸 유럽의 가장 강력한 왕국 중 하나였던 다치아 왕국의 정복은 로마 제국과 트라이아누스의 최대 업적이라 할 수 있으며, 이에 따라 113년 그의 업적을 기리기 위하여 다치아 왕국에 대한 정복 과정을 총 155개의 장면으로 새기게 하였다. 이렇게 해서 탄생한 것이 바로 높이 40미터, 직경 4미터에 가까운 '트라이아누스의 기둥'이다. 이 기념비에는 당시 로마인들과 다치아인 간의 다양한 전투 장면과 함께, 당시의 의복 및 생활상이 자세히 소개되어 있으며, 당시 루마니아 지역의 다양한 풍경들과 함께, 다치아 왕국의 멸망 과정 및 이후 제국으로 끌려가는 다치아인들의 모습들이 새겨져 있다.

이 외에도 루마니아 흑해 연안 지대로 이어지는 도브로제아(Dobrogea/ 도부르자(Dobruja)) 지방의 아담클리시(Adamclisi)에도 또한 당시 트라이아누스의 제1차 다치아 왕국 침공과 그 전공을 기념하는 전승 기념비(Tropaeum Traiani)가 남겨져 있다. 당시 로마 제국은 전투의 승리 이후 노획한 적군의 무기를 높이 쌓아 전시하였으며, 이것을 기초로 전승 기념비를 수립하곤 하였다. 안타깝게도 오늘날에는 과거 54개의 네모진 돌기둥 가운데, 49개만이 남아 과거 역사를 보여주고 있으며, 여기에는 로마군단의 다양한 전투 장면

'트라이아누스의 기둥'에 새겨 있는 다치아 왕국 멸망의 한 장면과 데체발의 자살 장면

루마니아 아담클리시에 위치한 트라이아누스 전승 기념비의 유적물들

트라이아누스 전승 기념비의 유물이 보관된 박물관 전경과 49개 돌기둥 중 하나의 모습

들이 자세히 묘사되어 있다. 현재 48개의 돌기둥은 루마니아 박물관으로 옮겨져 보관 중이며, 1개는 터키 이스탄불 박물관에서 보관 중이다. 현재는 1997년에 재건축된 건축물이 기념비를 대신하고 있다. 109년에 건설 당시 이 기념비를 둘러싼 외벽에는 당시 다치아 왕국과의 전투에 희생된 3,000여 명의 로마군인과 수행원들을 추모하여 각자의 이름들이 새겨져 있었다.

나. 루마니아의 민족 수호신, 드라큘라

드라큘라는 루마니아 역사 속의 실존 인물로 15세기 오토만 터키의 침략을 막아내며 루마니아를 지켜낸 루마니아 민족의 영웅이자 일부 지역에선 성인으로 받들어지고 있는 인물이다. 드라큘라의 본명은 블라드 3세(Vlad III, 1431-1476, 재위 1448, 1456-1462, 1476) 또는 블라드 쩨페쉬(Vlad Țepeș/ 쩨페쉬는 '가시' 또는 '꼬챙이'란 뜻을 지님)로 불렸다. 하지만, 그는 생존 당시 오스만 터키 등 정적들의 공포의 대상이라는 측면에서 블라드 드라큘라(Vlad Drăculea/ Vlad Dracula, 드라큘라는 '드라큘의 아들'이란 의미)를 즐겨 사용하기도 하였다.

블라드 가문이 '용'을 상징하는 드라큘(Dracul)이라는 명칭과 인연을 맺게 된 계기는 블라드 3세의 아버지인 블라드 2세(Vlad II Dracul, 1390-1447, 재위 1436-1442, 1443-1447)가 가톨릭 수호와 오스만 터키와의 전쟁에 대비하기 위해 신성 로마 제국의 지기스문드(Sigismund, 1368-1437, 헝가리 왕 1387-1437,

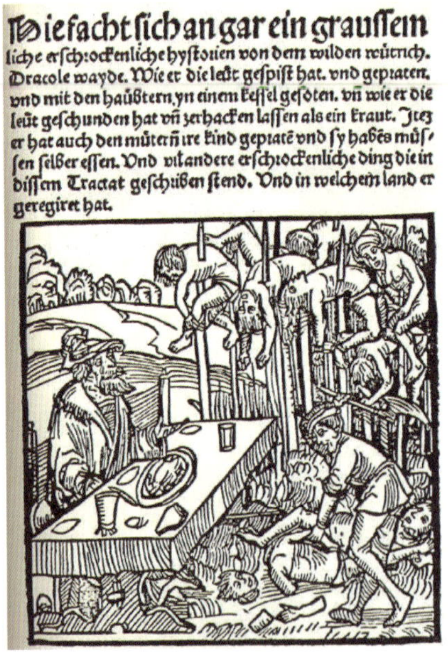

Hie facht sich an gar ein graussem
liche erschrockenliche hystorien von dem wilden wütrich.
Dracole wayde. Wie er die leüt gespist hat. vnd gepraten.
vnd mit den haübtern, yn einem kessel gesoten. vñ wie er die
leüt geschunden hat vñ zerhacken lassen als ein kraut. Item
er hat auch den müternñ ire kind gepratē vnd sy habēs müs/
sen selber essen. Vnd vil andere erschrockenliche ding die in
dissem Tractat geschriben stend. Vnd in welchem land er
geregiret hat.

드라큘라로도 불리는 블라드 3세와 그의 잔혹한 처형 방법을 묘사한 삽화

드라큘라의 아버지 블라드 2세를 형상화한 프레스코 벽화와 당시 '용의 기사단'의 상징물

황제 1433-1437) 황제가 수립한 '용의 기사단(Ordinul Dragonului/ Order of the Dragon)'의 일원이 되면서부터이다.

블라드 3세와 자신의 아버지인 블라드 2세가 활동하던 14세기 말부터 15세기 말까지 발칸 유럽의 상황은 오스만 터키의 유럽으로의 계속된 세력 확장 그리고 이를 막아내고 생존하려는 크리스트교 국가들 간의 처절한 싸움이 계속되던 시기였다. 1389년 6월 코소보에서 세르비아를 중심으로 한 크리스트교 연합군을 대파한 오스만 터키는 발칸반도를 유린하였고, 15세기 초 이후로는 흑해에서 다뉴브강을 따라 유럽 깊숙이 진격해 나가기 위한 중요한 요충지였던 도브로제아를 비롯해 인근의 발라히아(Valahia/ 왈라키아 Wallachia)와 몰도바(Moldova/ 몰다비아 Moldavia) 공국까지 계속해서 영토를 확장해 나가려 하고 있었다.

당시 발라히아 공국의 블라드 2세는 1436년 자신의 왕권을 찬탈해 간 이복동생으로부터 왕권을 되찾은 이후, 국력을 재정비해 갈 필요성을 느끼게 된다. 따라서 블라드 2세는 1437년 오스만 터키의 술탄인 무라드 2세(Murad II, 1404-1451, 재위 1421-1451)에게 먼저 손을 내밀었지만, 그의 진위를 의심한무라드 2세는 1441년 그를 둘째 아들이었던 블라드 3세 그리고 막내아들 라두 3세(Radu III, 1438-1475)와 함께 체포하였다. 이후 블라드 2세는 아들 둘을 인질로 맡기고서야 풀려날 수 있었다. 1442년 루마니아의 발라히아 공국과 몰도바 공국은 발칸반도의 다른 크리스트교 국가들과 서로 힘을 합쳐 오스만 터키의 공격을 막아내고자 합의하게 되지만, 이들이 참전한 바르나 십자군 전투(1444년 11월)의 대패 그리고 제 2차 코소보 전투(1448년 9월) 패배로 인해 새로운 생존을 모색해야만 하는 기로에 서 있게 된다. 블라드 2세는 바르나 전투에서의 패배 책임을 물어 헝가리에 동조하였던 귀족들을 제거하려 했지만, 1447년 자신과 큰아들은 헝가리를 추종하는 귀족들의 배신으로 인해 생매장당한 채 최후를 맞이해야만 했었다.

이후, 오스만 터키는 발라히아 공국의 영향력을 유지하기 위해 제국의 영토에서 오랫동안 지내왔던 블라드 3세를 1448년 발라히아 공국의 영주로 임명하였으나, 이내 그는 헝가리군과의 싸움에서 패전하면서 권좌에서 물러나야 했었다. 이 시기 오스만 터키는 1453년 비잔틴 제국의 수도였던 콘스탄티노플마저 장악하였고, 이제 유럽으로의 본격적인 침략과 세력 확장을 추진할 수 있는 동력을 얻게 되었다. 이 당시 블라드 3세는 헝가리의 지원 속에 발라히아 공국의 내분을 이용하여 1456년 권력을 장악하는 데 성공하게 된다. 권력 장악 이후 그는 오스만 터키에 대한 조공을 거부하였고, 이러한 문제를 제기하러 온 오스만 터키 사절단을 꼬챙이에 산 채로 매다는 등 반(反)터키 정책을 본격화하기 시작하였다.

어려운 현실 속에서 당시 블라드 3세는 공국의 안팎으로 둘러싼 여러 음모와 살해 위협, 그리고 국가적 위기를 극복하기 위해 잔인한 방법들을 통해 공포 정치를 단행하게 된다. 여러 잔인한 처형 방법 중 그가 즐겨했던 방법은 바로 쩨페쉬로 불리던 나무를 깎아 만든 날카롭고 긴 꼬챙이로 몸통을 꿰뚫거나,

드라큘라 성으로 알려진 브란성과 그의 어린 시절의 생가

브람 스토커와 그의 소설 <드라큘라>

가시가 박힌 둥근 나무통을 사용하는 것이었다. 이러한 방법을 통해 자신의 정적들은 물론 오스만 터키의 포로들을 처형하였으며, 이것은 실제 정적들의 제거를 통해 내분을 잠재우고, 무엇보다도 적군의 사기 저하에 커다란 이점을 안겨주게 된다.

1462년 발라히아 공국을 침공한 오스만 터키는 블라드 3세를 몰아내고, 이슬람으로 개종한 그의 동생 라두 3세를 새로운 왕으로 내세웠다. 이후로, 블라드 3세는 헝가리 마챠슈 1세에 의해 14년 동안 감금되어 볼모 신세가 되고, 당시 이를 비관한 그의 첫째 부인이 성탑에서 투신자살하는 등 고난의 시기를 겪어야만 했었다. 1474년 마챠슈왕과의 약속에 따라 루마니아 정교에서 가톨릭으로 개종한 블라드 3세는 마챠슈 왕의 여동생과 결혼하여 재기를 꿈꾸게 되지만, 그의 종교적 변질은 곧 바로 발라히아 공국의 주민들에게 커다란 충격으로 다가왔다. 헝가리 왕국의 지원에 의해 1476년 공국의 왕으로 복권된 블라드 3세는 이후 1477년 오스만 터키와의 전투에서 사망함에 따라 역사 속으로 사라지게 되었다.

루마니아의 민족 영웅이었던 그가, 흡혈귀로써 서유럽 사회에 소개된 것은 19세기 영국 아일랜드 출신의 소설가 브람 스토커(Bram Stoker, 1847-1912)가

영화 속에 비친 드라큘라의 다양한 모습들

소설 <드라큘라, Dracula>를 세상에 내놓으면서부터라 할 수 있다. 그는 당시 트란실바니아 지방을 여행하면서, 이 지역에 퍼져 있던 흡혈박쥐에 대한 전설과 중세 루마니아의 블라드 3세의 잔인한 처형 방법 등에 대해 듣게 되었고, 이것을 연결해 유명한 공포 소설인 드라큘라 소설을 1897년 세상에 내놓게 된다. 이후 소설 드라큘라가 여러 차례 영화화되면서 루마니아의 민족 영웅 드라큘라는 우리들에게 현대 공포 영화의 대표적 인물인 흡혈귀로 알려지게 되었다.

다. 라틴어를 쓰는 로마 민족의 후예, 루마니아

루마니아어로 '로믄(Român)'은 '루마니아인'을 의미하며, 이 말의 어원은 라틴어 표기인 '로마누스(Romanus)'에서 유래한 것으로 알려져 있다. 로마 제국 당시 로마누스의 의미는 제국 하에서 로마 시민권을 가진 자들을 의미하는 것으로, 이를 지니지 못하는 야만인을 상징하는 바르바루스

(Barbarus)'와 대비되는 개념으로 사용되었다. 19세기 민족주의 시대에 들어와 루마니아인들은 북으로는 발칸 유럽으로의 계속된 남진 정책을 추진하고 있던 러시아인 등 동슬라브족으로부터, 그리고 서쪽과 남쪽으로는 남슬라브족인 세르비아인과 불가리아인 그리고 무엇보다도 트란실바니아를 차지하고 있었던 아시아 민족인 헝가리인들에 의한 문화적 침탈 및 민족 동화 움직임에 고통을 겪어야만 했었다. 따라서 루마니이 지식인들은 민족의 단결과 고유한 민족, 문화 정체성 수립을 위해 노력하고자 했으며, 이를 위한 일환으로 주변 슬라브족, 아시아 민족과 대비되며 자신들만의 독특한 정체성을 구축하기 위한 작업을 서두르게 된다.

18세기 말 이래로 프랑스 등 유럽에서 수학하고 돌아온 루마니아 지식인들은 과거 찬란했던 다치아 왕국의 전설을 노래했으며, 로마 제국의 지배하로 들어간 이후에는 라틴어를 쓰고 로마 시민권을 지닌 로마누스로서(212년 획득), 그리고 로마 제국의 철군 이후에는 로마화 된 자부심을 가지고 자신들과 주변

고트족의 계속된 침략에 따라 271년 로마 제국이 물러난 이후 루마니아

바르바루스인들과의 구별을 위해 스스로 로마인을 자처하며 이민족들의 침략에 저항하였던 자랑스러운 역사를 루마니아인들에게 각인시키려 노력하였다.

이러한 민족적 자부심 부여와 함께 루마니아 지식인들은 자신을 둘러싼 주변 민족으로의 민족적 동화를 막고, 주변 민족들과의 보다 명확한 구별을 위하여 라틴어에 기초한 근대 루마니아어를 수립하게 된다. 라틴주의의 확산에 따라, 루마니아에서는 오랫동안 쓰여 왔던 키릴 문자가 라틴 문자로 대체되었으며, 학교에서는 그동안 강요되어 왔던 그리스어 대신에 루마니아어가 가르쳐지게 된다. 언어적 민족주의를 통해 19세기 중엽 이후로 루마니아인들은 주변 민족들과의 민족적 차별성을 꾀할 수 있었으며, 역사적 자부심과 함께 민족 단결을 유지해 갈 수 있었다. 특히, 프랑스 혁명 정신(자유, 평등, 박애)과 제국을 무너트리려 했던 나폴레옹의 유럽 원정 그리고 1848년 파리 혁명 등으로 인해, 이 시기 루마니아인들은 문화, 사상, 언어, 정치, 경제 등 거의 모든 분야에서 프랑스에 매료되어 있었으며, 건축과 의상 등 여러 분야에서 프랑스를 모방하고자 하였다. 따라서 이 시기 루마니아의 수도인 부쿠레쉬티(București/ Bucharest)는 '동유럽 혹은 발칸 유럽의 파리'로 불리곤 하였다.

키릴 문자로 쓰여 있는 19세기 이전의 정교 사원 묘비

라틴어를 쓰는 로마인을 상징하는 루마니아어식 표기인 '로무니아(România/ 루마니아 Romania)'란 용어는 1764년 독일 문헌 등에서 처음 발견되고 있으며, 이후 1816년 제작된 그리스 문헌들에서도 용어의 흔적이 나타나고 있다. 루마니아에서 이 용어가 등장한 시기는 민족주의 시대인 1838년이며, 당시 러

둘레스쿠(Ion Heliade-Rădulescu, 1801-1872)는 루마니아인들이 다수 거주하고 있었던 문테니아(Muntenia) 지방과 몰도바 지방 그리고 트란실바니아 지방을 통합해 로무니아(루마니아) 지역으로 부를 수 있다고 언급하였다. 문테니아 지방은 과거 발라히아 공국의 동부지역에 해당하며, 오늘날 몰도바의 경우는 서로 갈라져, 서부 몰도바는 루마니아 영토로 그리고 동부 몰도바는 과거 소련 연방 하에서 독립한 몰도바 공화국과 우크라이나의 일부로 편입되어 오늘날에 이르고 있다. 단순한 지역 명칭에 불과했던 루마니아란 용어가 국가를 상징하는 명칭으로 부각된 계기는 오스만 터키의 간접 영향권에 들어가 있었던 발라히아 공국과 몰도바 공국이 1859년 서로 연합해 루마니아 민족국가를 수립하게 되면서부터라 할 수 있다. 이후로 로마인의 후예를 상징하는 루마니아 국호명은 제1차 세계대전을 거치며 정식 국호로 인정받아 현재까지 이어지고 있다.

동유럽 역사와 인물 속 한 마디

19세기 통일 공국, 루마니아

19세기 발라히아 공국과 몰도바 공국이 서로 연합해 루마니아란 국호를 정식 사용하며 통일 국가를 수립하게 된다. 통일 국가를 수립하기 이전, 과거 발라히아 공국은 1415년 오스만 터키의 공격에 의해 무너진 이후 한동안 터키의 영향력 하에 놓여 있었지만, 러시아의 남진 정책에 따라 1768년부터 1854년까지 러시아의 지배를 받아들여야만 했었다.

반면 흔히 베사라비아(Basarabia/ Bessarabia) 지역으로 불리는 몰도바의 루마니아인들은 비잔틴 제국과 폴란드 그리고 이후에는 헝가리 통치 하에서 어려움을 겪어야 했다. 1365년 전투에서 승리한 루마니아인들은 헝가리의 지배를 벗어나 마침내 몰도바 공국을 수립하였지만, 1420년 이후 시작된 오스만 터키의 공격으로 인해 터키 영향력 하로 편입되어야 했으며, 18세기 이후로는 러시아의 계속된 세력 확장에 따라, 동부 지역이 러시아로 편입되는 등 어려움을 겪어야 했었다.

19세기 당시, 루마니아 지역을 둘러싼 정세는 15세기 이래로 오랫동안 괴롭혀 왔던 오스만 터키의 세력 약화와 함께, 18세기 이래로 루마니아 지역 및 발칸반도에 대한 영향권 확대를 기도하여 왔던 러시아가 크림 전쟁(Crimean War, 1853-1855)에서 패배한 상태였다. 루마니아인들은 이러한 국제 정세를 이용해 새로운 민족 국가를 수립하고자 하였다. 이러한 노력은 빛을 발하여 프랑스의 지원 아래 쿠자(Alexandru Ioan Cuza, 1820-1873, 재위 1859-1866)가 1859년 1월과 2월에 몰도바와 발라히아 공국의 공동 영주로 선출되었고, 이어 1862년 2월에는 마침내 국민 의회 구성과 함께 양 공국 간의 완전한 통일이 이루어지게 된다.

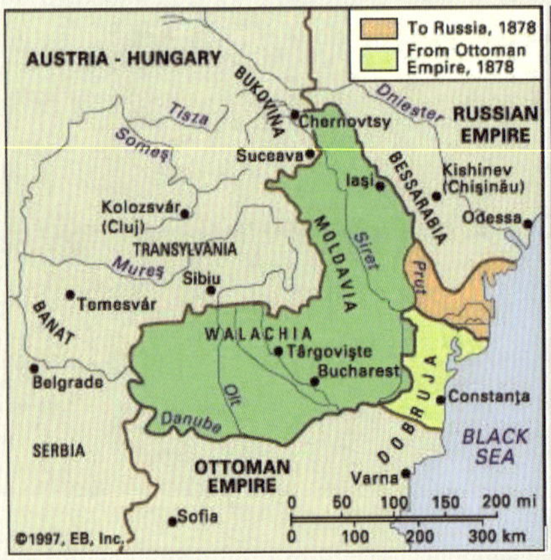

1859년 발라히아 공국과 몰도바 공국의 연합 국가 지도와 150주년 기념우표

라. 루마니아의 세계적인 예술가

: 콘스탄틴 브랑쿠시, 콘스탄트 게오르규, 게오르게 에네스쿠

20세기 루마니아에선 다양한 분야에서 세계적인 예술가를 배출하였다. 이 중 대표적인 인물을 꼽으라면, 독자적이고 상징적인 추상 조각품들을 통해 세계 조각계를 이끌었던 콘스탄틴 브랑쿠시(Constantin Brâncuşi, 1876-1957)와 루마니아 국민 음악의 아버지로 칭송 받고 있는 게오르게 에네스쿠(George Enescu, 1881-1955) 그리고 소설 <25시, La Vingt Cinguie me Heure>를 통해 현대 문명의 한계와 인류 위기를 예언하고자 했던 콘스탄틴 게오르규(Constant Virgil Gheorghiu, 1916-1992) 등을 들 수 있다.

루마니아의 대표적인 조각가인 브랑쿠시는 1876년 발라히아 지방의 농촌으로 카르파티아산맥과 인접한 티르구 지우(Târgu Jiu)의 고쥐(Gorj) 마을에서 태어났다. 그가 태어난 지역은 전통적으로 목재로 만든 수공업이 매우 발달된 지역으로, 브랑쿠시는 어린 시절부터 다양한 나무 조각들을 조각하는 것을 보고 익히며 자라왔다. 풍족하지 못한 살림 탓에 11살부터 타지에서 염색공, 술집 등에서 유랑생활을 해야 했지만, 그의 목각을 다루는 재주를 지켜본 지인들의 도움으로 18세 때 크라이오바(Craiova) 예술, 공예 학교에 입학할 수 있었고, 이후 1898년에는 부쿠레쉬티 예술학교에 입학하여 그의 예술적 재능이 조금씩 키워질 수 있게 되었다. 오늘날에도 루마니아의 전형적인 시골 농가들을 방문하다 보면 농가의 창틀이나 기둥들에서 마치 브랑쿠시의 조각과 비슷한 이미지들을 확인할 수 있는데, 이것은 그가 자라며 어린 시절을 보낸 루마니아의 민속 양식에서 작품 세계의 영향을 많이 받았다는 것을 증명한다 하겠다.

동유럽의 파리, 부쿠레쉬티의 개선문

이후 1903년 뮌헨 등 여러 지역을 전전한 끝에, 부랑쿠시는 1904년 파리의 미술학교에 들어가 조각가로서의 새로운 인생 전기를 맞이하게 된다. 1907년 당시 그는 잠시 로댕(François-Auguste-René Rodin/ Auguste Rodin, 1840-1917)의 문하생으로 머물게 되지만, 로댕과는 다른 작품 세계를 추구하며 여기서 나오게 된다. 당시 로댕의 작품적 특징은 구체적이고 복잡한 근육의 움직임과 질감을 강조하였다면, 브랑쿠시는 토속적이고 아주 단순한 형태를 추구한다는 점에 있어서 일련의 차이점을 지니고 있었다. 이러한 자신만의 독특한 예술 세계를 기초로 그는 1907년 <기도하는 사람, The Prayer>, 1908년 <키스, The Kiss>, 1909년 <잠자는 뮤즈, Sleeping Muse> 그리고 1915년의 <새로운 탄생, The New Born> 등의 작품을 통해 조금씩 세계적인 명성을 쌓아갈 수 있었다. 이어 그는 이러한 공로를 인정한 루마니아 정부로부터 1931년 55세의 나이에 '문화 공로 훈장'을 받기에 이른다. 제2차 세계대전 당시 그는 독일 저항 운동원들을 숨겨주는 등 활동에 가담하다가, 대전 이후 사회주의 국가가 들어서자 1952년 프랑스로 귀화해 1957년 81세의 나이로 사망할 때까지 파리에서 여생을 보내었다.

그의 작품적 특징은 독자적이고도 상징적인 추상 조각의 특징과 함께 되도록이면 작품 소재의 재질을 살리고 형태를 단순화, 추상화시킴으로써 표현력을 높이는 방법을 선호하고 있다. 이 외에도 그의 평생의 삶처럼 단순하고 소박한 작품 경향을 즐겼으며, 원형, 난형 그리고 완전한 추상 형태 등의 다양한 작품 세계의 변화를 추구하여 왔다. 그의 대표작으로는 대리석으로 만든 거대한 알 모양의 <세계의 시초>(1924), <공간 속의 새, Bird in space>(1926) 그리고 목조 작품 위에 황금색으로 착색한 철을 입힌 <끝없는 기둥, Endless Column> (1937) 등을 들 수 있다. 브랑쿠시는 훗날 자신의 조국 루마니아의 티르구 지우 전쟁기념공원에 <침묵의 테이블, Table of Silence>, <키스의 문, The Gate of the Kiss> 그리고 높이 30미터의 <끝없는 기둥> 등으로 구성된 기념물을 무보수로 제작하였는데, 이것은 제1차 세계대전 당시 루마니아를 수호하다가 전사한 무명용사 및 민간인들의 정신을 기리기 위해 세워진 것으로 알

구체적이고 복잡한 질감을 중시한 로댕의 작품 <생각하는 사람>과 토속적이면서도 단순한 자신만의 작품 세계에 빠져 있는 브랑쿠시

티르구 지우 전쟁기념공원에 세워진 <키스의 문>과 높이 30미터의 <끝없는 기둥> 그의 작품과 함께하고 있는 브랑쿠시의 무덤

브랑쿠시의 작품 <공간 속의 새>와 <키스>

려지고 있다. 특히, 브랑쿠시가 어렸을 적부터 보며 자란 루마니아 농가의 기둥에서 영감을 얻어 제작한 <끝없는 기둥>은 브랑쿠시 자신의 숭고한 정신에 대한 욕구를 표현한 작품으로 해석되며, 최고의 걸작 중 하나로 평가받고 있다.

루마니아 국민음악의 아버지로 모든 사람의 존경과 사랑을 받고 있는 게오르게 에네스쿠는 루마니아의 작곡가이자, 바이올린과 피아노 연주자, 지휘자 그리고 음악 교사로서 세계적인 명성을 얻은 인물이다. 외아들이었던 그는 어린 시절부터 바이올린 연주와 작곡에 탁월한 재능을 발휘하여, 7세 때 이미 빈 음악원에 입학하여 바이올린을 공부할 수 있었고, 13세 졸업 당시에는 졸업자들 중 은상을 수여받기도 하였다. 1894년 브람스와 인연을 맺은 이후 그의 영

루마니아의 엘리자베스 여왕 앞에서 연주하고 있는 에네스쿠

향력을 한동안 받았으며, 이후 파리로 유학을 간 이후 가진 1898년 졸업 연주회에서 <루마니아의 시 1번, Pome of Romania No. 1>이라는 작품을 통해 1899년 파리 음악원에서 수여하는 바이올린 부문 1등 상을 받기도 하였다. 이 작품에서 에네스쿠는 어린 시절 가장 아름다운 추억의 하나인 축제 전날 여름밤의 기대와 설렘을 음악에 재현하려 하였다. 그는 조기엔 바이올린 분야의 명연주가로서 경력을 쌓아갔으며, 점차 피아노와 지휘자 분야에서도 명성을 얻게 된다. 그의 명성에 따라 서유럽의 대중들은 루마니아 음악의 재발견에 눈을 뜨기 시작하였고, 1923년 뉴욕의 필라델피아 오케스트라 그리고 1937년과 1938년 사이에 뉴욕 필하모닉 오케스트라를 지휘한 것을 계기로 점차 미국 등 북미 전역에서 또한 그의 음악적 천재성을 인정받게 된다. 에네스쿠는 이러한 활동 외에도 한동안 음악 교사로서 파리 국립음악학교, 미국 보스턴의 하버드대학과 뉴욕의 메인 음악학교에서 바이올린을 가르치기도 하였다. 하지만, 제2차 세계대전 이후 루마니아가 소련에 의해 공산화되자 파리로 망명하여 1955년 사망할 때까지 그의 여생을 파리에서 마감하게 된다.

그가 작곡한 주요 작품으로는 1901년과 1902년에 걸쳐 작곡하여 조국에 대한 사랑을 화려하게 그린 것으로 유명한 2곡의 <루마니아 광시곡, Romanian

에네스쿠의 오페라 <오이디푸스 왕, OEdipe>의 장면들

Rhapsodies>을 비롯해 3곡 중 마지막 곡이 루마니아 음악풍이 담긴 바이올린 소나타, 3곡의 피아노 소나타, 2곡의 현악 4중주 등이 있으며, 이 외에도 관현악곡으로는 3곡의 교향곡, 그리고 루마니아 민속 주제를 다룬 서곡 등 약 300편을 들 수 있다. 서곡은 1936년에 막이 오른 그의 유일한 오페라 작품인 <오이디푸스 왕, OEdipe>에 사용되어 그의 천재성에 대한 대중들의 찬사를 받기도 하였다.

그이 명성은 오늘날까지도 계속해서 이어지고 있는데, 그를 기념하기 위한 페스티벌(George Enescu Festival and International Competition)이 수도인 부쿠레쉬티를 비롯해 루마니아 전역에서 1958년 이후로 매 2년마다 열리고 있다. 세계적인 음악축제 겸 음악경연대회의 일환으로 열리는 이 페스티벌에선 작곡, 피아노, 바이올린 등의 분야로 나뉘어져 다채로운 경연이 펼쳐지고

게오르게 에네스쿠 페스티벌의 홍보 배너와 페스티벌의 한 장면

있다. 그 외에도 루마니아에서는 그가 부쿠레쉬티에 오면 항상 묵었던 숙소(Cantacuzino Palace)를 박물관(George Enescu Museum)으로 개조하여 그의 명성을 기리고 있고, 또한 그가 태어난 시골마을(Liveni)의 이름을 그의 이름을 따 변경할 정도로 루마니아인들의 에네스쿠에 대한 애정은 남다르다고 할 수 있다.

다음으로 우리에게 잘 알려진 루마니아 예술가로는 소설 <25시>를 지은 콘스탄틴 게오르규를 들 수 있다. 게오르규는 1916년 루마니아 몰도바 지방의 작은 산골마을(Rasboenei Neamitz)에서 6남매 중 장남으로 태어났다. 그의 집은 아버지를 비롯해 조상 대대로 루마니아 정교회의 가난한 성직자 집안이었고, 따라서 이러한 집안 분위기는 그가 쓴 거의 모든 작품의 실질적인 정신세계를 지배하였다고 할 수 있다. 학비 부족으로 그의 꿈이자 희망이었던 신학교에 가지 못했던 그는, 아픔을 딛고 장교 육성을 위한 '왕립 키시네프 중학교'에 입학하게 되지만, 엄격한 규율을 강조하는 학풍은 그에게 일련의 고통을 안겨주었던 것으로 보인다. 이후 부쿠레슈티 대학과 하이델베르크 대학에서 신학과 철학을 공부한 그는 1939년 9월 제2차 세계대전이 발발하자 전쟁터로 떠나야만 했었다. 이 당시 루마니아는 나치를 지지하며 히틀러와의 공조를 강조하는 쪽과 이를 반대하며 미래를 위해 중립을 지켜야 한다는 세력 간의 충돌로 극도의 혼란을 겪고 있었다. 1939년 9월 당시 독일로 전세가 기울어진 가운데, 중립을 지키려 했던 수상 컬리네스쿠(Armand Călinescu, 1893-1939)가 부임 3주 만에 친(親)파시스트들인 철위단(鐵衛隊, Garda de Fier/ Iron Guard)에 의해 피살되자 게오르규는 <아르만드 컬리네스쿠>라는 반(反)나치 저항시를 써서 루마니아 민중들의 의식을 일깨우고자 노력하기도 했다. 대전 기간 동안인 1940년 시집 <눈 위의 낙서>를 통해 루마니아 정부로부터 시인 최고의 영예인 '왕국 시인 상'을 수상하기도 했던 그는 외교관 시절인 1944년 루마니아에서의 공산화가 가속화되자 독일을 거쳐, 힘든 과정 끝에 마침내 프랑스로 망명하게 되었다(1948).

당시 게오르규는 프랑스로 망명하기 전까지 루마니아 사회주의 국가 출신이라는 이유로 인해 약 2년간 미군 수용소에서 수감 생활을 하게 되는데, 석방 직후 그는 제2차 세계대전에서의 자신의 경험을 토대로 소설 <25시> 집필을

착수하게 된다. 그리고 마침내 1949년 그를 세계적인 작가로 끌어올린 소설 <25시>가 프랑스어로 출판되었다. 그는 또한 1963년 그리스 정교회로부터 자신이 그토록 꿈꿔왔던 서품을 받은 후로, 1970년 콘스탄티노플 세계 공의회의 고위성직자로 추대되는 등 종교적으로도 다양한 활동을 전개하였다. 생애 동안 여러 차례 한국을 방문하여 우리나라의 민주화와 남북분단 해소를 위해 노력하기도 했던 그는 1971년 루마니아 정교회의 파리 지부 사제가 된 이후로 파리의 조그만 성당에서 봉사하면서 검소하게 살다가 1992년에 생을 마치게 된다. 그는 생애 동안 유명한 소설가이자, 정교 사제로서의 삶을 살았으며, 또한 1989년 동유럽의 민주화 당시에는 루마니아의 민주화 투쟁을 호소하는 투사로서 역사에 그 흔적을 남기기도 하였다.

소설 <25시>에서 그는 소박하고 순수한 농부 요한 모리츠의 경험과 고통을 통해 신과 운명에 대한 고민을 던져주고 있으며, 어쩌면 이것은 당시 그리고 현재에도 또한 계속되고 있는 인간들의 기계화 된 사고방식과 약소민족이 겪

게오르게 에네스쿠 박물관의 모습

1967년 안소니 퀸 주연의 프랑스 영화 <25시> 포스터

어야 하는 고난과 운명을 상징한다고 할 수 있을 것이다. 소설의 주인공인 요한 모리츠는 루마니아의 평범한 농부였다. 하지만 제2차 세계대전을 계기로 군대에 징발당한 이후 유대인으로 오인되자, 헝가리로 탈출하게 되지만, 이내 적국 루마니아인으로 나치에게 체포되어 헝가리 수용소에 수감되게 된다. 여기서 게르만 민족 연구가인 한 독일군 장교에 의해 그는 게르만족의 기원인 아리안족 영웅의 순수한 혈통을 이은 후예로 인정되어 강제 노동의 감시병이 되지만, 다시 프랑스군 포로를 구출해 연합군 지역으로 탈주하였다. 그러나 이번에는 미군에게 적국 병사로 오인되어 수용소에 갇히게 되었고, 그의 계속된 항변해도 불구하고 미군은 그를 풀어주지 않았다. 이후 그는 간신히 석방될 수 있었지만, 이번에는 소련과의 전쟁에 대비한다는 이유로 서구 세계에 거주하고 있던 동유럽인들을 감금하는 조치에 따라 다시 또 감옥에 갇히게 된다는 내용을 담고 있다. 이처럼 소설에서

1974년 한국 방문 당시의 게오르규

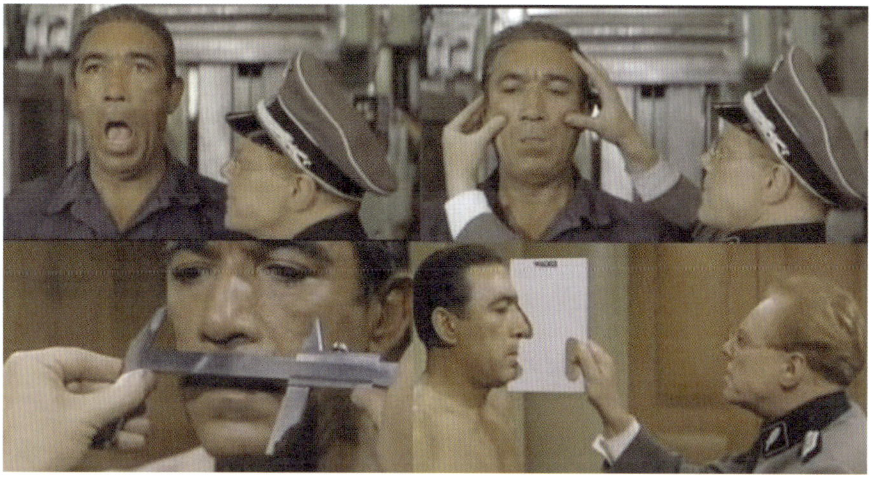

영화 <25시>에서, 주인공이 민족 연구가인 독일 장교에 의해 게르만족의 기원인 아리안족의 순수 혈통을 이은 후예로 인정받는 장면

연합군에 의해 수용소로 가는 장면과 주인공의 복잡한 심리를 묘사하는 영화의 마지막 장면

그는 주인공인 요한 모리츠를 통해 헝가리, 독일, 미군 부대 그리고 다시 13년간을 1백여 개소의 수용소를 거치며 아무런 이유 없이 고문당하고 혹은 영웅 대접을 받기도 하면서 자신의 젊은 청년 시기를 박탈당해가는 인간의 모습을 통해 미국과 소련의 냉전 체제하에서 아무런 이유 없이 고통받아야 했던 약소 민족들의 삶을 보여주고 있다.

게오르규는 그의 작품들에서 항상 크리스트교의 인간에 대한 존중과 사랑을 강조하였으며, 현대 사회에 들어와 그러한 의식들이 점차 사라져 가는 것에 대해 안타까움을 표현하고자 하였다. 그의 대표작 <25시>의 제목이 던지는 의미를 두고 여러 해석이 있지만, 어쩌면 인간성 상실과 인간 부재의 현실 속에서 마지막 시간이 지나가 버린 후의 절망과 폐허의 시간을 의미하는 것으로 해석해 볼 수 있을 것이나. 1967년 안소니 퀸(Antonio Rudolfo Oaxaca Quinn, 1915-2001) 주연의 프랑스 영화로도 널리 알려진 소설 <25시> 외에, 그의 대표작들로는 제2차 대전 중 연합군의 승리가 확실시되는 가운데, 반(反)파시스트들이 친(親)파시스트들의 주둔지인 벳사라비아 지역 주민의 3분의 1을 집단학살한 사건을 다룬 <제2의 찬스>와 <불타는 드네스트르 강변> 그리고 이와 더불어 <혼자 떠도는 사내>, <기적을 구걸하는 사람들> 그리고 <가죽 채찍>과 <다뉴브강의 희생자들> 등 총 60편 이상의 소설을 들 수 있다.

마. 제2차 세계대전 그리고 사회주의 루마니아와 소련

다른 동유럽 국가들과 마찬가지로 루마니아에게 있어서도 제2차 세계대전은 커다란 역사적 시련과 아픔을 안겨준 사건이라 할 수 있다. 제2차 세계대전이 발발하기 직전인 1939년 8월, 독일과 불가침 조약을 맺었던 소련은 폴란드 분할 점령과 함께 루마니아의 몰도바 지역 또한 자신의 점령 하로 편입시킬 것을 약속받게 된다. 따라서 당시 독일과 러시아에 의해 완전히 고립되어 있던 루마니아는 러시아의 요구에 따라 몰도바 지역을 러시아에 넘겨주어야만 했고, 그 결과 15개의 소 연방 구성 공화국 중 하나인 몰도바 공화국이 수립되게 된다. 이후 이 지역에서는 다양한 차별 정책과 함께 소련 강요에 의한 루마니아인들의 시베리아로의 깅제 이주가 단행되었고, 이와 동시에 러시아인들의 지역 내로의 이주 또한 확대되게 되었다. 이 외에도 제2차 대전 동안 루마니아는 독일의 압력에 굴복해 도브로제아의 남부 지방은 불가리아에, 제1차 대전 이후 획득한 트란실바니아 지역은 다시 헝가리에게 영토를 양도하는 등 상당 영토가 주변 국가들에 의해 갈라지는 아픔을 겪어야만 했었다.

1941년 독일의 소련 공격에 따라 양국 간의 불가침 조약이 깨어지자, 루마니아는 소련으로부터 빼앗긴 영토를 수복하기 위해 전쟁에 참여하게 된다. 하지만, 루마니아는 1943년 이후로 소련 등 연합국으로 전세가 기울어져 감에 따라, 향후 소련의 간섭 없이 독자적인 국가 건설을 이룩하기 위해서라도 연합군과의 접촉을 추진하려 하였다. 그러나 1944년 8월 독일을 버리고 연합국과의 제휴를 선택했음에도 불구하고 소련군의 루마니아 영토 진입이 본격화되고, 이어 소련 군정 설치와 함께 1947년 12월 군주제 폐지와 미하이(Mihai I/

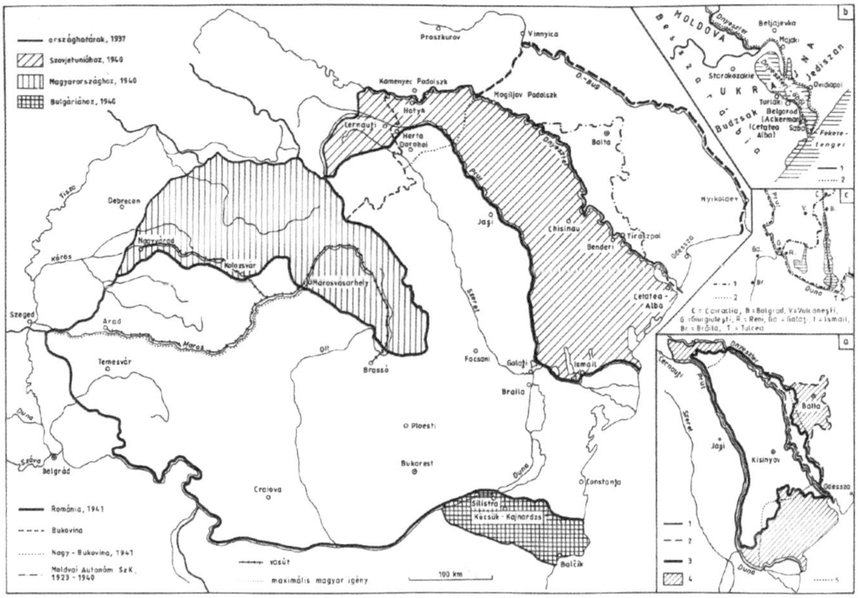

제2차 대전 당시 주변 국가인 소련, 불가리아, 헝가리에게 영토를 빼앗긴 루마니아

Michael I, 1921- , 재위 1927-1930, 1940-1947)왕 추방 그리고 뒤이어 공산정권이 수립됨에 따라 소련의 영향을 벗어나려 했던 루마니아인들의 꿈 또한 사라지게 되었다.[18] 독일군을 대신해 루마니아를 점령한 소련군은 3억 달러의 전쟁 배상금 요구와 함께 모든 군사시설, 항구, 군함, 무기 등을 소련 지배하로 편입시켰고 약 10만 명의 루마니아 노동자들을 선발해 소련 본토 재건에 투입시키는 등 한동안 거의 식민지에 가까운 대우를 하였다.

국유화와 농업 집단화 단행, 소련식 교육 제도 및 비밀경찰 수립 등 스탈린 통치 하에서 고통을 겪어야 했던 루마니아는 스탈린 사후 새로운 통치자로 부상한 후르시쵸프 하에서 자주적 외교 노선을 향한 일련의 정책 추진을 시도할 수 있었다. 후르시쵸프는 스탈린으로부터 정치, 외교, 경제적 고립 및 군사적 위협을 받아야 했던 유고슬라비아의 티토에게 "사회주의 가는 각자의 길이 존재할 수 있다"는 '베오그라드 선언'을 통해 그동안의 스탈린의 강압정치를 비판하였고, 더불어 서방에겐 '평화 공존론'을 통한 일련의 화해 분위기를 모색하고자 하였다. 루마니아의 게오르게우 데즈(Gheorghe Gheorghiu-Dej, 1901-1965, 재직 1948-1965) 당서기장은 이를 기회로 후르시쵸프를 설득하여, 마침

사회주의 루마니아 수립 후 물러난 왕 미하이 1세와 새롭게 권력을 잡은 게오르게우-데즈

내 1958년 루마니아로부터 소련 군대를 철수시킬 수 있었고, 소련의 '평화 공존론'에 힘입어 루마니아가 향후 소련의 영향력으로부터 어느 정도 벗어나 자신의 목소리를 낼 수 있는 기반을 닦아 놓게 된다. 이후 재임 동안 그는 1960년대 대규모 정치범 석방 및 사회적인 억압 분위기 완화 등을 통해 일련의 해빙기를 가져왔다.

그의 뒤를 이어 1965년에는 차우체스쿠(체아우쉐스쿠, Nicolae Ceaușescu, 1918-1989, 당서기장 1965-1989, 대통령 1974-1989)가 당서기장으로 임명되었고, 그는 강력한 리더십을 통해 다양한 분야에서 소련의 영향력을 벗어나 루마니아식의 독자적 노선 등을 추구하였다는 평가와 함께, 독재 권력의 공고화를 위해 루마니아에게 다양한 사회, 정치, 경제적 문제점을 안기며 마지막까지도 민주화와 자유화를 거부했던 동유럽의 마지막 독재자라는 비판을 받게 된다.

바. 동유럽의 마지막 독재자, 차우체스쿠

동유럽의 마지막 독재자로 불리는 차우체스쿠는 1918년 1월 스코르니췌시티(Scornicești) 마을에서 가난한 빈농의 아들로 태어났으며, 청소년 시절 일찍부터 공산당에 가입한 후 일련의 폭동에 가담하였다가 수차례 형무소에 가기도 하였다. 제2차 세계대전 이후 루마니아가 소련에 의해 점령당하자 공산당 청년 연맹에 가입하게 되면서 그의 공산당과의 본격적인 인연이 시작되게 된다. 차우체스쿠는 제2차 세계대전 이후 수립된 루마니아 공산 국가의 초대 당서기장을 역임하였던 게오르게우-데즈의 수하에서 그의 영향과 지원을 받으며 성장하였고, 1965년 게오르게우-데즈의 사망에 따라 그의 뒤를 이어 당서기장에 오를 수 있게 되었다.

차우체스쿠는 역사 속에서 매우 다양한 성격과 업적을 가진 인물로 평가받고 있다. 그의 정치적 성향과 업적을 둘러싸고 크게 두 개의 시기로 나누어 볼 수 있는데, 우선 그가 당서기장을 이어받은 1960년대 중반부터 1970년대까지의 시기에는 소련의 영향력으로부터 벗어나려는 루마니아 민중들의 마음을 이해하고, 이를 위한 일련의 조치들을 과감하게 실천해 나갔다고 할 수 있다. 그는 1960년대 말 새로운 헌법 발효를 통해 소련식 학교 제도의 틀을 벗겨내고, 소련에 의해 비판적으로 그려진 루마니아의 역사를 새롭게 복원시키는 작업을 단행하는 등 점차 소련과의 새로운 관계 모색을 추진해 나가기 시작했다. 이와 더불어, 공산당의 외연 확대와 일반 대중들의 지지를 위해 과학자와 예술가 등의 당원 가입을 적극적으로 유도하였으며, 더불어 사회적 긴장 완화를 추진해 나갔다. 특히 자체적인 원유 생산 및 조달이 가능하였던 루마니아는 소련으로부터의 원유 및 가스 등 에너지 지원에 따른 정치, 경제적 예속에서 벗어나지 못했던 다른 동유럽 국가들에 비해 보다 독자적인 목소리를 분명히 낼 수 있었다.

특히 외교 관계 수립에 있어서 커다란 변화들이 이루어졌는데, 차우체스쿠는 1967년 공산 국가 최초로 서독과의 외교 관계를 체결하고, 이후 이스라엘과의 외교 관계 수립 그리고 공산 국가 최초로 IMF(International Monetary Fund)에 가입하는 등 서방 세계와의 새로운 외교 관계를 구축해 나갔다. 그리고 1955

년 창설된 바르샤바 조약 기구(Warsaw Pact)의 창설 멤버기도 했던 루마니아는 1968년 일어난 '프라하의 봄' 사건에 루마니아군의 참여를 독촉하는 소련의 요구를 단호히 거부하였고, 더 나아가 바르샤바 조약군의 프라하 침공을 강력히 비난하면서 서유럽 국가들로부터 커다란 호응을 받기도 하였다. 이후 차우체스쿠는 다양한 국내외 문제에 있어 외세의 간섭을 강력히 비난하는 등 독자적 외교 노선을 보다 확실히 구축해 나가게 된다. 이 시기 동안 경제에서도 커다란 진전을 보았는데, 1971년 GATT(General Agreement on Tariffs and Trade)에 가입 한 루마니아는 당시 비동맹 외교정책을 추진하고 있던 유고슬라비아와 함께 오늘날 EU의 전신인 EEC(European Economic Community) 국가들과의 교역 관계를 강화해 나가면서 경제적 교류 폭을 확대해 나갈 수 있었다. 이러한 서방과의 경제 교류는 소련 예속 하에 있던 다른 동유럽 국가들로썬 당시 상상하기도 어려운 과감한 행동들이었다고 할 수 있다. 전통적 농·목축업 국가였던 루마니아는 1970년대 농업과 목축업 분야에서 또한 계속된 풍작을 계속 이어갔고, 서방 세계들의 적극적인 경제 지원으로 어느 때보다도 경제적 풍요를 즐길 수 있었다.

하지만, 정권 후반기라 할 수 있는 1980년대 들어와 차우체스쿠는 강력한 루마니아 민족주의에 젖어 잦은 정책 실수를 거듭하였고, 점차 권력 유지를 위한 독재 구축이 확산되면서 동구 블록은 물론 서구 블록에서조차도 외면받기 시작하였다. 차우체스쿠 공산정권은 절대 권력을 휘두르며 경제성과 실효성이 떨어진 대규모 건설 및 프로젝트를 단행하면서 국민들을 강제 동원하

김일성과 함께 있는 차우체스쿠

기 시작하는데, 인민 궁전 건설, 다뉴브강 수로 공사와 지하철 건설 등 대규모 프로젝트 공사 등을 들 수 있다. 무리한 투자에 이어 급진적 공업노선 정책으로 인한 국가 부채가 급격히 늘어나기 시작하였고, 무엇보다도 서방 국가들로부터 무계획적으로 받아들인 대외채무의 급증은 1980년대 루마니아 경제를 더욱더 어렵게 만들었다. 이에 1980년대 동안 차우체스쿠는 대외 부채를 줄이기 위해 농산물을 비롯해 공업 생산품의 대량 수출을 지시하였고, 이것은 전기와 가스의 부족을 비롯해 루마니아에서 심각한 식량난을 수반하게 하였다. 수출 확대를 통해, 부채 감소 등 비록 외형적인 성장은 보였지만, 실제 1980년대 동안 루마니아인들의 일상적인 경제 사정과 질은 가파른 속도로 낮아져 갔으며, 이에 따른 민중들의 불만들이 확대되기 시작하였다. 차우체스쿠는 이러한 불만들을 강력한 통치와 더불어 비밀경찰 및 보위부대의 탄압으로 억압하려 하였다.

결국 1989년 12월 헝가리 소수 민족들이 다수 거주하고 있던 트란실바니아의 티미쇼아라(Timişoara)에서 헝가리계의 라슬로 퇴케스(László Tőkés, 1952-) 목사의 반정부 발언과 체포에서 비롯된 시위와 이에 대한 정부의 무력 진압을 계기로 루마니아 전역으로 반(反)차우체스쿠 시위가 확산되게 된다. 곧이어 루마니아 공산당 청사 바로 앞의 부쿠레쉬티 혁명 광장에서도 또한

오늘날 국민관이 된 차우체스쿠 인민 궁전 앞에서

루마니아 혁명 당시 파괴된 건축물 위에 현대식 건물을 세운 모습

차우체스쿠의 하야를 부르짖는 시위대들의 요구가 이어졌고, 탈출을 감행하던 차우체스쿠는 결국 군사재판에 끌려가 비참한 최후를 맞이하게 되었다. 이후 루마니아는 민주주의 국가 및 자본주의 체제 도입을 향한 여러 차례의 시행착오를 겪게 되지만, 2007년 EU 가입을 전후로 현재 민주화 및 경제 발전을 향한 국가로 힘차게 나아가고 있다.

동유럽 역사와 인물 속 한 마디

루마니아의 민주화 과정과 차우체스쿠의 몰락

루마니아에서의 민주화 혁명 발단은 반(反)정부 발언을 한 헝가리계 목사를 강제 추방하려는 루마니아 정부 조치에 대한 헝가리계 소수 민족들의 항의에서부터 비롯되게 된다. 이러한 항의는 점차 트란실바니아의 티미쇼아라를 중심으로 그동안 루마니아 정부에 의해 억눌려 왔던 헝가리 소수 민족들의 처우 개선을 요구하는 대규모 시위로 확산되었다. 1989년 12월 16일, 차우체스쿠는 이러한 항의에 대해 강력 진압을 지시하였고, 곧이어 보안부대들의 시위대들에 대한 무차별 총격 사건으로 이어졌다. 그리고 이 소식은 루마니아 전역으로 혁명이 확산되는 계기를 마련하게 된다.

이란 방문을 떠나는 자리에서 차우체스쿠는 그의 부인과 추종지들에게 티미쇼아라 및 루마니아인 시위의 강력 진압을 다시 한번 주문하였지만, 12월 20일 그가 방문을 마치고 돌아온 상황에서도 민중들의 저항은 수그러들지 않고 있었다. 이런 가운데 12월 21일 부쿠레쉬티의 혁명 광장에 모인 약 10만 명의 관제 데모대들 한가운데로 티미

끝까지 민주화를 거부하는 차우체스쿠와 그의 생전 마지막 모습

쇼아라 시위 진압에 항의하는 폭탄이 폭발되는 사건이 발생하게 된다. 정부의 강제 해산 명령이 떨어졌지만, 모인 군중들은 곧바로 민주화를 부르짖는 시위대로 돌변하였고, 사태는 걷잡을 수 없는 상황에까지 이르게 된다. 이어 12월 22일 차우체스쿠는 자

루마니아 혁명의 모습과 혁명에 동참한 군인들의 모습

신의 진압 명령을 거부하고 쿠데타를 모의한 국방장관을 비겁자이며 배신자로 몰아세웠고, 국방장관이 자살로 최후를 맞이했다는 소식이 전해지면서 루마니아 군부와 시민들의 동요가 확산되어 갔다.

이처럼 내부의 동요와 쿠데타 움직임이 감지되는 가운데, 차우체스쿠는 그가 키워왔던 보위부대를 중심으로 시위대들을 강력 진압하려 하지만, 루마니아 장교들과 군인들까지 가세한 시위대들이 대통령 궁 가까이 들이닥치자 헬리콥터를 타고 북한으로의 탈출 계획을 수립하게 된다. 하지만, 헬리콥터 장교의 배신으로 결국 육지에 착륙하게 된 차우체스쿠는 이번에는 일반인들의 차를 빼앗아 도주를 계획하지만, 결국 한 농민에 의해 농업 박물관에 갇히는 신세가 되어 체포되었고, 이후 12월 25일 군사 법정에서의 2시간 만의 약식 재판 끝에 결국 총살형으로 생을 마감하게 된다.

1989년 12월 루마니아 혁명의 진원지, 혁명광장에서

>>> 쉬어 가기

루마니아의 대표적 전통 음식, 치오르버 데 부르떠와 사르말레

치오르버 데 부르떠

루마니아는 다른 동유럽 국가들과 마찬가지로 주식이 빵이며, 그 외 머멀리거(Mămăligă)로 불리는 옥수수 죽 등을 많이 먹고 있다. 다른 동유럽 국가들과 비교했을 때, 루마니아 전통 음식들의 주요 특징 중 하나는 무엇보다도 음식에 식초를 많이 쓰는 까닭에 신맛을 내는 음식들이 많다는 점이다. 루마니아인들이 즐겨 먹는 대표적 전통 음식으로는 소 내장을 주재료로 하여 신맛이 강한 진한 수프 일종인 치오르버 데 부르떠(Ciorbă de burtă)와 다진 고기와 쌀을 섞어 포도 잎 혹은 양배추 잎으로 감싸 만든 사르말레(Sarmale) 등을 들 수 있다.

루마니아에서 '치오르버'는 통상 일반적인 수프를 의미하는 것으로 남슬라브인들이 흔히 식사 전 즐겨 먹는 수프인 초르바(Čorba)와 유사하다. '부르떠'는 내장, 복부, 배 부위를 그리고 '데'는 영어의 'from'을 의미하며, 이를 해석해 보자면 '내장으로 만든 수프'란 뜻으로 풀어볼 수 있다. 루마니아의 전통 음식 중 하나인 치오르버 데 부르떠는 일반적으로 터키 음식에서 기원이 된 것으로 알려져 있으며, 과거 터키 지배를 받았던 지역들 가운데, 세르비아, 불가리아, 그리스에서도 이와 유사한 음식이 일반인들의 사랑을 받고 있다. 치오르버 데 부르떠는 소 내장을 잘 다듬어 으깬 마늘 소스와 무데이(mujdej)라 불리는 올리브기름을 살짝 섞은 뒤 식초를 가미하여 끓인 우리나라의 맑은 소 내장탕과 같은 모양을 하고 있다.

루마니아의 또 다른 대중적 전통 음식인 사르말레 또한 터키 음식에서 그 영향을 받은 것으로, 세르비아와 보스니아, 불가리아 등에서 통상 사르마(Sarma)로 불리면서 대중들의 인기를 얻고 있는 음식이다. 사르마란 뜻은 터키어로 '무언가를 감싸다'란 의미를 지니고 있다. 전통적으로 사르말레는 크리스마스이브 등 특정일에만 먹었던 음식이지만, 오늘날에는 손님을 대접하거나, 일상적인 생활에서 흔히 즐겨먹는 음식이 되어 있다. 사르말레를 만드는 방법은 의외로 간단한데, 취향에 따라 소나 송아지, 돼지고기 혹은 양고기나 닭, 오리 등 가금류 등을 다져 여기에 쌀, 양파, 양념 등을 섞어 속을 만들고 국물에 식초를 약간 섞은 후 겉을 포도잎 혹은 상황에 따라서 양배추 잎으로 싸서 쪄내 먹는 음식으로 우리나라의 고기만두와 유사하다 생각하면 된다.

사르말레

XI

동유럽 종교와 문화의 발상지

불가리아

제11장_ 동유럽 종교와 문화의 발상지, 불가리아

가. '트라키아인의 무덤'과 제1, 2 불가리아 제국의 신화

고대 불가리아 지역에는 청동기 시대 이후로 트라키아인들에 의해 최초 문명이 발생한 것으로 보인다. 1944년, 기원전 4세기 무렵으로 추정되는 카잔락(Казанлък/ Kazanlak) 지역의 고대 '트라키아인의 무덤(Казанлъшка гробница/ Thracian Tomb, 1979년 UNESCO 지정)'이 발굴되었고, 이를 통해 당시 트라키아 문명이 주변의 그리스, 마케도니아의 문명과 견줄 정도로 높은 경제와 사회 문화를 향유했다는 것을 확인할 수 있다. 불가리아에서 가장 잘 보존된 고대 유물 중 하나인 트라키아인의 무덤은 고대 헬레니즘 무덤 스타일에 따라 벽돌로 된 3개의 방으로 구성되어 있으며, 아름다운 프레스코화로 장

트라키안 무덤의 입구와 무덤 내 그리스풍의 화려한 벽화들

식된 무덤실과 당시 그리스에서 유행하던 적색, 흑색, 백색, 초록색 등 다양한 색채로 어우러진 벽화들이 그려져 있다. 하지만, 트라키아 지역이 기원전 3세기경 로마 제국 하로 들어간 후에는 제국의 속주(모에시아, Moesia)가 되게 된다. 이후로 오늘날 불가리아의 수도인 소피아(София/ Sofia)는 발칸반도의 중요한 교통의 요지 중 하나로 발전하여 현재까지 다양한 로마 제국의 여러 유물들이 발굴되고 있다.

395년 로마 제국이 동·서로 분열되면서 이 지역은 동로마(비잔틴) 제국의 일부로 편입되게 된다. 하지만, 이후 훈족과 아바르족 등 아시아 유목 민족과 게르만 민족의 대이동에 따라 슬라브족의 이주가 시작되었으며, 오늘날 불가리아인들도 발칸반도에 정착한 다른 남슬라브족처럼 이 지역에 내려와 정착하게 된다. 훈족의 일파, 이란계 터키인 혹은 몽고계의 타타르족, 부여족의 일파, 고구려 멸망(668년)을 전후로 이주한 후예 등 그 민족 기원을 둘러싸고 아직까지 학계에서 논란거리로 남아 있지만, 679년경 아시아 민족 계통으로 분류되는 원시 불가르(Bulgar)족이 불가리아 지역으로 침략해 들어왔다. 학술적 분석에 따르자면 불가르의 어원은 '분리된 부족' 혹은 '찢어진 부족'의 의미를 지니고 있는 몽고어(bulğarak)에서 유래된 것으로 알려져 있다. 이들은 우랄(Ural) 산맥과 볼가(Volga)강 유역으로부터 불가리아 지역으로 이주해 들어왔는데, 유물을 통해 확인해 볼 때 당시로서는 유럽의 다른 지역들에 비해 상대적으로 높은 아시아 문명을 지녔던 것으로 보인다. 강력한 군사체제와 우수한 기마대를 보유하고 있어 주변 지역을 하나씩 점령해 들어갔던 원시 불가르족은 현 불가리아 지역에 정착하게 되면서, 비잔틴 문화를 흡수하는 한편 기존

트라키안 무덤의 장식 벽과 박물관 유물에 나타난 헬레니즘 문화와 그리스 문화의 흔적

슬라브인과의 통혼에 의해 점차 언어, 관습 등 여러 면에서 슬라브화 되게 되었다.

7세기 말, 이슬람의 공격을 겨우 막아내었지만 국력이 소진되어 있던 비잔틴 황제 콘스탄틴 4세(Constantine IV, 652-685, 재위 668-685)는 바로 이어진 원시 불가르족의 공격에 제국 존립의 위협을 느껴야 했고, 그 결과 제국은 681년 모에시아 지역(오늘날 불가리아)을 점령하고 있던 원시 불가르족의 칸(Khan, 혹은 카간(Khagan)으로 불렸음)인 아스파루후(Аспарух/ Asparukh, 재위 681-701)에게 중세 왕국 성립을 인정해 줌으로써 불가르족과의 화친을 유도하고자 하였다. 이렇게 해서 탄생된 제1불가리아 제국(681-1018)은 비잔틴 제국과의 전쟁은 물론, 하친 등 다양한 문화 교류를 통해 발전을 거듭하였으며, 특히 864년 보리스 1세(Борис I/ Boris I, ? - 907, 재위 852-889) 시절 비잔틴 제국으로부터 크리스트교(정교)를 받아들임으로써 발칸 유럽의 새로운 일원이 되게 된다. 정교의 도입에 따라 불가리아 제국의 외연 확장과 내부 단결이 가능하게 되었으며, 이후 확대된 슬라브어의 발달은 불가리아 내 민족적 다양성을 극복하게 만든 중요 요인으로 작용하게 된다.

제1불가리아 제국의 초대 칸 아스파루후

제1불가리아 제국의 최대 전성기이자 황금기는 시메온 대제(Симеон I Велики/ Simeon I the Great, 864/865-927, 재위 893-927) 시기로 시메온 대제는 헝가리, 세르비아 지역으로의 영토 확장은 물론 917년 비잔틴 제국의 주력군을 격파한 후, 923-924년 사이 콘스탄티노플을 포위하여 비잔틴 제국을 절망에 빠트리는 등 영토적으로 에게해에서, 아드리아해와 흑해까지 이어지는 최대 영토를 구축한 인물이다. 그는 최초로 불가리아 독립 정교회를 구축하였고, 4대 복음서를 글라골 문자(Glagolica)로 번역하는 등 슬라브 문자의 기초를 닦으면서 오늘날 슬라브 민족들 사이에서 불가리아가 민족적 자부심을 지니게 한 대표적인 인물이기도 하다. 이후 바실 2세(Basil II, 958-1025, 재위 976-

9세기 말 보리스 황제 시기의 제1불가리아 제국의 영토

1025) 시기에 들어와서야 겨우 국력을 재정비한 비잔틴 제국은 1014년 불가리아군을 대파할 수 있었고, 이에 따라 1018년 이후로 제1불가리아 제국은 한 동안 비잔틴 제국의 지배하로 넘어가게 된다.

하지만, 12세기 발에 들어와 비잔틴 제국 지배자들의 과도한 세금징수로 인해 민란(1185-1197)이 발생하였고, 이를 계기로 불가리아인들은 수도인 투르노보(Велико Търново/ Veliko Turnovo 혹은 Veliko Tarnovo)를 중심으로 제국을 다시 수립해 제2중세 불가리아 제국(1185-1396/1422)을 세우게 된다. 제2불가리아 제국은 카로얀(Калоян Ромеоубиец/ Kaloyan the Romanslayer, 1168/1169- 1207, 재위 1197-1207) 시기와 이반 아센 2세(Иван Асен II/ Ivan Assen II, ? - 1241, 재위 1218-1241) 시기에 최대의 전성기를 맞이하게 된다. 이 시기는 1204년 제4차 십자군 원정대들이 예루살렘이 아닌 비잔틴 제국의 콘스탄티노플을 침략하여 그들의 라틴 제국(Latin Empire, 1204-1261)을 수립하였던 시기로, 비잔틴 제국의 혼란이 과중되던 시기였다. 카로얀은 비잔틴 제국의 해체를 들은 이후 1205년 아드리아노플(Adrianople)로 진격해 라틴 제국의 프랑크 군대를 섬멸하는 등 세력을 확장해 가지만, 데살로니키

1204년 제4차 십자군의 콘스탄티노플 함락 장면과 라틴 제국

(Thessaloniki) 포위 도중 살해되어 비잔틴 제국 지배의 꿈을 이루지 못하게 된다.

이후 최대 전성기를 이어갔던 이반 아센 2세의 죽음 이후, 불가리아는 황제 쟁탈전에 따른 내분과 함께, 13세기 몽고 타타르족 그리고 이후 14세기에는 헝가리와 세르비아의 침략에 따라 여러 어려움을 겪어야만 했다. 14세기 중엽 불가리아가 다른 발칸국가들과 끊임없는 싸움을 계속하는 동안, 오스만 터키는 점차 비잔틴 제국의 영토와 발칸반도 지역을 하나씩 정복해가기 시작하였다. 1382년 소피아가 오스만 터키에게 넘어갔고, 이어 1389년 세르비아와 연합한 코소보 전투에서의 대패 이후 1393년 수도인 벨리코 투르노보마저 터키에게 함락됨에 따라, 제2불가리아 제국은 사라지게 되었고, 이후 1878년까지 약 500여 년간의 오스만 터키 지배가 시작되게 된다.

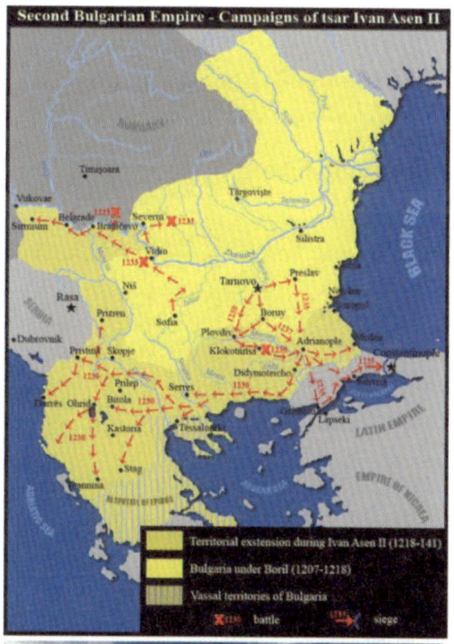

제2불가리아 제국의 수도였던 벨리코 투르노보와 이반 아센 2세 시기 영토

불가리아 제국의 수도들과 사자탄 마다라 기사상의 위용

사자탄 마다라 기사상

오늘날 프레슬라프(Преслав/Preslav)는 821년에 건설된 도시이며, 시메온 황제 시절인 893년부터 972년까지 동유럽에서 가장 큰 세력을 떨쳤던 제1불가리아 제국의 수도였던 곳이다. 더불어, 제2불가리아 제국의 수도인 벨리코 투르노보는 주위의 험한 산과 깊은 계곡, 높은 성벽을 이용해 만든 천연의 요새로 시가지는 이중 석벽으로 이루어져 있으며, 오늘날 여러 고고학적 박물관이 자리하고 있다.

불가리아 제국의 위용을 보여주는 유물로서, 특히 8세기경 조각된 '사자탄 마다라 기사상(Мадарски конник/ Madar Rider, Madar Horseman)'은 1999년 이후 제작된 불가리아 동전의 주요 배경이자, 2008년 제작된 미래 불가리아 유로 화폐의 도안으로도 채택될 정도로 오늘날 불가리아인들의 긍지와 자부심을 대변하는 작품이라 할 수 있다. 1979년 UNESCO 지정된 이 작품은 수직으로 높이 100미터 위의 높다란 암벽 위에 지상 23m 높이에 제작된 역작으로, 기사가 탄 말발굽 아래에 사자가 누워있는 형상을 중심으로 독수리와 사냥개 한 마리가 기사의 앞과 뒤를 각각 호위하고 있는 형태를 띠고 있다. 이 작품은 테르벨(Тервел/Tervel, 재위 700-721) 시기인 710년경에 새겨진 것으로 알려지고 있다. 테르벨은 8세기 초 이슬람 제국군에 의해 콘스탄티노플이 함락 위기에 몰리자 비잔틴 제국을 도와 자신의 기마대를 동원시켜 이슬람 군대를 물리쳤고, 이후 '유럽의 수호자'란 별칭을 얻기도 하였다.

8세기 초 이슬람의 비잔틴 제국 공격을 막아준 후 유스티니아누스 2세로부터 공물을 받는 원시 불가르족의 칸 테르벨

나. 키릴과 메토디우스 그리고 그 제자들

발칸 유럽의 남슬라브족들에게 크리스트교(정교)가 전파되기 시작한 시기는 7세기부터지만, 이들에 대한 실질적인 종교 복음은 9세기 말 비잔틴 제국에서 모라비아 왕국으로 파견되었던 키릴(Cyril, 826-869)과 메토디우스(Methodius, 815-885) 형제 그리고 그 제자들에 의해서였다. 이들 형제는 비잔틴 제국의 데살로니끼(당시에는 솔룬(Solun)이라 했음) 출신으로 형인 메토디우스는 도서관장을 지낼 정도로 행정 분야와 정치, 외교적인 분야에서 탁월한 능력을 발휘하였고, 동생인 키릴은 철학, 신학적 재능과 더불어 당시 3대 성스러운 언어로 분류된 희랍어(그리스어), 라틴어, 히브리어는 물론 시리아어, 슬라브어에도 능통하는 등 다양한 어학적 능력을 소유하고 있었다.

오늘날 체코 동부와 슬로바키아 지역에 해당하는 모라비아의 로스티슬라브는 로마 교회(가톨릭)를 추종하는 이웃 프랑크 왕국의 위협과 친(親)프랑크 귀족 세력들을 제거하기 위해, 비잔틴 제국의 황제 미카엘 3세(Michael III, 840-867, 재위 842-867)에게 슬라브어로 콘스탄티노플 교회(정교)의 교리를 가르치고, 행정 체계 수립을 도와줄 수 있는 사람들을 파견해 줄 것을 요청하였다. 이에 제국은 862년 키릴과 그의 형인 메토디우스를 파견하게 된다. 모라비아에 도착한 이들 형제는 몰려든 제자들을 효율적으로 가르치고 종교를 포교하기 위해 863년 고대 교회 슬라브어에 기초한 새로운 문자 체계(글라골 문자)들을 수립해 나갔으며, 이를 기초로 그동안 히브리어, 희랍어와 라틴어로만 되어 있던 성서의 번역을 추진해 나갔다. 당시, 그리스 문자의 소문자 초서체를 기초로 한 글라골 문자에는 이

키릴 문자의 창시자, 키릴과 메토디우스 형제

외에도 콥트 문자, 키프러스 문자 그리고 헤브라이 문자 등도 일부 도입되었던 것으로 보인다. 매우 독특한 체계를 갖춘 것으로 평가받았던 글라골 문자는 이후 신의 영광과 슬라브족의 주권 그리고 독립성을 상징적으로 표시하고자 할 때 주로 애용되게 된다. 문자 체계 수립과 보급 외에도 이들 형제는 라틴어가 아닌 슬라브어로 예배를 이끌어갔으며, 여러 교회들을 수립해 나가는 업적을 쌓기도 했다.

하지만, 869년 키릴이 사망한 후 그들의 후원자였던 로스티슬라브 마저 870년 사망하게 되자, 권력투쟁 끝에 동 프랑크의 지원을 받은 세력들이 권력을 장악하였고, 이들은 메토디우스와 제자들을 이단으로 낙인찍으며 탄압하기 시작하였다. 메토디우스는 2년 가까이 동 프랑크 제국에서의 투옥 생활을 견디어야만 했고, 885년 메토디우스마저 사망하게 되자 이들을 따르던 정교 사제들과 제자들은 더 이상의 포교를 포기하고, 여러 지역으로 흩어지게 된다. 이들 중 성 클리멘트(Свети Климент/ St. Clement, 840-916)와 나움(Свети Наум/ St. Naum, 830-910)등 키릴과 메토디우스의 제자들은 886년 비잔틴 제국으로 가던 도중 불가리아 제국의 보리스 1세의 요청에 따라 슬라브어로 설교할 시간을 갖게 되었다. 당시 864년 보리스 1세가 크리스트교(정교)를 받아들인 이후, 불가리아에는 비잔틴 제국으로부터 파견된 사제들이 그리스어로 예배를 보며 정교 사제들을 양성하고 있있다.

날로 커져가는 비잔틴 제국의 위협 속에, 보리스 1세는 불가리아의 주권과 독립권 그리고 문화적 정체성 보존에 깊은 관심을 가지고 있었으며, 클리멘트와 나움에게 독자적인 슬라브어(교회 슬라브어)로의 예배 확대와 슬라브 문자 개발을 요청하게 된다. 황제의 요청을 수락한 이들에 의해 약 4,000명에 가까운 제자들이 양성되었으며, 이들은 슬라브어와 글라골 문자를 기초로 불가리아 제국 전역에 정교를 확대해 갈 수 있었다. 훗날 이들은 글라골 문자에 좀 더 실용성을 가미하여 새로운 문자체를 고안하였고, 그의 스승의 이름을 기려 '키릴 문자(Cyrillic alphabet, 혹은 아즈부카(azbuka))'로 명명하였다. 그 배경은 무엇보다도 문자의 정통성을 강조하고 슬라브인을 위해 문자를 만들어 준 창립자이자 자신의 스승의 뜻을 기리기 위해서였다. 이후 키릴 문자는 정교 지역의 종교 복음과 러시아를 비롯한 발칸 유럽의 슬라브족들에게 정교가 신앙으로써 크게 확대되어 오늘날까지 이어지게 하는 중요한 동인으로 자리 잡게 하였다.

동유럽 역사와 인물 속 한 마디

키릴과 메토디우스 그리고 그 제자들의 유산, 키릴 문자 문헌들

오늘날 남아 있는 문헌들 가운데 키릴과 메토디우스에 의해 직접 쓰인 것은 없다. 가장 오래된 것이 10세기 말경에 기록된 것이며, 이들 문헌들은 지역에 따라 다양한 판본으로 이루어져 있다. 10세기에 쓰인 것으로 알려진 불가리아어 판본에서는 그리스어와 모라비아어 어휘 체계가 거의 제거되고, 새로운 용어들이 만들어졌던 것으로 보이며, 이것은 당시 정교 문화권에서 불가리아의 학문적 수준이 매우 높았다는 점을 반영한 것이라 하겠다. 현존하고 있는 판본 중 가장 오래된 것으로는 동 슬라브어(러시아어) 판본으로써 오스트로미르 복음서(Ostromir Gospel, 1056)를 들 수 있으며, 세르비아어 판본으로써는 12세기 것이 남아있는데, 이 판본은 당시 마케도니아어의 영향을 많이 받았던 것으로 보인다. 이 외에도 모라비아어 판본, 보헤미아어 판본, 마케도니아어 판본 등이 있는데, 이 중 모라비아어 판본과 보헤미아어 판본은 라틴어의 영향이 많이 보이며, 마케도니아 판본은 어휘나 어구 면에서 키릴 문자의 초기 형태를 보여주고 있다는 점에서 의미가 높다 하겠다.

불가리아에서 쓰인 글라골 문자체와 이 문자로 쓰인 러시아의 오스트로미르 복음서(1056)

다. 중세 불가리아와 비잔틴 문화의 보고, 북마케도니아의 오흐리드

유럽에서 가장 오래된 고대 도시 중 하나이자, 오늘날 북마케도니아(2019년 2월 국명 변경)의 대표적인 관광 명소인 오흐리드(Охрид/ Ohrid)는 1980년 UNESCO에서 세계 유적지로 지정할 정도로 '문화, 역사학적으로 매우 가치 있는 보물' 혹은 '고대 건축 미학의 정수'라는 평가를 받고 있는 곳이다. 이곳에는 또한 7세기 이후부터 19세기에 걸쳐 세워진 믿기 어려울 정도로 매우 아름답고 흥미로운 마케도니아 전통 가옥들과 초기 크리스트교와 이후 수립된 이슬람 유적물들이 그대로 잔존하고 있어 여러 학자들 사이에 도시 전체가 박물관이라는 평가 속에 서양과 동양의 양식이 서로 혼재된 독특한 건축물들이 자리하고 있는 곳이기도 하다. 이에 따라, 오늘날 오흐리드는 중세 불가리아와 비잔틴 문화의 보고이자 '슬라브족의 예루살렘'이라는 별칭을 지니고 있다.

마케도니아 제국의 알렉산더 대왕(Alexander the Great, BC 356-323, 재위 BC 336-323)의 아버지인 필립 2세(Philip II, BC 382-336, 재위 BC 359-336)의 비문에 나타난 공식적인 역사 기록에 따르자면, 오흐리드는 고대 그리스 시절부터 리츠니도스(Lychnidos)로 불리며 발전하였으며, 이후 마케도니아 제국의 지배를 받게 된다. 마케도니아가 로마 제국의 지배를 받게 되면서 오흐리드는 상업과 전략상 중요 지역이지 유럽과 아시아를 잇는 교차로로써 대표적인 로마 도시 중 하나로 발전하였지만, 5세기 이후로 고트족 등 게르만족의 침략 그리고 518년 대규모 지진으로 인해 고대 로마의 여러 유적 물과 건물들이 사라지는 아픔을 겪기도 하였다.

오흐리드가 중세 불가리아와 인연을 맺게 된 계기는 6-7세기를 거치며 진행된 대규모 슬라브족들의 발칸 유럽으로의 이주와 관련이 있다. 이때 이후로 오흐리드의 로마인들은 산속이나 외지로 도망을 가야 했으며, 이들의 빈자리는 슬라브인들로 채워지게 된다. 특히, 867년인 보리스 1세 시절, 오흐리드는 발칸 유럽의 새로운 지배자로 등장한 제1불가리아 제국의 통치 하로 들어갔는데, 이후 이 도시는 제국 내와 밖의 슬라브족들에게 크리스트교(정교)와 슬라브어 및 키릴 문자를 전파하는 데 가장 중요한 거점 도시로 발전하게 된다. 불가리아 제국의 보리스 1세 시절, 키릴과 메토디우스의 제자인 성 클

오흐리드 도시의 전경

리멘트와 나움은 제국은 물론 제국 밖의 슬라브족들에게 그들이 고안한 슬라브 문자인 키릴 문자로 정교와 문자를 보급하고자 노력하였으며, 이곳 오흐리드에 최초의 슬라브 대학이자 불가리아 정교 대교구를 수립하는 업적을 남겼다. 이때 이후로 이 도시는 과거 그리스, 로마 도시의 색채에서 벗어날 수 있었으며, 879년 슬라브식 이름인 오흐리드란 명칭이 최초로 등장하게 된다. 특히 오흐리드는 990년부터 1015년 사이 제1불가리아 제국의 수도로써, 그리고 불가리아 제국이 수도로 삼은 990년부터 제국이 비잔틴에 의해 멸망하던 시점인 1018년까지 불가리아 총 대주교가 자리했던 곳으로써, 오늘날 불가리아인에게 있어 민족의 정신적 고향과도 같은 진한 여운을 남기고 있는 곳이기도 하다. 하지만 이후 세르비아 두샨 황제의 지배를 잠시 거친 후, 1912년까지 약 500년간 이어진 오스만 터키의 지배하에서, 발칸 유럽의 슬라브인들에

나르시스의 전설이 살아 숨 쉬는 오흐리드 호수와 고트족 공격을 막아낸 로마 당시의 성곽

게 성지로 여겨지던 '성 판테네이몬(Свети Пантелејмон/ Saint Panteleimon) 교회'를 비롯해 상당수의 교회가 이슬람 모스크로 바뀌는 등, 초기 크리스트교 문화와 흔적들이 심각하게 훼손되는 아픔을 겪어야 했다.

오늘날 오흐리드 내 대표적인 유적으로는 세계에서 가장 오래된 슬라브 정교 교회인 9세기에 지어진 '성 판테네이몬 교회'를 들 수 있다. 성 판테네이몬 교회는 보리스 1세 시절, 보리스 1세의 요청을 받아들인 클리멘트가 오흐리드에 세운 최초 교회이자, 고대 교회 슬라브어 교육과 글라골 문자를 모태로 하는 키릴 문자를 제자들에게 가르친 곳으로 유명하다(슬라브 최초의 대학). 916년 클리멘트가 사망한 후 그의 시신이 이 교회에 안치되었고, 오늘날까지 그의 묘지가 보존되어 전해지고 있다. 오스만 터키의 지배 시절 한때 이슬람 모스크로 변모하기도 했던 이곳엔 5세기 때 지어졌다 지진으로 파괴된 초기 교회의 바실리카 유적들이 함께 자리하고 있다. 그리고 이 외에도 11세기-14세기 사이에 제작된 세계적으로 가장 중요한 약 8백여 점의 비잔틴 양식의 이콘들과 다량의 베네치아의 동전들이 소장되어 있다. 2002년 8월 북마케도니아 정부는 불가리아인 등 여러 정교도 슬라브족의 열망을 담아 그 자리에 교회를 새롭게 재건한 후 현재에 이르고 있다.

슬라브 문자 보급과 정교 확대의 선구자, 성 클리멘트와 성 나움의 동상

그 외 오흐리드의 대표적인 유적으로는 붉은 벽돌로 축조되어 문과 창 모두 아치형이 특징인 '성 소피아 교회(Црква Света Софија/ Church of St. Sophia)'를 들 수 있다. 이 교회의 건립 시

기를 둘러싸고, 제1불가리아 제국이 크리스트교를 받아들인 직후인 보리스 1세 시기, 혹은 이후인 사무엘(Самуил/ Samuel, ? - 1014, 재위 997-1014) 황제 때 지어졌다는 설 등이 존재하고 있다. 1018년 제국 멸망 전까지 오흐리드 대교구이기도 했던 교회의 내부에는 11세기부터 13세기까지 비잔틴 양식의 웅장한 프레스코 작품들이 자리하고 있다. 과거 오스만 터키의 지배 이후엔 역시 이슬람 모스크로 탈바꿈해야 했지만, 현재는 정교 사원으로 다시 복원되어 마케도니아인들의 많은 사랑을 받고 있다. 무엇보다도 이 교회는 1961년 이래 '오흐리드 여름 페스티벌(매년 7월 12일 - 8월 20일)'의 주 무대 중 하나로 활용되고 있으며, 세계적으로 유명한 오케스트라들과 독주자들의 공연이 매년 여름 교회의 안과 밖에서 열리고 있다. 이 외에도 오흐리드에선 매년 여름 '발칸 민속 페스티벌과 마케도니아 페스티벌'이 열리고 있으며, 이를 통해 오흐리드의 아름다움과 고대 유적들의 신비로움을 세계에 알리고 있다.

이 외에도 고즈넉한 오흐리드 호숫가에 자리하며, 영화 '비포 더 레인(Before the Rain)'으로 주요 무대이기도 했던 카네오에 자리한 '성 요반 교회(Свети Јован, Канео/ St. John at Kaneo, 13세기 건립 추정)'와 오흐리드 도시

슬라브 최초의 대학으로 성 클리멘트의 묘가 안치된 '성 판테네이몬 교회'

'성 소피아 교회'와 이곳에서 열리는 오흐리드 여름 페스티벌의 한 장면

에서 그리 멀지 않은, 오흐리드 호수의 남쪽 끝에 위치한 '성 나움(Свети Наум/ Saint Naum) 사원'은 905년에 건립되었으며 여기에는 성 클리멘트의 동료였던 성 나움의 묘가 자리하여 역시 정교도들의 성지로 불리고 있다.

라. 불가리아 민족정신의 화신, 릴라 사원

1983년 UNESCO에 지정된 릴라 사원(Рилски манастир/ Rila Monastery)은 불가리아 릴라산 남서부 릴라 협곡의 깊은 곳에 자리하고 있으며, 불가리아에서 가장 크고 가장 유명한 정교 사원으로 불가리아인에게 있어선 종교적 성지와 같은 의미를 지니고 있는 곳이다. 릴라 사원의 기초는 불가

오흐리드 호숫가에 고즈넉하게 자리한 '카네오의 성 요반 교회'와 '성 나움 사원'

리아 최초 수도승이자 생존 당시부터 성인으로 봉축된 이반 릴스키(Свети Иван Рилски/ Saint John of Rila, 876-946)가 릴라 산에서 수도 생활을 할 때, 그를 따르는 신자와 순례자들이 그의 은신처 주변에 모여들어 촌락을 이루게 되면서 수립되기 시작한 것으로 알려져 있다. 전설에 따르자면 그는 야생 동물들을 자유롭게 다루고 여러 기적을 행하였다고 알려져 있다. 이후 그의 종교적 신념, 모범적인 수도 생활 그리고 빈자들을 위한 헌신에 감동한 제자들과 신도들은 불가리아 곳곳에 그의 이름을 딴 수많은 수도원과 사원을 남기게 된다. 오늘날 성 이반 릴스키는 불가리아 민족의 수호성인이자 불가리아 정교회의 가장 중요한 성인 중 하나로 숭상되고 있다.

불가리아의 황제 페테르 1세(Петър I/ Peter I, ? - 970, 재위 927-969) 시기, 이반 릴스키를 기념하기 위해 지어진 것으로 알려져 있는 아름다운 릴라 사원은 불가리아의 문화적, 역사적, 건축학적 박물관과 같은 곳으로 불가리아를 방문하는 관광객들이 반드시 방문하는 필수 코스 중 하나라 할 수 있다. 건축 당시, 성 이반 릴스키는 주로 릴라 사원 인근의 동굴에서 수도 생활에 전념하였다고 알려지고 있다. 사원 건축 이후 릴라 사원은, 오스만 터키에게 불가리아 제국이 점령당하기 이전까지, 제국의 아낌없는 지원 속에 성 이반 릴스키의 정신을 배우려는 수많은 수도승들과 제자들이 기거하며 교육받던 장소이자, 불가리아 민족정신을 고취하고

불가리아 민족정신의 근원, 릴라 사원의 전경

성 이반 릴스키가 수도 생활을 했던 동굴 앞에 놓인 이콘과 프레스코 벽화

의식을 깨우치는 장소로 활용되었던 곳이다.

하지만, 초기 사원의 흔적은 14세기 초에 일어난 큰 지진으로 건물 대다수가 파괴되어 그 흔적이 거의 남지 않게 되었다. 이후 이 지방의 귀족이자 당시 세르비아 중세 왕국을 섬겼던 오흐무체비치(세르비아어로 Hrelja Ohmućević 혹은 Stefan Dragovol/ 영문 Hrelyu Dragovola)는 1334년부터 1335년에 걸쳐 오스만 터키 등 외적의 공격이나 자연재해에 견딜 수 있도록 견고한 요새 형식으로 사원을 재건하게 된다. 현재 당시 지어진 건물 가운데 높이 25m의 '흐렐리야 돌탑'이 아직까지 남아 당시의 웅장함을 설명해주고 있다. 하지만, 15세기에 들어와 오스만 터키의 계속된 공격과 탄압으로 상당수의 건축물이 무너졌고, 1833년 큰 화재로 인해 대부분의 건물이 불타는 등 외세

릴라 사원의 성모 승천 교회 앞에서

14세기 때 지어진 '흐렐리야 돌탑'과 19세기 때 만들어진 정교한 '라파일 십자가'의 모습

지배하에서 릴라 사원은 계속된 수난을 견디어 내야만 했었다. 이후 불가리아 민중들의 성원에 따라 1834년부터 1862년에 걸쳐 다시 한번 재건되었고, 오늘날에는 1991년 이후로 불가리아 정교회의 대주교 및 주교들을 뽑는 종교 회의(Holy synod)가 열리는 곳으로도 유명하다.

현재 릴라 사원은 3만 2000㎡의 내부 면적에 크게 '거주 관'과 '박물관' 그리고 '성모 승천 교회(Църква Света Богородица/ Holy virgin church)'등 3개의 건축물로 구성되어 있다. 우선 거주 관에는 수사들의 독방 300개, 예배실 4개, 250여개의 필사본과 900여개의 출판물이 간직된 도서관, 프레스코화로 장식한 손님용 방, 높이 22m에 이르는 굴뚝이 있는 수도원 관리실 등이 자리하고 있다. 그리고 박물관에는 릴라 사원에서 가장 중요한 유물중 하나이자 승려 라파일(Рафаил/ Rafail)이 12년 동안의 작업을 끝낸 후(1802) 실명했을 정도로 믿기 힘든 섬세한 나무 조각과 문양이 어우러진 '라파일 십자가(Рафаилов Кръст/ Rafail's Cross, 81×43cm)'를 비롯해, 수많은 유물과 예술 작품들이 전시되어 있다.

무엇보다도 릴라 사원의 대표적인 건축물이자 관광객들의 탄성을 자아내게 하고 있는 건축물로는 성모 승천 교회 그리고 교회 내부에 장식한 아름다운 프레스코 벽화들이라 할 수 있을 것이다. 1834년부터 1837년, 파벨 이오아노프(Павел Иоанов/ Pavel Ioanov) 건축가에 의해 지어진 성모 승천성당은 5개의 돔으로 구성된 십자가 모양의 평면에 둥근 지붕 24개가 멋있는 자태를 뽐내고 있다. 내부에는 3개의 제단과 2개의 예배당, 금 등으로 수놓아진 수많은 이콘 들과 섬세한 나무 조각품들이 보존되어 있으며, 회랑(回廊)의 벽면과 천장에는 19세기 오스만 터키의 압제 속에서 불가리아 민족정신을 일깨운 것으로 유명한 자하리 조그래프(Захари(й) Зограф/ Zahari Zograf, 1810-1853)와 디미타르 조그래프(Димитър Зограф/ Dimitar Zograf, 1796-1860) 형제를 비롯한 수많은 예술 장인들이 그린 선명한 빛깔의 프레스코화 1,200여 점으로 장식되어 있다(1846년 완공).

성모 승천 교회를 장식하는 아름다운 프레스코 벽화들

마. 메치니코프의〈생명의 연장〉과 불가리아 요구르트

불가리아의 요구르트(Кисело мляко)가 장수 식품으로 알려진 계기는 생리의학부문의 노벨상 수상자(1908년)인 메치니코프(Илья Ильич Мечников/ Ilya Ilich Mechnikov, 1845-1916)에 의해서라 할 수 있다. 러시아의 생물학자이자 세균학자인 메치니코프는 왕실 경호대 장교였던 아버지와 유대계 어머니 사이에서 비교적 유복하게 자랐으며, 어린 시절부터 다윈(Charles Robert Darwin, 1809-1882)의 <종의 기원, On the Origin of Species>(1859)이 출간되었을 때 책의 내용들을 실험해 볼 정도로 지적인 호기심이 강해 주변 사람들의 관심을 받기도 하였다. 특히, 식물학과 지질학 등에 많은 관심을 보였던 그는 고향의 하르코프(Kharkov) 대학의 4년 과정을 2년 만에 마칠 정도로 자연과학에 깊은 흥미와 학문적 열정을 발휘하기도 했다. 대학 졸업 후 독일로 유학 간 그는 대학원 과정과 다양한 연구 경험을 쌓은 후, 1870년대에는 오데사 대학에서 교수로 재직하게 된다.

하지만, 사랑했던 첫째 부인이 결혼 5년 만에 폐결핵으로 사망하고, 뒤이어 실의를 겨우 딛고 다시 만난 둘째 부인마저 결혼 6년 만에 장티푸스로 사망하자, 메치니코프는 인간의 생명과 다양한 병균 퇴치법에 대해 깊은 관심을 가지게 되었다. 이런 가운데 수차례의 심적 고통으로 인한 급격한 시력 약화와 심장 악화 등의 질병에 시달렸던 그는 1887년 오데사 대학을 그만두어야만 했다. 이후 일련의 노력 끝에 메치니코프는 1888년 생화학자이자 세균학의 아버지로 불리던 파스퇴르(Louis Pasteur, 1822-1895)의 도움을 받아 파리에 있는 파스퇴르 연구소에 들어갈 수 있었고, 여기서 그의 여생을 보내게 된다. 파스퇴르 연구소에서 그는 세균학과 면역학을 집중적으로 연구하게 된다. 1901년 그는 자신의 연구 성과를 모아 <감염증에 있어서 면역성, L'Immunité dans les Maladies Infectieuses, Immunity in infectious diseases>이란 주제의 저술을 출간하였고, 이어 <사람의 자연, The Nature of Man>(1903), <생명의 연장, The Prolongation of Life : Optimistic Studies>(1907) 등 면역과 장내 독소 방지를 위한 다양한 저술들을 출간하였는데, 이러한 활동으로 1908년 독일의 파울 에를리히(Paul Ehrlich, 1854-1915)와 함께 노벨 생리학, 의학상을 받게 된다. 그는 캠브리지 대학의 명예박사 외에도 러시아 성 페쩨르부르그의 의학·과학 아카데미 명예 회원(1902), 파리 의학 아카데미의 명예 회원(1904) 등으로 다양한 활동을 하기도 하였다. 하지만 생애 동안 발효된 우유 등 유산균을 꾸준히 섭취하면서 장수와 건강을 실천하고자 했던 그는 제1차 세계대진 도중인 1916년 고질적인 심장병에 의해 생을 마감하게 된다.

실험 중인 메치니코프와 파스퇴르

특히, 메치니코프는 그의 저술 <생명의 연장>에서 인간의 노화 현상 방지에 있어 유산균이 탁월한 효능을 발휘한다는 점을 증명하고자 했으며, 이를 통해 유산균을 대표적 장수 식품으로 밝히고 있다. 그의 이러한 주장은 훗날 일본 요구르트(1953년 회사 설립)의 창시자인 동경대의 미노루 시로타(代田稔/ Minoru Shirota, 1899-1982) 박사에게 영향을 미쳤고, 일본에서의 박테리아와 장내 유해균 연구가 활발하게 된 배경과 장수 식품으로서의 유산균 섭취에 대한 일본인들의 관심을 확대시키는 계기를 마련케 하였다.

실제, 과학적으로 유산균을 처음 발견한 사람은 파스퇴르로, 그는 1857년 포도주 숙성을 실험하던 도중 유산균의 존재를 발견하였지만, 그 효용성과

메치니코프에게 노벨상을 안겨준 파리의 파스퇴르 연구소

일본 요구르트의 창시자 미노루 시로타의 사진과 일본 요구르트

유용성에 대해선 그리 큰 관심을 보이지 않았다. 하지만, 인간의 건강과 노화 방지에 있어 유산균이 놀라운 효과를 지니고 있다는 점을 발견하고, 이것을 전 세계에 알린 사람은 바로 메치니코프라 할 수 있다. 그는 인간의 노화 원인을 장내 유해균에 의해 생성되는 '독소에 의한 만성중독'이라 분석하였고, 이러한 유해균이 생성을 억제하며 장내 부패와 유해물질의 생성과 흡수를 방지하는 균이 바로 유산균이라 주장하였다. 즉, 장내에 소화되지 않은 음식물과 숙변 물질이 인체에 독소를 만들어 수명을 단축시킬 수 있으며, 불가리아와 코카서스 지방의 사람들처럼 유산균 발효유를 일상적으로 꾸준히 마시면 장수할 수 있다고 언급하였다. 그는 또한 실증적 근거로 당시 미국인의 평균

세계적인 장수 식품, 불가리아 요구르트

수명 48세와 유산균이 다량 들어 있는 발효유를 매일 섭취하는 불가리아인의 평균수명 87세를 사례로 제시하며 장수 식품 유산균에 대한 새로운 지평을 열게 된다. 이러한 발표 직후 불가리아는 요구르트 유산균에 의한 장수 국가로 유명해졌고, 그 원인이 바로 유산균의 섭취에 있다는 점이 밝혀지면서 현재까지도 그 명성을 이어가고 있다.

쉬어 가기

불가리아 요구르트의 원천, 불가리아 유산균

요구르트는 최소 BC 2,000년 무렵부터 고대 페르시아와 아랍 유목민들이 주로 애용하였던 것으로 보이며, 기록상 BC 500년 무렵에 쓰여진 인도·이란어 문헌을 따르자면, 요구르트와 꿀을 신의 선물로 찬양하고 있음을 볼 때 당시 이들 지역에선 이미 요구르트가 매우 귀한 건강식품으로 애용되었음을 확인할 수 있다. 이슬람교도들 사이에선 아직까지도 아브라함의 다산과 풍요로움, 장수의 비결이 바로 요구르트의 정기적 섭취에서 비롯되었다는 말이 있을 정도로, 요구르크는 이미 오래전부터 중동과 아랍 지역에선 널리 애용되어 왔던 영양 식품이다.

여러 설과 전설이 존재하지만, 요구르트가 발칸 유럽으로 전파된 계기는 오스만 터키의 지배 전후로부터 본격화된 것으로 보이며(터키어로 yoğurt), 이후 터키 지배하의 거의 모든 지역으로 퍼져 나간 것으로 보인다. 이후 요구르트는 20세기 초 메치니코프가 불가리아를 유산균에 의한 대표적인 장수 국가로 소개하면서 더욱 유명해지기 시작했으며, 점차 전 세계적인 건강식품으로 애용되게 된다.

불가리아 요구르트의 주요 원료가 되는 불가리아 유산균의 정확한 의학적 원명은 '불가리아 유산간균'이며, 발효산물을 만들어내는 동종발효 젖산균으로 학계에서 유산균의 한 종류로 그 분류를 따로 정해 놓고 있다. 오늘날 불가리아 정부에서는 불가리아 유산균의 고유한 특성을 보존하고 이를 유지하기 위해, LB 불가리쿰(LB Bulgaricum)이라는 국영회사를 수립하였으며, 이를 통해 약 700여 종의 요구르트 배양균을 활용한 건강식품 등을 개발, 보급하고 있다. 불가리아 모든 요구르트 배양균에 대한 관리와 독점권을 지니고 있는 이 회사는 전 세계의 한 나라에 한 개의 업체하고만 계약하고 있다. 이 회사의 주력 유산균인 불가리쿠스(Lactobacillus Bulgaricus)와 서모필러스(Streptococcus Thermophilus)는 불가리아 등 발칸 유럽 지역에서만 자생되며, 타 지역으로 갈 경우 통상 3개월 이상 생존하지 못하는 것으로 알려져 있다. 따라서 불가리아를 떠나 타 지역으로 가야 하는 유산균은 고체화된 가루 형태가 주로 수출되고 있다. 20세기 초 이후로 불가리아 요구르트에 들어가는 유산균은 국제적 기준과 모델 유산균으로 자리 잡았으며, 따라서 오늘날 세계적인 식품 업체들이 이와 비슷한 효능을 지닌 유산균을 배양하기 위해 노력 중이다.

역사와 인물로 동유럽 들여다보기

부록

■ 동유럽 국가들의 테마별 역사 연대표

* 참조(국가별 영문 약어): 폴란드=Pl., 체코=Cz., 슬로바키아=Sl., 헝가리=Hu., 슬로베니아=Slov., 크로아티아=Cr., 보스니아-헤르체고비나=B.-H., 세르비아=Sr., 몬테네그로=Mo., 북마케도니아=Ma., 알바니아=Al., 루마니아=Ro., 불가리아=Bul.

1) 고대(BC– 7세기): 로마의 지배와 동 · 서로마의 분리

년도	내용
BC 480무렵	(Bul.) 트라키아인에 의한 도시 국가 건설
BC 4세기	(Al.) 알바니아 민족에게 있어 조상으로 주장되는 일리리아 왕국이 아드리아해를 중심으로 오늘날 유고슬라비아 지역 및 알바니아 지역을 장악
BC 359-BC 336	(Ma.) 필립 2세를 통해 그리스로부터 독립
BC 358	(Al.) 마케도니아 왕국과의 전투에서 패배한 이후 일리리아 왕국의 세력 약화
BC 336-BC 323	(Ma.) 알렉산더 대왕의 마케도니아 제국 수립 시기
BC 168	(Al., Cr., Sr., B.-H., Slov., Ma., Mo.) 로마 제국에 의해 일리리아 왕국의 마지막 수도인 쉬코드라 복속
	(Ma.) 로마 제국에 의해 마케도니아 왕국 복속
BC 82	(Ro.) 부레비스타(재위 BC 82-BC 44)에 의해 다치아 왕국 수립
BC 46	(Bul.) 트라키아인들이 로마 제국 지배하로 편입
68	(Cr.) 아드리아 해안의 풀라에 로마 원형극장인 '풀라 아레나'가 완공
106	(Ro.) 로마 제국 트라이아누스 황제(재위 98-117)의 두 차례 공격에 의해 데체발(재위 87-106)이 이끌던 다치아 왕국은 멸망. 이후 로마화가 확대됨
212	(Ro.) 다치아 지역의 루마니아인들은 라틴어를 쓰는 로마누스로서 로마 시민권을 획득함
271	(Ro.) 고트족의 공격에 따라 로마 제국은 다치아 지역을 포기하고, 다뉴브강 남쪽으로 후퇴함
305	(Cr.) 로마 황제 디오클레티아누스(244-311, 재위 285-305)의 명에 의해 아드리아 해안의 스플리트에 궁전이 완성됨.
313	콘스탄티누스 로마 황제(재위 306-337)는 밀라노 칙령을 통해 크리스트교를 공인
330	콘스탄티누스에 의해 크리스트교 도시로써 콘스탄티노플이 건설되고, 이후 로마 제국의 수도를 이곳으로 천도

350	게르만족의 일파인 동고트족이 동유럽의 상당 지역을 장악
375	(Hu.) 훈족의 유럽 침공과 동고트족에 대한 공격으로 게르만족의 대이동 시작. 훈 왕국 수립(375-469). 동고트족에 밀린 서고트족의 로마 제국 영내 진입
392	테오도시우스 황제(재위 379-395)에 의해 크리스트교는 로마 제국의 국교가 됨
395	테오도시우스 황제 사후 동·서 로마 제국 분리
447	(Hu.) 훈 왕국의 아틸라(재위 434-453)가 동로마 제국 공격
451	칼케톤 공의회에 의해 5개의 대주교 관구(로마, 콘스탄티노플, 알렉산드리아, 안디옥 그리고 예루살렘)를 설립하고, 그 순서에 따라 권위를 부여
	(Hu.) 아틸라는 서로마 황제 발렌티니아누스 3세(재위 423-455)와 권력 다툼 중이던 누이 호노리아와의 결혼 요청을 받아들여, 양 제국의 황제에게 결혼 사례금으로 서로마 제국 절반을 요구. 서로마 제국의 거절 이후 훈족의 공격. 6월 게르만족과 연합한 서로마 제국은 '살롱 대전투'에서 훈족을 겨우 막아냄
452	(Hu.) 아틸라는 서로마 제국을 공격해 북부 이탈리아를 유린. 로마 교황 레오 1세의 설득에 의해 철군
469	(Hu.) 동로마 제국에 의해 훈 왕국 멸망
476	게르만족 용병인 오도아케르에 의해 서로마 제국 멸망
6세기-8세기	아바르족의 유럽 약탈 시기. 러시아 서부 지역에 넓게 분포하고 있던 원시 슬라브속은 아바르족에 쫓기거나 혹은 동맹을 맺으며 동유럽으로 진출하기 시작
527-565	유스티아누스 황제 시기로 동로마 제국의 최대 전성기
582	아바르족의 동로마 제국 침략
6세기 말 - 7세기	다뉴브강을 따라 발칸 유럽으로 이주한 남슬라브족들이 자신들의 정착촌을 형성해 감
610	동로마 제국의 명칭이 비잔틴 제국(610-1453)으로 개칭, 제국 쇠락기
	마호메트(570-632)가 메카에서 가브리엘 천사의 계시를 받음. 613년부터 이슬람교 전파 시작
622	7월 16일 마호메트의 헤지라(메디나로 이주) 단행. 이슬람력의 시발점. 이후 마호메트는 메디나에서 정치 지배자이자 군사령관을 겸하며 이슬람교 전파에 주력. 630년 메카 점령
623	프랑크인 상인으로 아바르족을 물리친 사모(재위 623-658)가 사모 제국 수립
626	아바르족의 콘스탄티노플 공격과 패퇴
638	이슬람교도들의 예루살렘 점령, 안디옥(637), 알렉산드리아(641) 또한 이슬람교도에게 점령당함에 따라, 크리스트교 5대 관구 중 로마 교회와 콘스탄티노플 교회만이 남게 됨

679	(Bul.) 아시아 계통의 원시 불가르족이 불가리아 지역에 정착한 후, 비잔틴 제국을 공격
681	(Bul.) 제1불가리아 제국(681-1018) 수립

2) 중세 I (8세기-14세기): 슬라브족의 이주와 중세 왕국의 발전

년도	내용
748	(Slov.) 슬로베니아는 게르만족 일파인 프랑크 왕국 통치 하로 편입.
790-796	프랑크 왕국의 카를 1세(카를 대제, 샤를마뉴 대제, 왕 재위 768-800, 황제 재위 800-814)에 의해 아바르족 멸망
800	12월 25일 프랑크 왕국의 카를 1세는 로마 교회의 지원을 통해 신성 로마 제국을 건설. 서유럽지역에 있어 로마 교회의 영향력 확대
803	(Cr.) 신성 로마 제국에 의해 로마 교회(가톨릭)를 받아들임
812	비잔틴 제국의 신성 로마 제국 승인
833	(Sl.) 모이미르 1세(재위 833-846) 시기 모라비아 왕국 수립.
862	(Sl.) 모라비아 왕국의 로스티슬라브(재위 846-870)는 비잔틴 제국 황제에게 정교와 문자, 행정 체계 보급을 요청
864	(Bul.) 보리스 1세(재위 852-889) 시기 비잔틴 제국으로부터 정교를 받아들임
	(Sl.) 모라비아의 요청을 받아들여 비잔틴 제국은 키릴(826-869)과 메토디우스(815-885)형제를 모라비아 왕국에 파견.
886	(Bul.) 클리멘트와 나움 등 키릴의 제자들은 비잔틴 제국으로 돌아가던 중 보리스 1세의 요청으로 불가리아에 남게 됨. 이후 오흐리드를 중심으로 발칸 유럽에 문자(키릴 문자)와 정교 보급에 주력
896	(Hu.) 마자르족의 유럽 영토 진입과 헝가리 정착
907	(Sl.) 모라비아 왕국이 헝가리 왕국에 의해 멸망
915	(Cz.) 브라티슬라프 1세(재위 915-921) 시기 보헤미아 왕국 수립
917	(Bul.) 시메온 대제(재위 893-927) 시기 비잔틴 제국의 상당 부분을 차지하며, 최대 전성기 구가. 4대 복음서를 슬라브 문자의 기초인 글라골 문자로 번역
921-929	(Cz.) 성 바츨라프 시기 로마 교회(가톨릭) 수용. 932년 그의 시신이 성 비트 대성당에 안치된 후 체코 수호성인으로 자리매김
924	(Sr.) 세르비아 중세 왕국의 전신인 라쉬카 공국이 불가리아 제국에 의해 무너짐. 비잔틴 제국 또한 불가리아 제국의 침략으로 어려움에 처함
925	(Cr.) 토미슬라브(영주 재위 910-925, 왕 재위 925-928) 시기 로마 교황의 도움을 받아 최초 왕국 수립ㅍ. 이후 불가리아 제국과의 전투에 참전하여 927년 승리

960	(Pl.) 미에쉬코 1세 피아스트 왕조의 기틀을 마련
966	(Pl.) 미에쉬코 1세 시기 크리스트교(로마 교회, 가톨릭)로 개종
988	키예프 공국의 크리스트교(정교) 수용. 러시아 정교회로 발전
990	(Bul., Ma.) 오흐리드에 제1불가리아 제국의 수도(990-1015)가 세워졌고, 불가리아 총대주교가 수립됨(990-1018)
1000	(Hu.) 이슈트반 1세의 로마 교회(가톨릭) 수용과 왕위 대관식. 1083년 이슈트반 1세는 로마 교황청에 의해 성인으로 봉축됨. 이후 민족 수호성인으로 자리매김.
1015	(Bul.) 제1불가리아 제국이 비잔틴 제국에 의해 멸망
1018	(Pl.) 볼레스와프 1세는 우크라이나의 키예프 공국을 점령 후 '정복왕'이란 별칭을 얻음
1025	(Pl.) 볼레스와프 1세는 로마 교황에 의해 그니에즈노 대성당에서 폴란드 왕으로 등극. 로마 교황청이 직접 제작한 왕관이 수여됨.
1054	로마 교회와 콘스탄티노플 교회 간의 갈등으로 크리스트교 대분열. 이후 로마 교회는 가톨릭(서방정교)으로, 콘스탄티노플은 정교(동방정교)로 분화 발전.
1096	제1차 십자군 원정 이후로 13세기 말까지 8차례 이상 다양한 형태의 십자군 원정이 이루어짐.
1099	제1차 십자군이 예루살렘 점령 후 예루살렘 왕국 수립
1102	(Cr., Hu.) 즈보니미르(영주 재위 1064-1075, 왕 재위 1075-1089) 사후 크로아티아 왕권이 헝가리 왕국에게 넘어감
1185	(Bul.) 제2불가리아 제국(1185-1396/1422) 수립
1187	이집트 왕조의 이슬람교도인 살라딘이 예루살렘 탈환.
1189	예루살렘 재탈환을 위해 영국의 사자 왕 리처드를 비롯한 제3차 십자군 원정(1189-1192) 시작
1204	제4차 십자군 원정대(1202-1204)는 이슬람 지역이나 예루살렘이 아닌, 비잔틴 제국의 수도였던 콘스탄티노플을 공격하여 여러 약탈과 대량 살상을 감행. 이후 로마 교황의 허가에 따라 라틴제국(1204-1261)을 수립. 비잔틴 제국의 황족들은 여러 지역에서 망명 정권을 수립
1205	(Cr.) 베네치아 공국이 지원하는 제4차 십자군 원정에 의해 두브로브니크 (1205-1358 베네치아 공국 지배를 받음)를 비롯한 아드리아 해안 지역의 도시들이 베네치아 공국 하로 넘어감
1207	(Bul.) 카로얀(재위 1197-1207)이 비잔틴 제국을 차지하기 위해 라틴 제국과의 싸움에 참전 후 전사
1217	(Sr.) 네마니치(대족장 재위 1196-1217, 왕 재위 1217-1228)시기 세르비아 중세 왕국 수립
1219	(Sr.) 성 사바(1175-1235)에 의해 독립된 세르비아 정교 교구 수립

1233	(Pl.) 폴란드는 북부 프러시아 지역의 이교도 문제를 해결하기 위해 독일기사단에게 지원 요청. 하지만, 이후 독일 기사단의 폴란드 영토 침범이 확대
1235	(Bul.) 제2불가리아 제국 하에서 불가리아 독립 정교회 수립
1241	(Pl.) 몽고 타타르족의 폴란드 침공
	(Hu., Cz., Cr.) 몽고군의 헝가리 침공. 이후 헝가리와 크로아티아는 보헤미아 왕국 영향력 하로 편입
1273	(Cr., Hu.) 합스부르크 가문이 신성 로마 제국 황제로 선출. 크로아티아와 헝가리는 합스부르크 제국에게 충성 맹세
1275	(Cr.) 마르코 폴로(1254-1324) 일행은 원제국의 쿠빌라이 칸을 방문. 이후 1271년부터 1291년까지 이어진 그의 여행담은 책으로 저술되었고, 이것은 훗날 유럽인들의 신대륙 발견에 자극을 줌
1278	(Cz.) 보헤미아 왕국이 합스부르크 가문이 이끄는 신성 로마 제국에 의해 패배. 보헤미아 왕국의 몰락 시작과 합스부르크 제국 수립.
	(Hu., Cr., Slov.) 헝가리는 보헤미아로부터 독립 후 왕국 재수립. 크로아티아와 슬로베니아는 합스부르크 제국 하로 편입
1299	소아시아 지역에서 오스만 터키 부족의 세력 구축
1324-1384	성경 지상주의를 주장한 영국 옥스퍼드 대학의 위클리프 교수 활동 시기
1330	(Sr., Bul.) 세르비아에 의해 불가리아 대패. 이후 발칸 유럽에서 세르비아 세력 확대
1340년대	흑사병 발발로 당시 유럽 인구의 약 30%에 해당하는 2천 5백만 명이 사망. 이후 1700년대까지 총 100여 차례 창궐하여 유럽을 공포에 떨게 함.
1344	(Cz.) 카를 4세(왕 재위 1347-1378, 황제 재위 1355-1378)의 지원에 의해 프라하 가톨릭 교구가 대주교구로 승격
1345	(Sr.) 비잔틴 제국은 세르비아 왕국의 위협을 벗어나기 위해 소아시아의 오스만 터키족을 용병으로 요청하였고, 오스만 터키의 유럽 원정이 시작됨
1346	(Sr.) 세르비아의 최대 전성기를 이룬 두샨(왕 1331-1355, 황제 1346-1355)이 오늘날 마케도니아의 스코프예에서 '세르비아와 로마 제국의 황제'로 추대
1348	(Cz.) 카를 4세의 지원으로 프라하에 카를 대학교 설립(프랑스의 파리대학, 이탈리아의 볼로냐 대학, 영국의 옥스퍼드 대학과 함께 유럽 4대 명문 대학으로 성장)
1354	(Sr.) 세르비아 두샨 황제는 '두샨 법전'을 완성시킴
1355	(Cz.) 독일 왕과 보헤미아 왕에 이어 신성 로마 제국 황제가 된 카를 4세 시기에 들어와 프라하는 제국의 수도가 되었고, 이후 비약적 발전
1369-1415	(Cz.) 종교 개혁의 아버지인 얀 후스의 활동 시기, 얀 후스는 스승인 위클리프의 주장에 공감하며 종교 개혁의 필요성을 역설
1382	(Bul.) 소피아가 오스만 터키에 의해 점령
1385	(Pl.) 폴란드-리투아니아 연합 왕국 건설

1389	(Sr., Bul., Ro., Al.) 코소보 전투에서 오스만 터키군에 의해 세르비아 중심의 기독교 연합군 패배. 세르비아 중세 왕국의 실질적 몰락으로 이어졌고, 발칸 유럽의 크리스트교 왕국들 와해 가속화
1393	(Bul.) 수도인 벨리코 투르노보가 오스만 터키에 점령당한 후 속주가 됨

3) 중세 II (15세기-17세기): 종교 전쟁과 고난의 역사

년도	내용
1402	중앙아시아에 티무르 몽고 제국(1402-1413) 수립. 이후 오스만 터키를 침공하여 '앙카라 전투'에서 승리 후 한동안 점령. 이때 화포 등 아시아의 선진 무기들이 오스만 터키에게 전달됨
1410	로마 교황청은 위클리프 및 종교 개혁가들의 주장을 이단으로 규정.
	(Pl.) 독일 기사단은 폴란드와 리투아니아 연합군에 의해 그룬발트 전투에서 패배. 1519년 이후 폴란드에 패한 독일 기사단은 역사 속에서 사라짐
1415	(Cz.) 종교 개혁의 아버지인 얀 후스가 종교 재판에 의해 화형당함
1420	(Cz.) 후스파들을 중심으로 종교 개혁 운동 발발
1437	(Hu.) 계속되는 오스만 터키의 위협에 합스부르크 제국에게 보호 요청
1444	(Hu.) 헝기리가 중심이 된 '바르나 십사군'이 오스만 터키 군에게 패배
1453	비잔틴 제국의 수도인 콘스탄티노플이 화포 등 선진 무기를 내세운 메흐메드 2세(재위 1451-1481)의 오스만 터키에 의해 점령
1459	(Sr.) 세르비아 중세 왕국의 마지막 수도였던 스메데레보가 오스만 터키에 의해 점령당한 후 왕국 사라짐
1461	(B.-H.) 오스만 터키는 사라예보 점령 후 이슬람 도시를 건설
1463	(B.-H.) 보스니아 중세 왕국이 오스만 터키에 의해 점령당함
1476	(Ro.) 오스만 터키의 유럽 침공에 저항하던 발라히아 공국의 블라드 드라큘라(재위 1448, 1456-1462, 1476)가 패전 후 사망. 이후 드라큘라는 루마니아 민족의 수호 영웅으로 자리매김
1478	(Al.) 오스만 터키 지배하로 편입
1492	콜럼버스(1451-1506)의 새로운 항로 개척과 아메리카 등 신대륙 발견
1493	(Cr.) '피의 평원' 전투에서 오스만 터키군에게 패배
1517	유럽에서 종교 개혁 운동의 확대를 알리는 루터(1483-1546)의 95개조 반박문 부착
1522	필리핀 군도에서 사망한 마젤란(? - 1521)의 뒤를 이어, 그의 부하들은 남아메리카와 태평양을 가로지르며 최초로 세계 일주 성공

1526	(Hu.) 프랑스와 동맹을 맺은 오스만 터키의 헝가리 침공과 '모하치 전투'에서의 헝가리군 대패. 이후 헝가리는 오스만 터키의 조공 국가로 전락
1527	(Cr.) 합스부르크 제국 지배하로 편입
1529	(Hu.) 오스만 터키는 합스부르크 제국의 헝가리 영향력 확대를 저지코자 헝가리 재침공. 1541년 오스만 터키는 다시 헝가리를 재침공했고, 이후 오스만 터키의 제1차 비엔나 침공이 있었으나, 실패했음
1534	영국의 헨리 8세(재위 1509-1547)는 로마 교황청과 결별한 후 영국 성공회를 창설. 가톨릭의 권위 약화가 가속화됨
1543	(Pl.) 코페르니쿠스(1473-1543)의 지동설이 주장된 <천체순환에 관하여> 저서가 발표
1547	(Hu., Cr., Cz., Ro.) 합스부르크 제국과 오스만 터키 간의 협정에 따라 헝가리의 영토 분할 단행. 크로아티아, 보헤미아, 서부 헝가리는 합스부르크 제국 하로, 그리고 트란실바니아를 비롯한 중부 헝가리는 오스만 터키 지배를 받게 됨.
1569	(Pl.) 지그문트 2세(재위 1548-1572) 시기, 리투아니아와 국가 통합 단행
1573	(Pl.) 지그문트 2세 사망 이후 귀족 선거에 의한 왕위 선출 시작
1600-1629	(Pl.) 스웨덴과의 전쟁
1619	(Cz.) 프라하 성의 투척 사건으로 신교와 구교 간의 30년 종교 전쟁(1619-1648) 시작
1648	베스트팔렌 조약으로 30년 종교 전쟁이 막을 내렸고, 이후 군주에 의한 신앙의 자유로운 선택이 가능해짐
1654-1667	(Pl.) 러시아와의 전쟁
1663	(Cr.) 반합스부르크 저항 운동인 '즈린스키 봉기' 발발. 1671년 실패 후 자치권 약화
1672	(Pl.) 오스만 터키의 폴란드 침공
1683	오스만 터키의 제2차 비엔나 침공과 실패.
1686	(Hu.) 오스만 터키로부터 수도인 부다가 해방
1699	(Hu., Cr. Sr. B.-H.) 오스만 터키와 합스부르크 간 스렘스키 카를로브찌 조약 체결. 조약에 따라 제국 간 새로운 국경선이 책정되었고, 헝가리, 크로아티아, 세르비아 북부의 보이보디나 지방은 합스부르크 제국 하로, 세르비아 본토와 보스니아-헤르체고비나는 오스만 터키 하로 넘어감.

4) 근대(18세기-19세기): 농민 반란과 민족주의 시대

년도	내용
1703-1711	(Hu.) 합스부르크 제국 지배에 저항하는 라코쉬 봉기와 실패
1772	(Pl.) 러시아, 프러시아, 오스트리아에 의한 제1차 분할
1775	미국독립전쟁(1775-1781) 발발
1787	(Cz.) 모차르트(1756-1791)의 <돈 지오반니>가 프라하에서 초연
1789	프랑스 대혁명 발발
1793	(Pl.) 러시아, 프러시아에 의해 제2차 분할
1795	(Pl.) 러시아, 프러시아, 오스트리아에 의한 제3차 분할과 왕위 폐위
1797	(Pl.) 나폴레옹(황제 재위 1804-1814, 1815) 군대 휘하로 폴란드 군단 창설
1799	(Mo.) 오스만 터키로부터 몬테네그로 독립
1803	유럽 제국들과의 나폴레옹 전쟁(1803-1815) 시작. 유럽의 여러 민족들에게 프랑스 혁명 사상과 민족주의 의식 확대에 기여
1806	(Pl.) 프랑스의 지원으로 바르샤바 공국 수립
1808	(Cr.) 두브로브니크 공국 해체
1809-1813	(Slov., Cr.) 프랑스 통치 하에서 슬로베니아 상당 지역과 크로아티아의 아드리아 해안 지역이 일리리아 속주로 편입
1810-1849	(Pl.) 폴란드 민족 문화의 상징인 쇼팽의 활동 시기
1812	나폴레옹의 러시아 원정과 실패
	(Pl.) 그단스크 지역이 프로이센의 수도가 됨
1813	(Pl.) 러시아의 바르샤바 공국 점령
1814	나폴레옹의 몰락. 이후 열린 빈회의(1814-1815)에서 나폴레옹 이전 시기로 모든 것을 되돌리는 데 열강들 합의
1816	(Pl.) 러시아 지배 지역의 폴란드 땅에서 바르샤바 대학 설립
1829	(Sr.) 세르비아는 오스만 터키로부터 자치권 획득
	(Ro.) 발라히아와 몰도바도 오스만 터키로부터 자치권 획득
1838	(Ro.) 라틴어를 쓰는 로마인을 상징하는 '로무니아'란 용어의 등장. 민족주의 시대에 스스로를 라틴 민족의 후예로 규정하기 시작
1841-1904	(Cz.) 체코가 낳은 세계적인 국민 음악가인 드보르작의 활동 시기
1844	(Sr.) 가라샤닌(1812-1874)에 의해 영토적 확대에 기초한 '세르비아니즘' 이론이 구축

1848	2월 프랑스 파리 혁명. 제국 지배하의 피지배 민족들에게 독립 의지 고취시킴
1848-1849	(Hu.) 합스부르크 제국 지배에 저항하는 코슈트 혁명 발발과 실패
1849	(Hu.) 부다와 페스트를 잇는 세체니교 완성
1850	(Sr., Cr.) 세르비아어와 크로아티아어 학자들 간의 어문협약 체결. 세르보크로아트어 기초 수립
1853	(Hu.) 리스트(1811-1886)의 <헝가리 광시곡> 완성
1853-1856	크림반도를 중심으로 러시아 대 영국, 프랑스, 오스만 터키 연합군 간의 크림 전쟁이 발발. 전쟁에서 패한 러시아는 발칸반도와 흑해에서의 영향력을 한동안 상실
1854	(Hu.) 오스트리아에 의해 부다페스트의 치타델라 요새 완성. 오스트리아의 헝가리민족에 대한 통제 강화
1859	다윈의 <종의 기원> 발표. 크리스트교적 종교관에 큰 타격
	(Ro.) 발라히아 공국과 몰도바 공국을 서로 합친 연합 국가 추진. 1862년 연합국가 탄생. '로무니아(루마니아)' 국호 사용
1863	(Sr.) 베오그라드 대학교 설립
1867	(Hu.) 1866년 비스마르크가 이끄는 프로이센과의 싸움에서 패한 이후, 합스부르크 제국은 독립하려던 헝가리를 설득하여 '오스트리아-헝가리 이중 제국'을 수립.
1874	(Cz.) 체코 음악의 살아있는 신화로 불리는 스메타나(1824-1884)의 대표작 <나의 조국>이 완성
	(Cr.) 자그레브 대학교 설립
1878	1877년부터 시작된 러-터 전쟁의 결과, 3월 산스테파노 조약과 6월 베를린 조약을 거치며 터키 하에 있던 발칸 유럽 국가들의 독립이 확정됨
	(B.-H.) 터키 하에 있던 보스니아-헤르체고비나는 이후 오스트리아 지배하로 편입
	(Ro.) 공용문자를 기존의 키릴 문자에서 라틴 문자로 대체. 프랑스와의 교류 및 관계 확대
1881	(Ro.) 루마니아 왕국 선언
1882	(Sr.) 세르비아 왕국 선포
1883-1923	(Cz.) <착한 병사 슈베이크> 등 여러 작품을 통해 풍자문학의 대가로 불리게 된 하셰크의 활동 시기
1883-1924	(Cz.) 체코가 사랑하는 문학 거장인 카프카의 활동 시기
1886	(Cr., Sr.) 테슬라(1856-1943)는 에디슨과 치른 '전류 전쟁'에서 승리. 1891년 개발된 테슬라 변압기(테슬라 코일) 외에도 다양한 발명품들을 개발
1897	(Ro.) 아일랜드 극작가 브람 스토커(1847-1912)가 역사적 실존 인물인 드라큘라를 소재로 소설 <드라큘라>를 출간

5) 현대 I (20세기 초-1944): 양차 세계대전과 동유럽

년도	내용
1902	(Hu.) 헝가리 국회 의사당 완공
	(Ro.) 에네스쿠(1881-1955)의 대표작 중 하나인 <루마니아 광시곡> 완성
1903	(Pl.) 퀴리 부인 노벨 물리학상 수상
1905	(Pl.) 시엔키에비츠 <쿼바디스>로 노벨 문학상 수상
	(Hu.) 성 이슈트반 가톨릭 성당 완공
1907	(Bul.) 러시아 생물학자인 메치니코프가 <생명의 연장>이란 책에서 불가리아를 요구르트 섭취에 따른 장수국가로 거명. 1908년 노벨 생리학상, 의학상 수여
1908	(B.-H.) 오스트리아는 보스니아-헤르체고비나를 합병시킴. 세르비아의 강력한 반발
	(Bul.) 오스만 터키로부터 독립선언
1911	(Pl.) 퀴리 부인 노벨 화학상 수상
	(Bul. Sr. Mo.) 불가리아, 세르비아, 몬테네그로, 그리스는 '발칸동맹'을 결성
1912	(Bul. Sr. Mo.) 10월 러시아의 지원을 받는 발칸동맹국 대 오스만 터키 간의 제1차 발칸전쟁 발발. 1913년 5월 런던 조약 체결로 알바니아가 독립되었으며, 발칸반도의 대부분 지역이 발칸동맹국 소유로 넘어감
1913	(Bul., Sr., Ro., Mo.) 런던 조약의 영토 분배에 불만을 품은 불가리아가 6월 세르비아, 그리스를 공격하여 제2차 발칸전쟁 발발. 세르비아, 루마니아, 몬테네그로, 그리스, 터키 등 연합군이 불가리아와 싸움하여 승리. 8월에 부쿠레쉬티 조약으로 불가리아는 제1차 발칸전쟁에서 획득한 영토를 거의 상실
	(Al.) 부쿠레쉬티 조약으로 독립 획득
1914	(B.-H.) 6월 세르비아 청년의 오스트리아 황태자 부처를 향한 사라예보 총격 사건으로 동년 7월 제1차 세계대전 발발
1917	3월과 11월 러시아 혁명 발발. 로마노프 왕조 몰락과 레닌 중심의 소비에트 정부 탄생
	4월 미국의 독일 선전포고와 제1차 세계대전 참전
1918	미국의 윌슨 대통령(재직 1913-1921)은 '민족 자결주의'를 통해 동유럽 국가들의 독립 국가 수립 필요성 역설
	11월 제1차 세계대전 종결
	(Ro.) 제1차 세계대전 이후 헝가리의 트란실바니아 지역과 불가리아의 벳사라비아 지역을 새롭게 편입하는 데 성공
	(Bul.) 패전국이 됨에 따라, 도브로제아(도부르자) 지역은 루마니아에, 마케도니아 지역은 그리스에 넘어감.

1918	(Pl.) 과거 외세 지배하에 있던 지역들을 통합하여 독립 국가 건설
	(Hu.) 10월 패전이 짙어가던 오스트리아로부터 독립을 선언했으나, 패전에 따라 트란실바니아를 비롯한 대전 이전 영토의 71%, 인구의 66%를 상실
	(Cz., Sl.) 11월 패전국인 오스트리아와 헝가리로부터 영토를 탈환하여 체코슬로바키아 공화국 수립
	(Sr., Cr. B.-H., Slov., Ma., Mo.) 12월 최초의 남슬라브족 왕국으로 '세르비아-크로아티아-슬로베니아 왕국'수립
1919	제1차 세계대전을 종결짓는 베르사이유 강화조약에 따라 동유럽 민족들을 비롯해 패전국 하 피지배 민족들의 독립이 이루어짐
1921	(Pl.) 러시아와의 리가 조약으로 리투아니아, 벨라루스, 우크라이나 상당 영토 편입. 이것은 이후 제2차 세계대전 직전 러시아의 폴란드 분할 빌미 제공
	(Cz.) 차페크는 유토피아적 성향의 희곡 <로섬의 만능 로봇, R.U.R>을 발표해 세계에서 '로봇(Robot)'이라는 단어를 처음으로 사용
1928	(Cr., Sr.) 크로아티아 농민당 당수 라디치 암살. 왕국 내에서 세르비아인과 크로아티아인 간의 갈등 심화
1929	10월 미국발 경제 대공황 시작
	(Sr., Cr. B.-H., Slov., Ma., Mo.) '세르비아-크로아티아-슬로베니아 왕국'이 세르비아 왕실 중심의 '유고슬라비아 왕국'으로 국명 개칭. 비세르비아인들의 반발 확대
1934	독일 나치당의 권력 장악과 히틀러 총통의 등장
1938	3월 독일은 오스트리아 합병.
	(Cz.) 9월 뮌헨 협정을 통해 체코의 슈데텐 지역 병합
1939	(Sl., Cz.) 3월 슬로바키아가 체코슬로바키아로부터 독립 선언. 독일군 체코 프라하에 입성
	(Al.) 이탈리아 보호령이 됨
	8월 독-소 불가침 조약 체결.
	(Sr., Cr.) 8월 유고슬라비아 왕국은 크로아티아의 독립 저지를 위해 왕국 내 크로아티아 국가 수립 인정
	(Pl.) 9월 독일군의 폴란드 침공과 제2차 세계대전 발발
1941	(Cr., B.-H.) 4월 크로아티아 본토와 보스니아-헤르체고비나 지역이 포함된 '크로아티아 독립 국가'가 히틀러의 지원에 의해 건설됨
	6월 독일군의 소련 공격으로 양국 간 불가침 조약 해체
1944	(Pl.) 4월 독일군에 대한 유태인 저항운동 확대. 8월 바르샤바 대봉기

6) 현대 II (1945-1989): 사회주의 체제 시기

년도	내용
1945	2월 연합국 간의 얄타회담
	7월과 8월 포츠담 회담
	(Cr., Sr., B.-H., Slov., Ma., Mo) 티토 중심의 유고슬라비아 사회주의 연방 수립
1946	(Bul., Al., Hu.) 인민공화국 선포
1947	(Ro.) 군주제 폐지 및 공산정권 수립
1948	(Cz., Sl.) 2월 체코슬로바키아 사회주의 공화국 수립
	(Cr., Sr., B.-H., Slov., Ma., Mo) 6월 티토와 스탈린 간의 갈등으로 코민포름 분쟁 발생. 유고슬라비아는 코민포름에서 축출되었고, 이후 소련과 이웃 사회주의 국가들로부터 군사, 경제, 외교적인 위협을 받게 됨
1949	(Ro.) 게오르규(1916-1992)의 소설 <25시>가 파리에서 출간
1953	스탈린 사망과 권력 투쟁 가속화.
1955	스탈린 격화 운동과 함께 후르시쵸프의 '평화 공존론'
	사회주의 군사 공동체인 바르샤바 조약 기구 창설
1956	(Hu.) 나지의 자유화 정책과 6월 헝가리 혁명. 11월 바르샤바 조약군의 헝가리 투입과 혁명 실패
1958	(Ro.) 소련군 철수
1961	(B.-H., Sr., Cr.) 이보 안드리치(1892-1975)가 <드리나강의 다리>로 노벨 문학상을 받음
	(Al.) 친 중공 우선 외교정책으로 전환
1965	(Ro.) 차우체스쿠(당서기장 1965-1989, 대통령 1974-1989) 당서기장 임명
1967	(Ro.) 공산 국가 최초로 서독과 외교 관계 수립
	(Cz.) 10월 프라하 학생 기숙사의 열악한 환경에 대한 학생 운동 발생
	(Al.) 세계 최초로 무신교 국가 선포
1968	(Cz., Sl.) 1월 온건적 개혁 성향의 슬로바키아 출신의 두프체크가 당서기장으로 선출
	(Cz., Sl.) 4월 인간의 얼굴을 지닌 사회주의 개념이 내포된 '사회주의로 나가는 체코슬로비키이의 길'이 선언됨

1968	(Cz., Sl.) 6월 체코슬로바키아의 투쟁의 역사를 강조하는 '2,000어 선언' 발표
	(Cz., Sl.) 8월 소련군을 비롯한 20만 명의 바르샤바 조약군의 프라하 침공과 프라하 혁명 실패
	(Ro.) '프라하의 봄' 진압에 참여하지 않고 이를 거부함
	(Al.) 소련의 체코 침공을 비난하고 바르샤바 조약 기구 탈퇴
1970	(Pl.) 12월 서독의 빌리 브란트 총리의 유태인 학살 사과
1971	(Ro.) GATT에 가입하며 서방과의 관계 개선 노력 및 자주적 외교 노선 구축
1977	(Cz.) 사회주의 체제에 반대하는 의미를 지닌 '77헌장' 발표
1978	(Pl.) 10월 요한 바오로 2세 로마 교황에 선출
1980	(Pl.) 그단스키 조선소 파업과 자유 연대 노조 결성
	(Sr., Cr. B.-H., Slov., Ma., Mo.) 5월 티토(1892-1980) 사망
1984	(Cz., Sl.) 1968년 프라하의 봄을 형상화한 밀란 쿤데라의 <참을 수 없는 존재의 가벼움> 발표. 이후 동유럽 민주화를 상징하는 대표작으로 인정됨
1987	(Sr.) 밀로쉐비치(세르비아 대통령 1989-1997, 유고 연방 대통령 1997-2000) 코소보 언덕에서의 강력한 세르비아 민족주의 발언. 이후 권력 획득
1989	베를린 장벽 붕괴를 전후로 동유럽 국가들의 자유화, 민주화 등 체제 전환 움직임 확대
	(Pl.) 4월 자유 연대 노조와 공산당 간의 원탁회의. 다당제 도입 및 민주선거 합의
	(Ro.) 12월 동유럽의 마지막 독재자인 차우체스쿠의 몰락과 총살형
	(Sr.) 밀로쉐비치는 코소보 자치권을 박탈. 코소보 내 알바니아계의 반발과 갈등 확대

7) 현대 III (1990–오늘날): 민주 국가로의 체제 전환과 EU 편입

년도	내용
1991	(Cr., Slov., Sr.,) 6월 크로아티아, 슬로베니아가 유고슬라비아 연방으로부터 독립을 선언. 세르비아는 적극적으로 반대하며 유고 내전이 확대됨
	(Ma.) 11월 마케도니아가 유고슬라비아 연방으로부터 독립 선언
1992	(B.-H., Sr.) 3월 보스니아-헤르체고비나의 독립 선언과 함께 이를 반대하는 이 지역 내 세르비아 소수 민족과의 내전이 격화
	(Sr., Mo.) 4월 세르비아와 몬테네그로가 연합하여 신유고슬라비아 연방 구성
1993	(Cz., Sl.) 1월 '벨벳 결별'에 따라 체코와 슬로바키아로 각각 합의 분리

1995	(Ma.) 9월 이후 국명 등 독립과 관련한 그리스와의 합의로 '구유고슬라비아의 마케도니아 공화국'이란 국명으로 개칭
	(B.-H.) 11월 미국이 주도한 데이턴 합의안에 의해 보스니아 및 유고 내전 종결
1996	냉전 이후 세계 질서를 규정한 헌팅턴의 <문명의 충돌> 발표
	(Sr.) 코소보 독립을 목적으로 한 코소보 해방군 창설
1998	(Al.) 피라미드 사기 금융 사건에 따른 유혈 폭동과 내전 발생. 대량무기들이 인근의 코소보 해방군에게 유출
	(Sr.) 코소보 해방군과 세르비아 진압군 간의 충돌로 코소보 유혈 사태 확대. 미국과 서유럽 국가들의 평화 회담(랑부예 회담) 추진
1999	(Sr.) 3월 NATO 군의 공습으로 코소보 전쟁 발발. 6월 러시아의 중재로 종결
	(Cz., Pol., Hu.) 3월 NATO에 가입
2000	(Sr., Mo.) 10월 세르비아의 민주화 혁명으로 밀로쉐비치 권좌에서 축출. 이후 헤이그 전범 재판소로 이송
2001	(Pl.) 요한 바오로 2세는 그리스 방문 시, 제4차 십자군 및 과거 십자군들의 약탈 및 침략 행위에 대한 공식 사과
2004	(Slov., Sl., Bul., Ro.) 3월 NATO 가입
	(Pl., Cz., Sl., Hu., Slov.) 5월 EU 가입
2005	(Pl.) 4월 요한 바오로 2세 로마 교황 선종
2006	(Sr.) 3월 밀로쉐비치가 헤이그 재판소 수감 도중 심장마비로 사망
	(Mo.) 6월 세르비아와의 연방 관계를 청산하고 독립 국가 선포
2007	(Slov.) 1월 유로존 가입
	(Bul., Ro.) 1월 EU 가입
2008	(Sr.) 2월 세르비아로부터 코소보의 일방적인 독립 선포. 현재 독립을 둘러싼 국제 사회의 갈등이 지속되고 있음
2009	(Sl.) 1월 유로존 가입
2013	(Cr.) 7월 크로아티아 EU 가입
2017	(Mo.) 6월 몬테네그로 NATO 가입
2019	(Ma.) 2월 그리스와의 합의로, 마케도니아 국명 변경(→북마케도니아)
2020	(Ma.) 3월 북마케도니아 NATO 가입(30번째 회원국)
2023	(Cr.) 1월 크로아티아 유로존 가입

주석

1) 국제 분쟁 해결을 위한 방법에는 통상 '현실주의적 전략접근 방법'과 '이상주의적 전략 접근 방법'이 존재하고 있다. 전자의 핵심 요소는 국가의 우월한 힘(Power)을 기초로 한 '선공격 후협상' 전략을 구사하고 있으며, 이러한 방법의 성공을 위해선 무엇보다도 국가의 군사력과 경제력이 상대국에 비해 압도적인 우위를 확보하고 있어야 한다. 반면, 통상 국제기구와 국제 협상에서 자주 사용되는 방법으로 쓰이는 후자의 방법은 서로 간의 장시간 토론과 협상의 단계를 거친 후, 최후의 수단으로 물리적인 군사력을 결정하는 '선협상 후공격' 전략이라 할 수 있다. 냉전이 끝나가던 1980년대 무렵 미국 등 서유럽 국가들은 소련 등 동유럽 국가들보다 우월한 경제력을 바탕으로 군사력에 바탕을 둔 현실주의적 전략들을 주로 선호하여 왔으며, 이것은 적어도 2008년 경제 금융 위기 전까지 지속되었다고 할 수 있다.
2) 역사적으로 보았을 때, 통상 강대국들은 자국을 둘러싼 인근 지역들을 중요한 이해 지역으로 설정하고, 이들 지역들을 자신의 직접적인 영향력 하로 편입시키려는 전략을 구사해 왔다. 따라서 18세기 이후로 20세기 말까지 러시아(뒤이어 소련)의 힘이 유럽을 넘보게 되었을 무렵, 동유럽 지역은 서유럽 공략을 위한 러시아(소련)의 중요한 이해 지역이 되기도 했으며, 한편으로는 서유럽 국가들이 자국과의 직접적인 국경을 맞대지 않고, 이를 일차적으로 보존해 줄 수 있는 중요한 완충지대로써 여겨왔다고 할 수 있다.
3) 19세기 오스만 터키 지주들의 크리스트교 농민들에 대한 착취와 탄압, 그리고 이에 저항하는 농민 봉기 확산은 발칸반도에 대한 서구 열강들의 관심과 간섭을 확대시켰다. 당시 발칸반도는 식민지 획득을 위한 오스트리아의 '동진정책'과 부동항 획득을 위한 '남진 정책'을 추진하던 러시아의 각축장이 되어 있었다. 1877년 4월 슬라브족 보호를 이유로 터키에게 선전포고를 한 러시아는 승리 후, 1878년 3월 발칸 유럽 민족들의 독립을 약속한 '산스테파노 조약'을 맺게 된다. 이것은 곧바로 러시아 영향력 확대에 대한 서구 열강들의 우려를 낳았고, 비스마르크 중재를 통해 동년 6월 '베를린 조약'이 다시 체결되게 된다. 이에 따라 불가리아의 영토가 40%가량 축소되어 터키에게

다시 넘겨졌고, 그 대가로 오스트리아는 터키로부터 보스니아의 행정권을 얻는 등 서구 열강들의 발칸반도 영향력이 확대되었다.

4) 아이러니하게도 크리스트교는 자신들을 그토록 박해하였던 로마 제국에 의해 세계적인 종교로 발전할 수 있는 기틀을 마련했다고 할 수 있다. 특히 392년 크리스트교가 제국의 국교로 인정된 이후 크리스트교는 비약적인 발전을 하게 되는데, 반면 이에 따른 후유증과 갈등 또한 대두되게 된다. 크리스트교 교리를 둘러싼 일련의 갈등들은 주로 수차례 이어진 공의회들을 해서 결정되고 현재까지 존중되어져 왔다. 이 당시 결정된 중요 사안들로 오늘날 크리스트교 여러 종교에 영향을 미치고 있는 것들로는 예수와 하나님이 인성과 신성을 고루 갖추었다는 양성론자들과 오직 신성만을 지니고 있다 주장하는 단성론자들 간의 싸움, 성상 사용이 신을 모독하는 행위인지 아닌지를 둘러싼 성상 사용 문제에 관한 논쟁 그리고 성삼위 일체론을 둘러싼 갈등 등 다양한 갈등 등을 들 수 있다.

5) 제4차 십자군의 콘스탄티노플 점령과 약탈, 신성 모독 행위 그리고 이후 수립된 라틴 제국에 대한 로마 교황의 승인은 오늘날까지 가톨릭과 정교회 간의 씻을 수 없는 불신과 갈등을 낳았다고 할 수 있다. 이에 대해 폴란드 출신의 로마 교황, 요한 바오로 2세는 2001년 정교회에게 진심 어린 유감과 사과의 뜻을 전달하였고, 이를 기리기 위하여 제4차 십자군의 콘스탄티노플 점령 800주년이 되던 2004년 로마 교회와 정교회는 서로 간의 화해를 교환하였다.

6) 러시아가 정교 국가가 된 배경은 자신들의 정신적 고향이라 할 수 있는 키예프 공국(오늘날 우크라이나)의 블라디미르 1세가 988년 콘스탄티노플 교회(정교)로부터 크리스트교를 받아들이면서부터라 할 수 있다. 당시 블라디미르 1세는 라틴어 예배를 고집하고 로마 교황에 대한 충성을 요구하는 로마 교회(가톨릭)보다는, 자신들의 고유한 문자에 바탕을 둔 키릴 문자와 슬라브어 예배를 허용하는 정교에 보다 많은 관심을 지니고 있었다. 콘스탄티노플 교구 하에 있던 러시아 정교회가 독자적인 교회로 발전하게 된 계기는 1453년 비잔틴 제국의 수도인 콘스탄티노플이 오스만 터키에게 정복당한 후부터라 할 수 있다. 키예프 공국의 뒤를 이었던 모스크바 공국은 이후부터 자신을 동로마(비잔틴) 제국의 계승자로 자처하며, 1472년 이후로 쌍두 독수리 문장 사용과 함께 짜르(황제)란 칭호를 사용하게 되었다.

7) 1763년 영국은 캐나다 등 북아메리카 식민지 확보를 둘러싼 프랑스와의 7년 전쟁에서 승리하였지만, 오랜 전쟁은 재정 상태를 어렵게 만들었고 이에 대한 부담을 상당 부분 자신들의 식민지였던 미국 13개 주에 일방적으로 요구하게 된다. 더불어, 영국 정부는 북아메리카 내 인디언 원주민들의 불만을 잠재우기 위해 미국인들의 서부 개척 행위를 금지하는 법안을 통과시켰다. 이러한 영국 본국의 일방적 결정은 미국인들의 불만을 낳았고, 결국 1775년 영국의 '차 세금 법'에 항의하는 보스턴 차 사건을 계기로 독립 전쟁이 시작되게 된다. 이후 1776년 미국의 13개 주 식민지 대표들은 독립 선언문을 채택하고, 조지 워싱턴 초대 대통령은 영국과의 전쟁에서 승리 후 1783년 파리 조약을 통해 완전한 독립국을 선포하게 된다.

8) 이 외에도 원시 슬라브족의 문명과 최초 근거지에 대한 논의로는 첫째, 원시 슬라브인들의 발원지가 오데사(Odessa) 인근의 다뉴브강 유역이며 슬라브어가 게르만어에 영향을 받았다는 주장이다. 두 번째는 석기시대 이후로 원시 슬라브인들이 현재 키예프 북쪽에 자리한 프리페트(Pripet)강 유역 습

지에서 정착촌을 형성하였다는 주장을 들 수 있다. 하지만, 이러한 주장들은 양차 세계대전 사이 슬라브 민족을 열등 민족으로 보려는 일부 극우 민족주의 학자들과 정치가들이 자신들의 영토 확장을 위해 인위적으로 만들어 낸 것이라 할 수 있다.

9) 18세기 계몽주의 시대, 동유럽 내 여러 지식인들을 중심으로 민족 정체성 인식 확대와 기존 유럽의 제국주의 질서에 저항하고자 하는 일련의 움직임들이 활발하게 전개되었다. 특히, 18세기 말 프랑스 혁명과 19세기 초 나폴레옹 전쟁 확대를 통해 동유럽 민족들은 지배 민족과 다른 자신들의 민족 정체성을 보다 확실히 인식할 수 있게 되었고, 피지배 상태를 벗어나 자신들의 민족-국가를 수립하고자 하는 의욕을 확산시키게 된다. 그 결과, 19세기 유럽 및 세계 전역으로 민족주의가 확대되었으며, 동유럽 민족들 간에는 슬라브 민족주의, 일리리즘 운동 등 다양한 민족주의 형태들이 등장하게 되었다.

10) 1938년 3월 오스트리아를 합병한 히틀러는 곧이어 독일인들이 다수 거주하고 있던 체코의 슈데텐 영토 합병을 추진해 나갔다. 이에 대해 체코슬로바키아는 프랑스와의 군사 협정은 물론 소련의 스탈린과도 일련의 협력 조약을 맺으며, 히틀러의 야심을 대비하였다. 얼마 뒤 히틀러는 슈데텐에서의 체코슬로바키아 군대 퇴각을 요구하였고, 체코슬로바키아 정부는 독일과의 전면전에 대비한 총동원령을 내리게 된다. 하지만, 당시 영국과 프랑스는 독일군과의 전쟁 대비에 미흡한 상태였고, 따라서 체코슬로바키아를 제외한 채, 영국, 프랑스, 독일, 이탈리아 등이 1938년 9월 뮌헨에 모여 히틀러의 전쟁 재발 방지 약속을 조건으로 슈데텐 지방의 독일 합병을 승인하게 된다.

11) 마셜 플랜은 미국 국무 장관 조지 마셜(George Catlett Marshall, 1880-1959)에 의해 제창된 유럽 경제 부흥 계획으로, 미국은 이를 통해 유럽 내 공산주의 확산 방지와 미국식 자유 민주주의 확대에 주력하고자 했다. 실제, 제2차 세계대전 이후 전 세계 곳곳에는 미 · 소 양대 블록 간 냉전이 본격화되고 있었다. 당시 미국은 1948년부터 1951년까지 약 120억 달러가 넘는 경제 원조를 서유럽 16개국에게 단행하였고, 서유럽 국가들은 이를 기초로 다시 한번의 경제 부흥의 기반을 마련하게 된다.

12) 후르시쵸프가 구상한 사회주의 국제 분업은 동유럽 사회주의 국가들 간의 경제 분업을 통해 경제 발전을 도모하자는 취지를 담고 있었다. 이에 따르자면, 소련과 체코슬로바키아 등 2차 산업 경제가 발전된 동유럽 국가들은 중공업 우선 정책을, 반면 루마니아나 불가리아 등 1차 산업이 발달된 국가들은 원자재 제공 및 농 · 목축업 국가로 특화 발전시키는 것을 골자로 하고 있었다.

13) 1948년 코민포름 분쟁 이후 소련은 유고슬라비아에 대한 정치, 경제, 외교적 봉쇄 외에도, 유고슬라비아와 국경을 이루는 지역들의 소수 민족 소개령과 함께 군사적 위협을 가하기 시작하였다. 더불어, 유고슬라비아 침공 계획을 1950년 여름으로 정하고 이를 준비하게 된다. 하지만, 1950년 6월 한국 전쟁 발발에 따라 소련의 유고슬라비아 침공 계획은 그해 가을로 늦추어져야 했으며, 이어 한국 전쟁의 장기화에 따라 결국 침공 계획을 포기해야만 했다.

14) EMU(경제통화동맹: Economic and Monetary Union), 즉 유로존 가입의 충족조건은 다음과 같이 크게 4가지로 분류해 볼 수 있다. 우선, '물가안정'으로 물가 상승률이 EMU 가입국 중 최저 3개국 평균보다 1.5% 이상을 초과하지 않아야 한다. 둘째, '재정적자 규모의 적절성'으로 재정적자

규모가 GDP(국내총생산)의 3% 미만이어야 하며, 정부의 공공부채 규모는 GDP의 60% 이내여야 한다. 셋째, '장기금리 기준'으로 중장기 이자율이 최저 3개국 평균보다 2% 이내야 한다. 마지막으로, '환율안정' 부분인데, 환율 변동 폭은 ERM에서 규정한 상하 2.25% 변동 폭을 최소 2년 이상 유지해야 한다는 등이다.

15) 제2차 세계대전 말기 소련의 동유럽 진주와 공산화 과정의 특징은 철저하게 동유럽 국가들의 국내 공산당 세력 약화와 소련을 추종하는 소련파들의 권력 장악에 초점을 맞추어 진행되었다는 점을 들 수 있다. 특히 국내 공산당 세력이 강하였던 폴란드의 경우 소련의 정책은 보다 분명한 메시지를 가지고 진행되게 된다. 더불어, 유고슬라비아의 티토에 대해서도 이와 유사한 정책이 구사되었으나, 티토는 소련의 직접적인 도움이 없는 가운데서도 일련의 위기와 독일군의 대규모 공격을 이겨내고, 마침내 동유럽 국가 중에선 유일하게 독자적 공산화를 구축하는 데 성공하였다.

16) 금인칙서의 주요 내용은 신성 로마 제국의 일곱 선제후의 권위와 상징성을 존중해주고, 교황의 명에 의해서가 아닌 이들 선제후들의 다수결 투표에 의해 제국의 황제가 부임된다는 것을 골자로 하고 있다. 무엇보다도 금인칙서는 당시 황제 계승의 문제를 놓고 황제권과 교황권이 갈등이 존재하던 상황에서 교황권의 쇠락을 의미하였다.

17) 1977년 1월 하벨을 비롯한 243명의 지식인들이 동참해 발표한 '77헌장'은 사회주의 체제에 대한 체코슬로바키아의 반체제 운동을 상징하는 문서이다. '77헌장'의 주요 내용은 1975년 헬싱키에서 채택된 '헬싱키 조약'의 내용, 즉 동등한 주권 인정, 무력 사용과 위협 중단, 내정 불간섭, 사상, 양심, 종교, 신앙 등 기본적 자유와 인권 존중 등을 골자로 하고 있다. 무엇보다도 유럽 안보의 기초와 국가 간 관계를 규정한 이 조약에 유럽의 상당 국가들이 참여하였고, 이후 이것은 당시 동유럽 국가 내에서 자행되고 있던 사회주의 체제의 인권 유린의 문제와 결부되면서 커다란 반향을 일으키게 된다.

18) 오랜 세기 동안 루마니아는 주변 슬라브족들, 특히 러시아와의 갈등과 영토적 싸움에서 비롯된 민족 위기와 고통을 겪어왔었다. 18세기 이후로 들어와 부동항 획득과 남진 정책을 구체화하려 했던 러시아가 주요 전략적 요충지로 흑해 연안과 발칸반도에 대한 영향력을 확대하고자 하자, 지리적으로 러시아와 가까웠던 루마니아인들은 러시아와 수차례 충돌과 갈등을 겪게 된다. 당시 루마니아 지식인들은 러시아가 추진하였던 슬라브주의 동화 정책에 대항하기 위해, 19세기 이후로 강력한 라틴 민족주의를 구축해 나갔다. 이를 위해 루마니아인들은 러시아를 비롯한 발칸반도 슬라브 민족들의 고유 문자인 키릴 문자를 라틴 문자로 대체하였으며, 언어에 있어서도 라틴어에 기초한 독자적인 문화 정체성을 구축하고자 노력하였다.

참고문헌

1. 국내 문헌

강태용, 『동방정교회』, 도서출판 정교, 1996.

권재일, 『체코슬로바키아사』, 대한교과서 주식회사, 1995.

권혁재 외, 『동유럽 신화』, 한국외국어대학교 출판부, 2008.

김광수, 『역사로 본 동유럽의 정치와 경제』, 두남, 1999.

김규신, 『러시아, 동유럽 문학·예술기행』, 한국외국어대학교 출판부, 2005.

김랑, 『크로아티아 블루』, 백도씨, 2011.

김성기, 『루마니아학 입문』, 한국외국어대 출판부, 2005.

김성진, 『발칸분쟁사: 유고슬라비아 내전의 역사』, 우리문학사, 1997.

김성환, "구유고지역의 언어상황과 민족주의", 『동유럽 발칸학』, Vol. 1, 한국동유럽 발칸학회, 1999.

김용덕, 『재미있는 폴란드 역사 이야기』, 다해, 2006.

김철민, 『보스니아 역사 : 무슬림을 중심으로』, 한국외국어대학교 출판부, 2005.

______, "내전 종결 10년, 보스니아 민족문제의 현황과 평화협정 이행연구", 『유럽연구』, Vol. 25, No. 1, 한국유럽학회, 2003.

______, "크로아티아인의 발칸 유럽 정착과 중세 왕국의 발전사 연구", 『동유럽 발칸학』, Vol. 9, No. 1, 한국동유럽 발칸학회, 2007.

______, 『동유럽의 민족분쟁: 보스니아, 코소보, 마케도니아』, 살림출판사, 2007
______, 『한국 전쟁과 동유럽』, 아카넷 출판사, 2008.
______, "양극 균형체제(냉전)하에서 중소국의 외교적 선택", 『세계 정치』, Vol. 30, No. 1, 서울대학교 국제문제연구소, 2009.
______, 『발칸 유럽 사회와 문화』, 한국외국어대학교 출판부, 2010.
______, 『발칸 유럽 민족문제의 이해: 민족 기원과 민족주의』, 한국외국어대학교 출판부, 2010.
김철민, 김원회, 『또 하나의 유럽, 발칸 유럽을 읽는 키워드』, 한국외국어대학교 출판부, 2009.
나이, 조지프 저, 양준희 역, 『국제분쟁의 이해: 이론과 역사』, 한울 아카데미, 2000.
두샨 바타코비치 저, 정근재 역, 『세르비아의 역사』, 도서출판 선인, 2001.
들루슈, 프레데리크 편, 윤승준 역, 『새유럽의 역사』, 까치, 1995.
밀란 쿤데라 저, 김규진 역, 『참을 수 없는 존재의 가벼움』, 한국외국어대학교 출판부, 1995.
박정오, 『신화의 나라, 드라큘라의 나라』, 한국외국어대학교 출판부, 2007.
서울대학교 국제문제 연구소 편, 『동유럽의 정치와 경제를 아는 사전』, 한길사, 1994.
새무엘 헌팅턴 저, 이희재 역, 『문명의 충돌』, 김영사, 2007.
신우태, 『성 끼릴과 함께 떠나는 중세 여행』, 명지출판사, 2001.
안성호 편저, 『동유럽 민족문제연구』, 도서출판 개신, 2002.
안토니 파그덴 저, 한은경 역, 『민족과 제국』, 을유 문화사, 2003.
안토닌 비텔 외 저, 권재일 역, 『체코지역연구』, 한국외국어대학교 출판부, 2003.
이보 안드리치 저, 김지향 역, 『드리나강의 다리』, 문학과 지성사, 2005.
______, 정근재 역, 『보스니아 종교 문화사』, 문화과학사, 1998.
이상협, 『헝가리사』, 대한교과서 주식회사, 1996.
이상협, 김지영, 『헝가리 전통 문화연구』, 도서출판 다해, 2007.
이정희, 『동유럽사』, 대한교과서 주식회사, 2005.
임영상, 황영삼, 『소련과 동유럽의 종교와 민족주의』, 한국외국어대학교 출판부, 1996.

임영상, 최영수, 노명환, 『음식으로 본 서양문화』, 대한교과서 주식회사, 1997.
임지현, 『그대들의 자유, 우리들의 자유 : 폴란드 민족해방 운동사』, 아카넷, 2000.
정병권, 『폴란드사』, 대한교과서 주식회사, 1997.
정병권 외, 『동유럽 사람들은 삶을 어떻게 노래했을까』, 도서출판 월인, 2003.
______, 『동유럽·발칸, 민주화와 문화 갈등』, 한국외국어대학교 출판부, 2005.
정은숙, 『21세기 유엔 평화유지활동 : 코소보 사례를 중심으로』, 세종연구소, 2003.
정흥모, 『체제 전환기의 동유럽 국가 연구 : 1989년 혁명에서 체제 전환으로』, 도서출판 오름, 2001.
진원숙, 『비잔틴 제국 : 천년의 명암』, 살림출판사, 2007.
카렌 암스트롱 저, 장병옥 역, 『이슬람』, 을유문화사, 2003.
한국외국어대학교 외국학종합연구센터 편, 『세계인의 의식구조 I. II.』, 한국외국어대학교 출판부, 1997.
한스 큉 저, 배국원 역, 『가톨릭교회』, 을유문화사, 2003.
한운석, 『가해와 피해의 구분을 넘어: 독일, 폴란드 역사 화해의 길』, 동북아역사재단, 2008.

II. 국외 문헌

Ali, Rabia & Lawerence Lifschultz eds., *Why Bosnia*?, New York: The Pamphleteer's Press, Inc, 1993.
American University, *Area Handbook for Romania*, Washington: Supt. of Docs, 1972.
Andrić, Ivo, Joseph Hitrec tr., *Bosnian Chronicle*, New York: Arcade Pub., 1993.
Banac, Ivo, *The National Question in Yugoslavia: Origins, History, Politics*. Ithaca and London: Cornell Univ. Press, 1984.
Baron, Petre, *Romania: reiseland*, Bucuresti: Casa Editoriala Pentru turism si cultura, 1994.
Birnbaum, Henrik and Speros Vryonis, *Aspects of the Balkans*, Paris: Mouton, 1972.
Bodson, Žerar, *Evropa ludaka ili razbijanje Jugoslavije*. Beograd: BMG, 1993.

Bogetić, Dragan, *Jugoslavija i Zapad,* 1952 -1955, Beograd: Službeni List SRJ, 2000.

Bozhkov, Atanas, *Bulgarian Contributions to Europe civilization*, Sofia: Bulvest, 2000.

Božić, Ivan, Sima Ćirković, Milorad Ekmečić & Vladimir Dedijer, *Istorija Jugoslavije*, Beograd: Prosveta, 1973.

Breuilly, John, *Nationalism and the State*, Chicago: The Chicago Univ. Press, 1982.

Brunner, Georg, *Nationality* Problems and Minority Conflicts in Eastern Europe, Gutersolh: Bertelsmann Foundation Publishers, 1996.

Cartianu, Ana, *Romania folk tales*, Bucharest: Minerva Pub. House, 1979.

Chirot, Daniel, *The Origins of Backwardness in Eastern Europe*, Berkeley and London: Univ. of California Press, 1989.

Columbus, Frank ed., *Kosovo-Serbia*, Nov Science Pub., 1999.

Crampton, R. J., *Eastern European in the Twentieth Century*, London and New York: Routledge, 1994.

______, *A Concise History of* Bulgaria, Cambridge: Cambridge Univ. Press, 1997.

Dabinović, Antun et al., *Hrvatska povijest*. Split: Naklada Bošković, 2002.

Davies, Norman, *Heart of Europe: A Short history of Poland*, Oxford and New York: Oxford University Press, 1986.

Dedijer, Vladimir, *Interesne sfere*, Beograd: Prosveta, 1980.

Dimić, Ljubodrag, *Istorija srpske državnosti knj. III: Srbija u Jugoslaviji*, Novi Sad: Srpska akademija nauka i umetnosti, 2001.

Doder, Dusko, *The Yugoslavs*, New York: Random House, 1978.

Dvornik, Francis, *The Slavs their Early History and Civilization*, Boston: American Academy of Arts and Sciences, 1956.

Dvorniković, *Karakterologija Jugoslovena*, Niš: Prosveta, 1990.

Dziewanowski, M. K., *Poland in the Twentieth Century*, New York: Columbia University Press, 1977.

Đorđe O. Piljević ur, *Jugoslovenska država* 1918-1998*: Zbornik radova sa naučnog skupa*, Beograd: Institut za savremenu istoriju, 1999.

Fine, John V.A., *The Bosnian Church: A New Interpretation*, New York and London:

Columbia Univ. Press, 1975.

Friedman, Francine, *The Bosnian Muslims: Denial of a Nation*, Boulder, Colo.: Westview Press, 1996.

Gavranov, Velibor i Momir Stojković, *Međunarodni odnosi i spoljna politika Jugoslavije*. Beograd: Savremena administracija, 1972.

Gleni, Miša, *Balkan* 1804 -1999*(nacionalizam, rat i Velike sile), I, II*, Beograd: SIR, 2001.

Goldstein, Ivo, Croatia: *A History*, London: Hurst & Company, 1999.

Hadži-Jovančić, Dušanka, *The Serbian Question in Balkans*, Beograd: Faculty of Geography, Univ. of Belgrade, 1995.

Halecki, O., *A History of Poland*, London: Routledge, 1983.

Hoensch, Jörg K., Kim Traynor tr., *A History of Modern Hungary:* 1867-1986, London, New York: Longman, 1988.

Ilchev, I. Ivan, Bistra Roushkova tr., *The Rose of the Balkans: a Short History of Bulgaria*, Sofia: Colibri, 2005.

Jelavich, Barbara, *History of the Balkans*, Cambridge, New York: Cambridge University Press, 1983.

Jovanković, Z, *Kosovsko ogledalo*, Priština: Beograd forum za svet ravnoprav, 2006.

Jugoslovenski leksikografski zavod, *Enciklopedija Jugoslavije*, Zagreb: Jugoslovenski leksikografski zavod Miroslav krleža, 1990.

Kačavenda, Petar, *Balkan posle Drugog svetskog rata*, Beograd: Institut zasavremenu istoriju, 1996.

Kann, Robert A. and Zdeněk V. David, *The Peoples of the Eastern Habsburg Lands*, 1526-1918, Seattle and London: University of Washington Press, 1984.

Kirschbaum, Stanislav J., *A History of Slovakia: the Struggle for Survival*, New York: Palgrave Macmillan, 2005.

Kontler, László, *A History of Hungary: Millennium in Central Europe, Hampshire*, New York: Palgrave Macmillan, 2002.

Laker, Volter, *Istorija Evrope*, 1945 -1992, Zagreb: SLIO, 1999.

Lalkov, Milcho, Mariana Stoycheva tr., *A History of Bulgaria: An Outline*, Sofia: St

Kliment Ohridski University Press, 1998.

Malcom, Noel, *Bosnia, A Short History*, London: Macmillan, 1994.

Mannová, Elena ed., Martin C. Styan tr., *A Concise History of Slovakia*, Bratislava: Historicky ústav SAV, 2000.

Miclea, Ion, *Romania eternal land*, Sibiu: Transil Vania, 1980.

Pascu, Ioana, *Romania: From the thesaures of the traditional popular costume*, Bucuresti: Editura sport-turism, 1979.

Schevill, Ferdinand, *The History of the Balkan Peninsula*, New York: Arno Press and The New York Times, 1971.

Schopflin, George, *Politics in Eastern Europe* 1945 -1992, Oxford and Cambridge: Blackwell, 1993.

Singleton, Fred, *A Short History of the Yugoslav Peoples*, Cambridge: Cambridge Univ. Press, 1985.

Stojković, Momir, & Ana Damian, *Savremeni procesi i odnosi na Balkanu*, Beograd: SIR, 1997.

Sugar, Peter F. & Ivo John Lederev ed., *Nationalism in Eastern Europe*, Seattle & London: Washington University Press, 1969.

Sugar, Peter F. ed., *A History of Hungary*, Bloomington: Indiana University Press, 1990.

Šanjek, Franjo, *Povijest Hrvata: srednji vijek*. Zagreb: Školska knjiga, 2003.

Treptow, Kurt W., *A History of Romania*, Lasi: The Center for Romanian Studies, 1995.

Valentić, Mirko i Lovorka Čoralić eds., *Povijest Hrvata: od kraja 15. stoljeća do kraja Prvog svjetskog rata*. Zagreb: Školska knjiga, 2003.

⟫ 찾아보기

ㅇ

ㅈ

ㅊ

ㅋ

역사와 인물로
동유럽
들여다보기

초판 1쇄 발행	2011년 6월 20일
초판 2쇄 발행	2013년 7월 31일
초판 3쇄 발행	2017년 2월 17일
개정판 1쇄 발행	2021년 3월 2일
개정판 2쇄 발행	2025년 9월 18일

지은이	김철민
발행인	박정식
기획	신선호
편집장	장혜정
도서편집	박미현
디자인	고지연
출판행정	김가은
경영기획	김세희
인사행정	유빈
재무회계	곽순석 김세아
캐릭터	김세원
발행처	한국외국어대학교 지식출판콘텐츠원 02450 서울특별시 동대문구 이문로 107 전화 02)2173-2493~7 FAX 02)2173-3363 홈페이지 http://press.hufs.ac.kr 전자우편 press@hufs.ac.kr 출판등록 제6-6호(1969. 4. 30)
인쇄·제본	(주)케이프린텍 02-2272-1084

ISBN 979-11-5901-844-2 93920 정가 20,000원

HUEBOOKS는 한국외국어대학교 지식출판콘텐츠원의 인문학도서 Sub Brand이다. 한국외대의 영문명인 HUFS, 사람을 위하는 Humanism, 교육의 Education, 색조의 Hue의 다의적인 뜻으로 해석할 수 있으며, 인문학도서 출판에 대한 의지가 담겨있다.